초창기
부산 영화사

...과 영화흥행

최 철 오 지음

한국학술정보

초창기
부산 영화사

1889년~1925년 극장과 영화흥행

머리말

본고는 1876년 부산 개항 이후 건립된 극장의 흥행이 부산 거류 일본인 주도로 시작되었다는 사실에서 출발하여 1904년 행좌와 송정좌의 활동사진 상영과 1914년 활동사진 상설관 시대의 개막으로 이어졌음에 주목하였다. 아울러 1924년 조선키네마(주)가 설립된 시기까지 부산에 존재했던 극장과 영화관 그리고 영화사의 활동을 추적하였다.

이를 위해 본문에서는 부산 영화사의 복원을 위해 실증적 자료 발굴로 드러난 중점 사안 몇 가지를 살펴본다.

첫 번째, 부산 개항장에 극장이 건립되면서 일본 전통의 가부키와 여러 기예技藝 등이 흥행을 이루었으며 1889년 최초 실내극장 요술옥이 등장하여 일본 연극과 희법戱法 역시 흥행하였다. 이어 1895년 부산 일본영사관의 극장취체 규칙제정 이후부터 극장 운영은 제도권의 관할 하에 놓여 세금 납부와 통제에 따라야 했다. 1901년 일본 전관거류지 도시개정에 극장 건립이 계획되어 1903년 2곳의 극장이 완공되었다. 1904년 이곳에서 활동사진 상영 시대가 시작되었다.

두 번째, 1910년대 거류지 내 극장이 활동사진 시대의 조류를 타고 영화 상영에 맞는 구조변경과 개량에 나섰다. 1914년 욱관이 부산에서 첫 활동사진 상설관으로 바꾸어 흥행 독점을 이루었다. 이후 보래관, 행관, 상생관 순으로 영화상영관으로 변모하며 부산 지역 영화흥행 산업의 기반 조성에 주역이 되었다.

세 번째, 이들 활동사진 상설관들은 배급과 흥행의 주도권을 놓고 치열한 선의의 경쟁을 벌였다. 그 결과 행관에 배급 경쟁에 밀린 욱관은 퇴진하는 불운을 맞았다. 그리고 행관도 경영 부진에 따른 수지선 미달로 임대료 지불에 어려움을 겪으면서 휴장과 폐장을 반복하기도 했다. 그 과정에 보래관은 서양 영화 상영으로 가장 많은 수익을 올린 관으로 평가받았다.

네 번째, 행관은 경영 부진에 따른 특단의 개선안으로 연쇄극 상영과 더불어 내부 환경조성, 유능한 변사 초빙 그리고 우수 영화 선택을 제시했다. 1918년 2월 행관이 상영한 기록 영화 <부산 경성의 전경>의 제작자는 1917년 봄, 부산을 방문한 미국인 버튼 홈스였다.

다섯 번째, 1923년 미국의 배일 문제 제기로 일본은 그 대항책으로 미국 영화 수입억제로 돌아서 신취체 규칙제정과 교육영화 선용 방침에 따라 각 상설관에 교육영화 상영을 우선토록 조치했다. 또한 부산 경찰서에서 시행한 수입 필름 검열로 인해 각 상영관은 경영상 어려움에도 불구하고 내선융화 선전영화 상영에 적극 협조했다.

여섯 번째, 조선 영화제작으로 이익을 낼 수 있을 것이라는 기대로 설립된 조선키네마(주)는 부산 본정 5정목 18번지의 구 러시아영사관 건물을 임대하여 본점을 두고 4편의 영화를 제작했다. 그중 <해의 비곡>만 성황을 이루었다. 그 외의 영화는 흥행 수지선收支線 미달로 인해 회사경영은 어려움에 몰렸다. 회사 중역인 다카사 간조왕필열가 산파産婆로 나서 교육영화제작 프로덕션 창립을 통해 재기의 활로를 모색했다.

이 책은 부산 개항에서 일제강점기 동안 부산의 극장 건립과 영화상영관으로 전환한 후 각 상영관의 흥행 경쟁을 조명한다. 이와 더불어 일본인 자본과 한국인 배우의 결합을 통해 그동안 꿈꿔오던 영화사 설립과 이를 기초로 부산 영화흥행 산업으로 이어지는 과정을 추적하여 이를 실증적으로 제시한다.

따라서 지금까지는 서울 중심의 영화사 기술이 우선되었지만 본고는 로컬리티 영화사의 올바른 역사적 평가를 위해 부산 영화사를 재조명하고 복원한다는 차원에서 한국영화사에 새로운 의미를 부여할 수 있을 것이다.

논문「초창기 부산 영화사 - 극장과 영화흥행 산업을 중심으로(1889년~1925년)」를 책으로 옮긴 계기는 지금까지 알려지지 않은 부산 개항장에 일본인 주도의 극장 건립계획과 상설 활동사진관의 흥행 그리고 영화사 설립의 새로운 자료 발굴로 영화사적 중요성을 고려하여 논문에서 그치지 않고 영화 애호가, 연구자 그리고 독자들의 이해를 돕고자 시작되었다. 책의 주요 내용은 논문의 본문과 심사과정에서 빠졌던 내용 그리고 첨부 자료들을 보완하여 본고에 다시 옮겨 놓게 되었다.

이 책을 연속해서 후편으로 식민시기 '1925년~1945년까지 상설 영화관의 흥행'에 관한 주제로 하여 발간을 준비 중에 있다.

저자 최철오

차례

개항장 부산의 영화사적 풍경과 과제

1. 개항장 부산의 영화사적 풍경

오늘날 부산은 1996년부터 시작해 2022년에 들어 27회째를 맞이한 부산국제영화제로 인해 국제적인 영화 도시로 거듭나고 있다. 부산은 1876년 개항 시대에 발맞춰 우리나라에서 가장 먼저 근대적 극장 문화가 번창하기 시작했고 1904년 활동사진 시대를 거쳐 1914년부터 활동사진 상설관 시대를 맞아 흥행 산업의 초석을 다져 나갔으며, 1924년에는 부산 최초의 영화제작사인 조선키네마(주)가 설립되어 한국 영화제작 시대를 이끄는 계기를 마련했다. 이처럼 부산은 개화기 극장 건립과 영화흥행 시대를 개창한 첨병 역할을 담당했으며 20세기 후반에는 국내 최초로 닻을 올린 국제영화제로 인해 전 세계 영화인들에게 한국 영화를 알리는 전초 기지로 주목받는 도시가 되었다.

하지만 부산의 개항과 더불어 용두산 주변 일대에 형성된 일본 전관거류지, 거주 인구증가와 함께 상업 무역이 발달함에 따라 출현한 극장의 건립 과정과 1904년 최초로 활동사진을 상영하고 흥행을 이끈 영화관의 역사 연구는 매우 부족한 실정이다.

더욱이 거류지에 있던 극장 일부가 1914년 활동사진 상설관으로 전환해 상업적 흥행에 돌입하게 된 과정에 대한 체계적 연구는 거의 전무하다. 참고할 수 있는 기존 연구는 정확한 사료의 출처가 생략되어 있거나 오誤기재되어 연구 가치를 측정하기 어렵다. 이를 보완하기 위해 본고에서는 당시 부산 일본영사관이 기록한 문헌과 지도 자료 그리고 개항장 부산항 해관 업무를 맡았던 민건호의 일록日錄, 부산 지역에서 일본인이 발행한 신문 자료들을 바탕으로 개화기에 시작된 극장 건립과 이어진 부산 영화 흥행의 산업적 측면을 실증적으로 논의한다.

이 책에서 다루는 첫 번째 논의는 개항장 부산의 일본 전관거류지에 세워진 실내극장의 연원淵源과 공연 프로그램의 내용, 제 흥행과 극장 규칙의 법제화 그리고 잘 알려진 극장 행좌와 송정좌가 1903년 남빈南濱, 남항 근처에 자리 잡게 된 배경과 과정이다.

두 번째는 개화기 이후에 등장한 극장의 흥망성쇠興亡盛衰에 관한 논의이다. 1910년에 접어들어 부산 극장가는 시류에 편승해서 일본 구극舊劇 중심의 공연장을 영화 상영에 적합하도록 구조를 변경하거나 건물 전체를 철거하고 신축 또는 개축하여 활동사진 상설관으로 전환했다. 대표적으로 영화 상영에 주력하고자 했던 극장은 1914년 3월 12일 개관한 욱관이다. 이후 1915년 보래관과 행관 그리고 1916년 상생관 순서로 지금의 광복동 BIFF 광장에 자리를 잡고 영화 상설관으로 성황을 이루었다. 본고에서는 이러한 상영관의 경영 방식과 내부 속사정, 주요 흥행 프로그램, 각 관의 주도권 경쟁, 경영 부진 극복방안, 경영권 충돌 사태와 배급 특약을 둘러싼 경쟁 양상 등을 중점적으로 다룬다.

세 번째는 검열에 관한 논의이다. 일본은 미국의 배일排日 정책에 따른 대항책으로 활동사진 수입억제를 추진했다. 이를 위해 신취체 규칙을 제정하였으며 수입한 활동사진에 대하여 부산 경찰서 검열실에서 엄격한 필름 검열을 시행하였다. 본고에서는 부산 활동사진 상설관에 적용한 일본의 영화 검열 정책의 실적 등을 소상히 기술한다.

네 번째는 영화 상설관의 경영 상황에 대한 논의이다. 1920년 대를 접어들어 부산 영화계는 교육영화상영을 우선해야 했고 또한 엄격한 필름 검열에 응해야 하는 등 상설관 경영상에 여러 변화를 맞았다. 각 상영관은 위축된 경영 부진을 회복하기 위해 각 '특색特色의 영화映畵'1)를 걸고 흥행 전망을 한 지점도 검토가 필요하다. 특히 조선 총독부와 부산의 각 기관에서는 부산을 배경으로 제작한 내선융화 선전영화를 활동사진 상설 3관 등에 상영한 기록도 본문에 포함하였다. 같은 맥락에서 1918년 2월 행관에서 상영한 <부산 경성의 전경>의 제작 시기와 제작자에 대해서도 재확인한다.

다섯 번째는 조선키네마(주)에 관한 논의이다. 영화사 설립은 부산 활동사진 3관이 최적의 흥행장場으로써 타 도시보다 월등히 성황을 이룰 것이라는 전망이 작용하였을 것으로 본다. 따라서 지금까지 논의가 되었던 본점의 위치 재확인과 일부 영화의 흥행 여부 그리고 위기를 맞아 재기를 모색한 정황도 실증적으로 살펴본다.

---

1) '특색 영화'란 1917년부터 부산일보에서 부산의 각 상설관에 흥행 진단을 하면서 사용한 용어이다. 보래관의 '특색' 영화는 서양 영화로, 행관은 일본 구극, 상생관은 신파 영화를 전담하는 의미로 부여했다.

부산에 영화가 유입된 시기는 서울보다 7년 늦은 1904년이었으며, 극장 행좌幸座와 송정좌松井座에서 상영이 시작되었다. 서울은 최초 유입 시기를 '1897년 이현泥峴에서 상영했다는 에스터 하우스'[2]설이 있고, 1899년 미국인 여행가 '엘리어스 버튼 홈스Elias Burton Holmes 여행기'[3]를 근거로 삼는 주장도 있었는데 이에 관련된 이설異說들은 버튼 홈스가 '1901년 여름철'에 한국을 방문하여 동대문에서 마포 사이에서 운행된 임시 전차를 타고 휴대한 시네마토그래프cinematograph로 서울의 풍경을 필름에 담은 영상자료가 출판물과 함께 국내에 공개됨에 따라 1901년으로 정리되었다. 또한 1903년 6월, 한성전기회사의 '동대문 기계창'에서 활동사진 기계를 도입하여 '활동사진 상영'으로 성황을 이루었다. 협률사協律社에서도 같은 시기 활동사진 상영에 나섰으며 상영 도중에 전화電火로 인해 일시 중단하기도 했다. 이러한 사료들을 통해 서울은 이미 활동사진을 상영하고 관람하는 문화가 광범위하게 퍼져나갔음을 알 수 있다.

활동사진 제작은 '1919년에 박승필의 자본과 김도산의 연출로 첫 번째 연쇄극 <의리적 구토(義理的 仇討)>로 촉발되었다.'[4] 1924년 일본인의 자본에 조선인 배우 연기자들의 참여로 설립한

---

2) ≪조선일보≫ 1929. 1. 1. 심훈의 「조선영화 총론 1(朝鮮映畵總論 一) -최초 수입 당시부터 최근에 제작된 작품까지의 총결산」의 기사와 김종원·정중헌, 『우리 영화 100년』, 현암사, 2001, 20쪽. 1897년 "10월 상순 조선의 북촌 진고개의 어느 허름한 중국인 바라크 한 개를 빌려서 가스를 사용하여 영사"했다는 ≪런던 타임스≫ 객원기자 에스트 하우스가 작성한 기사를 근거로 삼고 있다.

3) 조희문, 「초창기 한국 영화사 연구 - 영화의 전래와 수용(1896~1923)」, 중앙대학교 대학원, 박사학위 논문, 1992, 25쪽.

4) 이영일, 『한국영화전사』, 소도, 2004, 58쪽. <의리적 구토>는 1919년 10월 27일 단성사에서 처음 개봉되었다. 단성사 경영주 박승필이 출자하여 1,000피트의 필름으로 제작되었다. 감독은 극단 신극좌를 이끌고 있던 김도산의 각본과 함께 맡았다고 기록했다.

조선키네마(주)에서 제작한 <해의 비곡(海の秘曲)>(1924)이 부산에서 제작된 첫 번째 활동사진이다. 한편 일본의 영화제작은 "고니시小西 사진기점의 아사노 시로淺野西郎에 의해 1897년 시도되었으며, 1899년 흥행사 고마다 요시히로駒田好洋의 요청으로 아사노 시로가 촬영한 <게이샤의 손 무용(芸者の手踊)>이 최초 흥행용 영화였다."5) "중국의 최초 영화 <딩쥔산(定軍山)>은 유명한 경극 배우인 탄신페이譚鑫培의 생일을 기념하기 위해 경극의 레퍼토리 <삼국연의(三國演義)>의 한 장면을 기록한 것이었다."6)

한국에서 영화제작이 여타 국가에 비해 늦어진 이유에 대해 여러 의견들이 있다. 여기에는 제작에 따른 투자 자본, 기술력 그리고 인력 부족이라는 주원인과 제작 후 흥행에 대한 부정적 전망이 주를 이룬다. 이 점에 대해 이영일은 "한국영화사의 특수성이 1919년까지 16년간의 영화 정착기를 사상捨象하지 않으면 안 되게 만들었다. 가장 큰 이유로서는 이 기간에 영화는 한 번도 한국인의 손에 의해 제작된 적이 없다. 그것은 우리 것이 아니었고 한국의 민중은 다만 남의 것을 구경하는 데 지나지 않았던 것"7)이 한국 영화의 자체 제작의 지연 이유라고 밝혔다. 이와 같은 이유로 서양 영화의 수입과 배급에 의존함으로써 한국 영화흥행 산업은 소비적 측면에 그치고 말았다. "영화의 산업적인 측면이 부각되지 못한 이유를 제작 자본과 기술이 부족했기 때문과 배급과 상영을 독점하며 조선 영화산업을 장악했던 재조

---

5) 田中純一郎. 『日本映畵發達史 I』, 東京, 中央公論社, 1980, 70~74쪽. ; 한상언, 「활동사진 시기 조선영화산업 연구」, 한양대학교 대학원, 박사학위 논문, 2010, 3쪽. 재인용.

6) 루홍스, 슈샤오밍, 김정욱 옮김, 『차이나 시네마 : 중국영화 100년의 역사』, 도서출판 동인, 2002, 22~23쪽.

7) 이영일, 앞의 책, 58쪽.

선 일본인들의 영향력이 크게 작용했기 때문이다. 이와 더불어 그들이 막강한 자본력을 내세워 활동사진을 제작하지도 않은 채 영화의 배급과 상영만을 담당하면서 조선에서 영화를 제작하지 않아도 되는 영화산업의 기형적 구조를 만들었다."8)

이는 재조선 일본인들이 수입 영화에 대한 의존도를 높인 결과, 조선인들의 영화제작 의욕을 꺾었던 것이 산업의 부진으로 이어졌다는 해석으로 요약할 수 있을 것이다.

영화산업은 자본과 기술과 인력이 겸비되어야 하며, 이 요소들이 어우러져 영화제작과 흥행으로 이어지는 연결 구조를 가지고 있다. 또한 여기에 투자 대비 흥행이라는 변수가 작동되기에 당시 영화산업을 둘러싼 복합적인 요인들이 자체 영화제작의 걸림돌로 작용했음을 추측하게 한다.

기존 한국영화사에 관한 연구의 대부분은 서울을 중심으로 이뤄져 왔다. 지역 영화사를 연구한 우수한 논문도 간혹 눈에 띄지만 이 경우에도 극장사와 같은 각론에 그치거나 짧은 논평이 주를 이룬다. 이는 제2의 도시 부산도 예외일 수 없는데 이는 그동안 부산 영화사에 관한 자료 발굴이 부족하여 영화 연구의 기본적 토대조차 마련되지 못했기 때문이다.

이런 상황에서 홍영철이 집대성한 『부산 근대영화사-영화상영자료(1915~1944)』(2009)는 한국영화사에서는 흔적조차 찾기 어려웠던 자료를 수록함으로써 부산 영화사의 가치와 의의를 확인할 수 있는 중요한 성과물로 평가 받았다.9)

---

8) 한상언, 앞의 박사학위 논문, 63쪽.

9) 홍영철, 『부산 근대영화사』(1915-1944), 부산대학교 한국민족문화연구소 편, 산지니, 2009, 7
~8쪽. ("지역성을 뛰어넘는 지평의 확대로 그동안 영화사 기술이 서울 중심으로 이루어졌음을

『부산 근대영화사』에서는 1914년 최초 상설관인 욱관의 개관을 부산이 영화 도시로 발돋움할 수 있는 근간이 된 이벤트라 평가했으며, 1924년 조선키네마(주) 설립과 배경 그리고 추후 선보인 4편의 영화에 관한 상세한 상황을 기술했다. 또한 개항기 가설극장의 존재 여부는 1881년 부산 일본영사관이 공포한 일본 거류인민영업규칙 제48호 '시바이芝居, 연극'를 근거로 들어 설득력 있게 주장하였으며, 1903년 행좌, 송정좌의 극장 건립에 따라 개관 시기를 1895년으로 앞당길 수 있다고 추정했다. 또한 부산에서 활동사진 상영은 1904년 극장 '행좌'와 '송정좌'에서 상영했다[10]는 기록을 수록하고 있다. 특히 최초로 정리한 1914년부터 1944년 3월까지 개봉한 영화 목록[11]은 부산의 영화사를 연구하기 위한 귀중한 자료이며 나아가 한국영화사 차원에서도 매우 중요한 성과라고 할 수 있다.

그러나 홍영철의 저작은 단순한 사료에 그치고 있어, 부산 영화사를 바라보는 대중적 관심을 끌어내지는 못한 맹점도 존재하므로 이를 해석한 후속 연구가 시급하다고 할 수 있을 것이다.

본고에서는 그간 부산 근대영화사 연구에서 미진했던, 활동사진 시대 이전의 극장 건립 과정과 영화상영관의 운영실태, 주요 흥행 프로그램과 배급사 특약 제휴, 변사의 활동과 조선어 활변 능력, 활동사진 검열 정책 시행 등을 중점적으로 다룬다. 이를 위해 현존하는 당시의 각종 문헌 자료와 일본인들이 운영한 부

반증하고 또한 기록의 착오를 환기하는 역할까지 한다. 더불어 부산국제영화제를 개최하는 부산의 영화사적 의미와 배경을 자연스럽게 부각한다.")라고 의미를 부여했다.

10) 홍영철, 앞의 책, 20쪽(釜山府, 相澤仁助, 『釜山港勢一斑』, 日韓昌文社, 1905, 258쪽.).

11) 홍영철, 앞의 책, 83~718쪽(상영자료목록).

산 지역 신문 ≪釜山日報, 부산일보≫와 ≪朝鮮時報, 조선시보≫의 자료 재검토를 통해 풀지 못한 여러 과제들을 실증적으로 살펴본다.

또한 조선키네마(주)의 부산 설립에 "민간 자본으로 출발했다는 점과 흩어져 있던 영화인들을 한데 끌어모아 최초의 활동사진 인맥을 형성했다."[12]라는 사실에도 주목한다. 민간 자본으로 영화사를 설립했다는 사실에서 우리는 조선키네마(주)가 영리를 목적으로 영화제작과 흥행 배급을 우선하는 회사로 출발했다고 유추할 수 있다. 그러한 이유로 인해 '조선키네마(주)의 자본금에 대한 논의를 검토하면서 영화사 해산 원인'[13]에 관심을 기울인 연구도 존재한다.

이를 연장해서 본고는 조선키네마(주)에 관한 기존의 논의에서 미진하게 남아있던 본점 소재지, 부산부釜山府 본정 5정목 '18번지'의 위치를 사료 발굴로 정확하게 밝힌다. 제작된 영화의 흥행 실패와 이에 따른 해산 위기를 교육영화제작 프로덕션 창립으로 재기를 모색하고자 했다는 부분에 대해서도 정확하게 그 경위를 살펴본다.

따라서 본고에서는 우선 부산 개항 이후 초창기 극장 건립 과정을 밝히는 데 초점을 맞춘다. 이후 활동사진 상설관의 내부 운영상황, 주요 상영 프로그램, 흥행 주도권 경쟁, 흥행성과 (1915년~1916년) 그리고 1920년대 일본의 활동사진 수입억제와 조선 총독부의 검열 정책 강화 및 부산 상설관의 선전영화 상영

---

12) 한국예술연구소, 『이영일의 한국영화사 강의록』, 2002, 소도, 26쪽.

13) 문관규, 「조선키네마 주식회사의 설립 배경과 몇 가지 논쟁점에 대한 고찰」, 『영화연구』 제58호, 한국영화학회, 2013, 154쪽.

등 경영상 변화 부분을 논구한다. 이를 통해 그 동안 한국영화사 기술의 편향성을 극복하고 균형 있는 시각으로 부산 영화사를 재조명하는 데 있다.

2. 부산 영화사의 중점과제와 자료 발굴

본고는 개항장 중심에 세워진 극장 건립 과정을 시작으로 1903년 부산 시내 중심가에 완공된 극장 행좌와 송정좌에서 1904년 활동사진 상영 시대 개막과 1914년 3월 12일 욱관旭舘을 시작으로 보래관寶來舘, 행관幸舘, 상생관相生舘이 차례로 영화상영관으로 전환하여 흥행 영업을 이어가는 당시의 영화사적 풍경을 다룬다. 더불어 1924년 7월 11일 부산에 설립한 조선키네마(주)의 해산에 이르는 과정도 포함하였다.

본고는 앞서 설명한 바와 같이 서울 위주의 한국영화사 연구에 비해 그리 오래되지 않았지만 2009년 홍영철의『부산 근대영화사』가 출간되면서 연구의 단초를 제공했다. 같은 맥락에서 2014년 홍영철은 소장한 자료를 토대로『부산 극장사』를 출간했다. 여기서는 활동사진 상설관 이전, 근대 극장의 출발점을 1881년 일본 전관거류지의 영사관이 공표한 거류인민영업취체 규칙의 제흥행諸興行 제유기장諸遊技場인 '연극과 기석'에 근거를 두고 있다. 그리고 시대 구분은 활동사진 상설관 시대의 극장과 발성영화 시대의 활동사진관으로 나누었으며, 이후 1970년대까지 부산의 극장 변천 과정을 정리해 놓았다.

개항장의 극장 존재 여부는 부산 영화사 연구의 가장 중요한 사안인 만큼 이미 홍영철도 검토한 바 있는 1895년 이전의 기록인『해은일록』(1889년, 1890년, 1891년) 편을 소상히 재확인함으로써 개항장의 흥행장과 극장의 존재를 규명해보고자 하는 것이 본고의 기본적 취지이다.

또한 본고에서는 거류지 내 가설 또는 실내극장 이외 고급 요리점, 기루妓樓 등 다양한 유흥 공간에서 영업주가 배우나 예기들을 초빙 또는 상주시켜 일본 전통 연극인 가부키와 각종 기예술 등을 손님들에게 연행한 것을 부산 극장 공연문화의 시초로 삼고자 한다. 따라서 제시한 일본인 영업규정에 따라 그 극장의 출발 시기를 한정 지을 수 없다는 내용은 본문에서 보충할 것이다.

기존의 부산 영화사 연구는 1876년 부산 개항 이후 1903년 행좌와 송정좌 건립, 1904년부터 동 극장에서 일본 연극과 활동사진을 상영하였고 1914년부터 1916년 사이에 시류를 타고 활동사진 상영관 시대를 열어 나갔다는 통사적 수준에서 연구가 멈춰 있다. 이러한 연구는 끊임없는 자료 재인용으로 인해, 연대기 수준의 연구에 머무르거나 편협한 시각에 빠질 수 있는 한계를 드러내고 있어, 연구자들이 절실히 극복해야 할 문제로 대두되었다. 이는 기존 문헌 자료나 연구의 틀에서 벗어나 새로운 관점으로의 연구가 필요하다는 의미를 지니고 있기도 하다. 바야흐로 2009년 발간된『부산 근대영화사』에 수록된 자료가 12년이 지난 현재, 기존 문헌에서 발굴하지 못한 자료들을 찾아내어 부산 영화사를 바라보는 새로운 시각을 정립할 필요성이 요구된다.

본고에서는 기존 자료나 연구에서 전혀 드러나지 않았거나 다루더라도 미진한 설명으로 인해 규명이 필요한 문제 몇 가지를 중점적으로 제시하여 살펴보고자 한다.

첫 번째, 부산 개항장 중심가에 건립된 극장 출현 시점에 관한 문제이다. 1903년 세워졌다고 알려진 행좌와 송정좌의 등장은 1903년 12월 작성된 「부산항 시가 및 부근지도」에 근거하고 있다. 이는 명쾌한 해석이라고 보기 어렵다. 물론 이러한 점은 자료 발굴과정의 미숙함에서 비롯된 것이라 볼 수 있다. 위의 지도 작성 이전以前인 1889년 8월에 일본 거류지에 실내극장 건립으로 인해 가부키 공연이 가능한 실내극장이 있었고, 1890년에는 일옥日屋에서 '환술법幻術法'[14] 공연이 있었다. 1901년에 들어서면서 부산 거주 일본인들은 자국 대중문화 향유를 위해 극장의 필요성이 적극 제기되자 거류지 도시개정 기본계획에 극장 건립안을 포함시키면서 그 위치와 규모를 밝혔다. 그렇기 때문에 1903년 작성된 지도 그 자체만으로 극장 건립의 역사를 단정하기에는 인과관계가 성립되기 어렵다.

본고에서는 1901년 극장 건립을 기획하여 1903년 완공에 이르게 되었다는 사실을 여러 자료를 통해 살펴볼 것이다. 또한 극장 건립에 있어 갖추어야 할 중요한 거류인민영업취체 규칙과 설치 기준, 극장 시설운영에 따른 조세 기준과 무대에서 활동한 배우들에게 징수한 조세 기준 등도 함께 확인할 것이다.

두 번째, 극장 사이의 흥행 주도권 문제이다. 1910년대 활동사진 수입과 배급 상영 체계 시스템이 가동되면서 부산의 활동사진 상설관은 욱관을 시작으로 보래관, 행관, 상생관으로 이어져

---

14) 홍영철, 『부산 극장사』, 앞의 책, 19쪽.

영화상영관 시대를 열었다. 이들 상설관은 각각의 운영 방식과 상영 프로그램 차별화로 타관과의 치열한 경쟁을 벌였다. 그러한 과열 경쟁 속에서 욱관은 경영 부진으로 퇴장하는 불운을 겪기도 했다. 이처럼 활동사진 상영을 둘러싸고 벌어진 흥행 주도권 경쟁에 대해서도 연구가 미흡한 실정이다. 본문에서는 이러한 문제들을 극복하기 위해 각 상영관의 운영실태와 주요 흥행 프로그램, 흥행을 좌우했던 배급사들의 경쟁, 공동 경영권으로 불거진 내부사정 그리고 행관이 제시한 경영 개선안 등을 중요한 사안으로 다룰 것이다.

세 번째, 『부산 근대영화사』에서 언급한 <부산 경성의 전경>의 제작진과 상영에 관한 문제이다. 이 기록 영화는 "1916년 8월 27일 용두산 공원을 비롯한 주변 수산회사와 부산의 주요 건물과 풍경, 그리고 어린이들을 부두 근처에 모아 500척(尺, 15,000cm 정도)15)이나 촬영했으며, 이를 1918년 2월 상영했다는 사실은 박승필의 <경성 전시의 경>보다 2년이나 앞선다."16)라고 홍영철은 기록했다. 그러나 이 또한 근거가 충분하지 못했다. 실제로는 1901년 여름철 서울을 방문하여 활동사진 촬영과 상영에 나선 버튼 홈스가 1917년 봄, 부산을 방문하면서 제작한 것이다. '부산의 풍경'을 다룬 기록 영화는 1916년과 1917년 2회에 걸쳐 미국인에 의해 제작이 이뤄졌다. 1917년 행관에서 상영하여 흥행을 이룬 작품은 버튼 홈스의 것으로 파악되었는데 이 점 또한 실증적으로 규명해 볼 것이다.

---

15) 척(尺, 자)은 1m의 1/3 정도로 30.3cm 길이를 말한다.
16) 홍영철, 『부산 근대영화사』, 앞의 책, 31쪽.

네 번째, 부산 영화사에서 다루어야 할 중요한 사안은 일본의 식민문화정책의 통제수단이던 활동사진 취체 규칙제정과 시행에 관한 사항이다. 이 점은 기존 연구에서는 전혀 거론된 적이 없었다. 단 1922년 '흥행 및 취체 규칙'[17]이 경기도청에서 시작한 것으로 정리만 되어 있을 뿐이고 이에 대한 연구는 더 이상 진전이 없다. 1916년 중반부터 활동사진 신 취체 규칙제정 시행으로 인해 부산부 경찰서가 신축청사에 전담 검열실까지 갖추면서 필름 검열에 나섰다는 사실조차도 『한국 영화 정책사』에는 전혀 언급이 되어 있지 않다. 이와 더불어 부산의 경찰서 및 각 기관에서 제작한 선전영화를 각 상영관에서 상영한 기록도 함께 검토할 것이다.

본고에서는 부산 영화사 연구가 충분한 학술적 성과를 축적하지 못한 상황을 고려하여, 부산의 극장 건립 초기 및 활동사진 상설관 시대에 배급 특약과 제휴, 상영 그리고 흥행 주도권 경쟁을 치열하게 할 수밖에 없었던 현상을 좀 더 구체적으로 살펴보면서 독자의 이해를 돕고자 한다.

위에서 제시한 부산의 극장 건립 문제와 활동사진 상설관에서 벌어진 주도권 경쟁 등의 사안들은 지금까지 기존 부산 영화사 연구에서 자료 미 발굴로 인해 기록에서 누락되거나 해명이 미진했던 부분으로서, 부산 영화사적으로는 매우 중요한 문제이며 풀어야 할 과제들이다. 연구를 진행하면서 제기된 의문점을 해결하기 위한 적절한 대안은 기존에 발굴된 자료들 중에서도 재검토가 필요한 사료들은 선별하여 본문에 편입시켰다. 이와 더

---

17) 김동호 외, 『한국 영화 정책사』, 나남, 2005, 70쪽.

불어 더 많은 실증적 사료 발굴을 시도함으로써 부산의 극장 건립과 활동사진 상설관의 산업적인 측면을 부각할 것이다. 그런 이후 조선키네마(주) 설립과 해산에 대해서도 새로운 논점들을 제시하고자 한다.

– 자료 발굴

본고에서는 부산 개항 이후 극장이 어떤 과정을 거쳐 건립되었는지를 검토하고 그런 이후 1910년대 활동사진 상설관으로 전환한 영화관의 경영 실태와 주요 흥행 프로그램 그리고 경영 상황 변화에 따른 대처 방안을 논구할 것이다. 이와 더불어 조선키네마(주)의 설립과 해산 등을 실증적으로 추적하여 부산 영화사 기술에 의미 있는 연구 결과를 제시하고자 한다.

이를 위해 이 시기 일본이 남긴 문헌 기록과 간행물, 지도 등 실증적 자료 발굴로 극장 건립의 실체를 파악함으로써 그 상관관계를 규명할 것이다. 그리고 이때 건립된 극장이 활동사진 상설관으로 이어진 배경과 영화흥행의 산업적 측면을 검토하여 상세히 기술하고자 한다. 또한 기존 부산 영화사 연구 사례를 재검토하고 그 시대 부산의 극장 문화와 활동사진 상설관의 각종 흥행 정보를 수집하여 본고의 신뢰성을 담보할 것이다.

이 당시 일본인들에 의해 발행된 다양한 문헌 기록이나 신문 자료를 근거로 삼아 객관적인 사실 발굴에 주안점을 두었으며 때에 따라 주관적인 평가 또한 삽입했음을 밝혀둔다. 따라서 본고에 필요한 자료는 재 부산 일본인들의 활동을 알려주는 신문과 부산 일본영사관이 남긴 문헌 자료를 비롯한 지도 등이다.
이와 더불어 1876년 부산 개항 이후 1883년부터 부산 해관 감리
서에 근무한 민건호의 일기 『해은일록』을 통해 부산 조계지 내
일본인 생활상과 흥행장 및 극장의 출현 양상을 살펴본다.

○ 문헌 자료와 공공기관의 기록물
- 민건호, 『海隱日錄해은일록』.
- 부산 일본 영사관, 「극장 및 흥행 취체 규칙」 등.
- 일본 외무성 기록물, 『通商彙編통상휘편』, 『通商彙纂통상휘찬』 한
  국 편.[18]
- 『釜山府使原稿부산부사원고』의 거류지 대형 화재사건 이후 도시
  개정의 필요성 건.
- 『朝鮮之實業조선지실업』 극장의 시설기준, 극장 영업세 배우와
  연예 종사자의 세액부과 징수 내역.
- 조선 총독부, 『官報관보』.

○ 지도 자료
- 1881년 일본 거류민이 제작한 <포산항견취도> 영인본.
- 1901년 4월 1일 <조선 부산 일본 거류지도>(남항 방면 극장
  위치 지정 내용 : 국립해양박물관 소장 자료).
- 그 외 부산대학교 도서관 소장 영인본 자료 참고.

---

18) 『通商彙編』과 『通商彙纂』은 일본 외무성 기록국에서 발행한 수출입무역업무 편람이다. 이는
   1876년을 기준으로 일본과 무역한 여러 나라의 부산항 수출입내역 통계 및 주요 법규를 기록
   한 사료이다.

○ 신문 자료

- ≪釜山日報, 부산일보≫ : 분량 1914년 12월부터 1925년 11월까지 총 42개월 정도 확인 가능.

- ≪朝鮮時報, 조선시보≫ : 분량 52개월(11~12년간)

  1914년 11월부터 1925년 10월까지(부산의 활동사진 상설관 시대 개막과 더불어 욱관의 활동사진 상설관 1주년 기념행사는 1915년 3월부터 양 신문사가 동시에 알렸다. 또한 이 시기는 보래관 개관, 행관과 상생관이 연극장에서 활동상설관으로 전환하여 흥행업을 시작했다는 구체적인 기사와 이와 관련된 유료 광고를 내놓기 시작한 시점이기도 하다).

또한 신문 자료에서 발췌한 조선키네마(주)의 교육영화제작 프로덕션 창립을 모색한 부분도 세밀히 살펴보고자 한다.

다음 [표 1]은 '부산일보'와 '조선시보'의 구체적인 열람 기간을 정리한 도표이다.

[표 1] 부산일보와 조선시보 자료 확인 기간 : 1914년 12월~1925년 11월

부산일보(釜山日報) 1914. 12.~1944. 3. 31.		조선시보(朝鮮時報) 1914. 11.~1940. 8. 31.	
발행 연도 (자료 인용)	월	발행 연도 (자료 인용)	월
1914년	12월	1914년	11월
1915년	1~12월	1915년	1, 2, 3, 4, 7, 8, 9월
1916년	1, 2, 4, 6, 7, 9, 10, 12월	1916년	7, 8월
1917년	2, 4, 7, 9, 11, 12월	1917년	7, 8, 9, 10월
1918년	1, 2, 4, 5, 9, 10, 11, 12월	1918년	2, 3, 4, 8, 9월
1925년	2, 3, 5, 6, 7, 9, 11월	1920년	3, 4월
		1921년	3, 4, 5, 6, 7, 9, 10월

부산일보(釜山日報) 1914. 12.~1944. 3. 31.		조선시보(朝鮮時報) 1914. 11.~1940. 8. 31.	
		1922년	11, 12월
		1923년	1~10월
		1924년	1, 2, 5, 6, 9, 10월
		1925년	5, 6, 7, 8, 9, 10월

양 신문사의 활동사진 '광고'는 형식적인 면에서 약간의 차이를 보인다. ≪부산일보≫에서는 「연예안내」라는 코너를 마련하여 신문 4면에 고정 배치하였고 각 상설관의 활동사진 영화명, 상영시간, 영화 줄거리, 입장요금과 초대권, 할인권 발행과 특전 등을 다루었다.

≪조선시보≫는 ≪부산일보≫와는 달리 '1면' 하단에 배치하다가 점차 3~4면으로 옮겨 광고를 편성하였으며 부산일보와 같은 내용이거나 활동사진의 줄거리만 간단히 수록했다.

≪부산일보≫는 영화관 흥행 경쟁과 사건 사고, 경영진 변경, 경영 상태, 관객들의 반응, 변사들의 활변 등에 관한 기사를 수록했으며 「연예소식」, 「연예계」, 「연극 공연과 공연석」, 「연예풍문」, 「연예문록」, 「연예와 활동사진」, 「상설관 대경쟁」, 「활동사진의 풍기」, 「화려한 조선 정월」, 「추석과 상생관」, 「세간의 묘한 풍평」 등의 타이틀로 영화상영관의 흥행 관련 기사를 내놓아 독자들의 이목을 끌었다. 특히 1918년 1월 '활동사진의 세력'이라는 기획기사를 통해서는 활동사진이 아동들에게 주는 폐해를 강조하며 교육적인 활동사진 제작을 권장하기도 했다.

≪조선시보≫는 「연예」, 「연예수어」, 「독자란」, 「연예계」, 「연예만어」, 「연예 소문」, 「연예소식」, 「우체통」, 「활동사진 신취체

법」 등을 기사로 작성하여 상세히 보도했다. 그리고 활동사진 폐해에 대한 여론과 각 상설관의 흥행 경쟁 격돌을 예고하는 등, 부산일보와 중복되지 않은 기사를 내놓으려고 노력했으며 각 상설관 입장요금 조정 내역을 사전에 알리기도 했다.

또한 양 신문은 일본과 서양의 영화제작기술과 자본금 규모 등 영화제작과 배급 시스템에 관한 비교를 통해 일본 내에서 이뤄진 자국 영화제작의 실태 파악에도 주의를 기울였다. 아울러 위 신문들은 각 상설관의 흥행 부진 극복을 위한 개선 방안을 제시하면서 각 상설관의 특징적인 영화 선전 방식과 향후 전망을 내놓기도 했다. 본고에서는 양 신문사가 발행한 기사 중, 영화관과 관련된 기사를 발췌하여 인용했다. 특히 1920년대 미국이 일본에 대한 배일 문제를 제기하자 그 대안으로 자국 영화 보호를 위해 필름 검열 강화와 신취체 규칙을 제정해야 한다는 여론 조성과 상설관의 영화 특색 전망을 기획한 양 신문사의 기사는 본고에서 상세히 다룰 것이다. 그 외의 조선 총독부 발행 관보에 게재한 '부산지방법원 등기' 기록을 찾아 조선키네마(주) 본점의 위치를 규명하는 데 활용했다.

본고가 개항장 부산의 초창기 극장 건립과 영화사를 다루고 있음에도 불구하고 각종 문헌 기록과 당시 발행한 신문기사를 주요 자료로 삼은 이유는 부산 영화사 연구의 중심을 이루는 활동사진 필름 자료가 거의 보존되어 있지 않다는 현실적인 한계 때문이다. 당시 대부분의 영화들이 서양에서 수입되거나 일본에서 제작된 영화가 상영되었기 때문에 작품의 흥행과 관객 수용 평가 그리고 이를 바탕으로 한 산업적 분석을 어렵게 만드는 요소로 작용한다. 그런데도 한국과 일본이 남긴 문헌과 지도, 신문 등 다양한 자료를 활용하여 일본 전관조계지 중심에 건립된 극장의 흥행과 이후 각 활동사진 상설관의 흥행 전망과 산업의 변화를 살펴볼 수 있다는 점에서는 다행한 일이기도 하다.

따라서 본고에서는 이 기간(1889년~1925년) 부산 영화사를 발굴 복원한다는 본래의 취지에 맞게 인용 자료인 문헌, 신문 자료, 사진 자료를 가능한 한 원문 그대로 수록하였다. 또한 재확인이 필요한 자료도 원본 그대로 인용하여 부산 영화사에 대한 심도 깊은 논의를 이어갈 수 있도록 했다. 이를 바탕으로 초창기 개항장 부산의 일본 조계지 내에 건립된 일본인 극장과 흥행업 등장의 실체를 파악하고, 1910년대 이들 극장이 활동사진 상설관 시대 개막을 알림과 동시에 각 상설관과의 흥행 주도권 경쟁 양상을 살펴볼 것이다. 아울러 1920년대 한국 영화제작 시대의 물꼬를 튼 조선키네마(주)를 중심으로 영화흥행의 관점에서 산업적 측면을 집중적으로 논의하고자 한다.

제2장

개항장 부산, 일본인 극장의
건립과 흥행

1. 개항장의 일본인 극장 흥행업 성장

부산의 대중문화 공간의 중심이 된 영화상영관 조성은 1876년 부산 개항 시기로 거슬러 올라간다. 서양의 문물이 부산 개항장으로 유입되어 일반 생활문화에 큰 변화를 주었으며 조선에는 없었던 가설극장이 생겨 일본 현지의 대중문화 공연이 흥행하게 되었다. 이들 가설극장이 상시 공연 체제로 전환되어 일본의 공연문화와 서양의 활동사진이 함께 흥행을 이루면서 1910년대는 본격적인 상설 영화관 시대로 접어들었다. 일제강점기에 들어 부산에는 22곳의 극장이 영업을 할 정도로 극장 문화가 번창했다. 그리고 광복을 맞기까지 부산의 극장은 10여 곳 정도 남아 대중문화의 흥행을 이끈 문화 공간으로서 기능을 수행하였다.

그러나 부산 개항 이후 극장의 역사 연구는 1903년 완공된 행좌와 송정좌에 관한 논의에 머무르면서 더 이상 진전이 없었다. 그렇기 때문에 본 장에서는 그동안 미진했던 1895년 극장취체규칙제정 이전의 최초극장 존재 여부와 흥행 공연 그리고 1903년 세워진 두 군데 극장의 설립 과정을 실증적으로 추적할 것이다. 더불어 극장을 통제한 규정과 흥행업의 과제 기준 등도 함께 논의한다.

가. 개항으로 일본 전관 '거류지'[1] 형성

18세기 후반 산업혁명 이후 서구 열강은 새로운 상품 시장 개척을 위해 무력을 앞세워 아시아와 아프리카를 강압적으로 침략하여 통상을 요구했다. 아시아로 진출한 국가들은 중국과 일본 다음으로 조선을 개항시킬 목적으로 총과 대포로 무장하여 여러 차례 상륙하였으나 주목할 만한 성과를 얻지 못했다.

대표적인 사건은 1866년 7월, 미국의 제너럴 셔먼General Sherman 호 입항 시도가 있었다. 선주 프레스톤Preston은 화물을 적재하고 천진天津을 출항하여 조선으로 들어서 개항과 통상을 요구하다 조선 정부의 퇴거 명령이 내려지자 대동강을 소상溯上하여 평양에 도달하였으나 수량이 줄어들자 회항을 하지 못하고 배는 소파燒破되고 선원 모두가 조선군에 의해 살해당했다.

1866년 9월, 프랑스 함대 데룰레드Deroulede호와 타르디프Tardif호가 월미도에 정박하여 프랑스 신부 처형에 대한 보상을 요구하며 교섭하려 했다. 이를 거부당하자 당년 10월, 프랑스는 7척의

---

1) 개항장 내 외국인 거주지는 '거류지' 또는 '조계지'로 혼용되고 있다. 거류지는 일본 측에서 주장한 명칭이었고, 조계지는 조선 측이 지속적으로 사용한 공식 명칭이다. 거류지와 조계지의 차이점은 토지차입의 방법에 있는데, 거류지는 개인과 개인 간의 소유권 교섭을 통한 토지 영차, 조계지는 국가 대 국가 간의 협정을 통한 토지 영차라는 의미가 포함되어 있다(이와 관련된 자세한 논의는 전성현, 「'조계'와 '거류지' 사이-개항장 부산의 일본인 거주지를 둘러싼 조선과 일본의 입장 차이의 의미」, 『한일관계사연구』 62호, 한일관계사학회, 2018. 참조). 조선 측의 조계지 설정은 일본인들의 거주 확장을 경계하기 위한 방안이었다. 본 글에서는 조계지와 거류지에 대한 논의가 있었다는 점을 충분히 고려하면서 명칭 사용에 있어 조선 측이 남긴 기록에서는 원문대로 '조계지'를 사용한다. 이에 반해 일본인들이 남긴 기록물에서 극장의 설립, 흥행, 상업 활동 전반에 관련된 내용을 기술할 때에는 '거류지'라는 명칭을 사용한다.

함대와 1,000명의 병력을 이끌고 강화도 해협에 도착하여 강화도를 점거하고 인근 마을을 약탈했다(병인양요). 1868년, 독일인 '오페르트Oppert가 대원군의 아버지 남연군능묘발굴사건南延君陵墓發掘事件'을 일으켰다. 1871년 5월, 북경주재 주청駐淸 미국공사 로우Frederick F. Low와 로저스Rodrers 제독은 미 군함 알래스카Alaska 외 4척을 이끌고2) 조선에 통상교섭을 요구하였다. 그러나 조선은 대원군의 양이攘夷 정책을 펼쳐, 서양 강국이 요구하는 통상교섭을 받아들이지 않았다.

그러는 동안 일본은 미국에 의해 1854년 3월 31일 미일강화조약美日講和條約에 조인하여 개항되었다. 일본은 흑선을 이끌고 강호만江戶灣에 들어온 미국 동인도 함대 사령관 페리Matthew Calbraith Perry 제독의 강요에 굴복하여 12개 조문으로 조약을 체결했다. 주요 내용은 시모다下田・하코다테函館 등 2개 항구의 개방과 표민漂民의 무휼撫恤, 7리里 이내의 유보구역遊步區域을 정하고 미국 선박에 대한 필수품의 공급을 하는 것이었다. 1858년 일본은 미국과 화란和蘭, 네덜란드에 이어 영국, 러시아, 프랑스와 연이어 수호통상조약을 체결했다. 1868년(명치 초년) 이후 여타 아시아 국가들에 비해 일찍 개화한 일본은 경제적 측면에서 급격한 성장의 여건3)을 마련하는 것은 물론, 세계무역 시장을 선점하기 위한 대열에 나서게 되었다.

일본은 가까운 조선을 개항시켜 자신들의 무역 시장을 확대하고 조선에 대한 정치적 영향력을 행사했다. 이 근저에는 정한론

---

2) 알렌, 김원모 편저, 『近代 韓國 外交史 年表』, 단대출판부, 1984, 95~96쪽.
3) 손정목, 『한국 개항기 도시변화과정 연구』, 일지사, 1982, 51~53쪽.

征韓論이라는 제국주의적 야욕이 숨어 있었다. 일본은 1871년 청일수호조규淸日修好條規를 체결한 데 이어 1875년 9월, 일본 군함 운양호雲揚號가 조선 영해에 불법 침입하여 강화도 근해의 탐측 활동을 했다. 이에 조선 수군은 방어 차원에서 공격을 가했다. 일본은 이에 대한 보복으로 함포 공격을 가하고 조선에 그 책임을 물어 통상수교 체결을 강요하였다. 이로 인해 1876년 조일수호조규朝日守護條規가 체결되었다. 이는 미국의 페리Perry 제독의 흑선 포문에 일본이 굴복하여 미일화친조약美日和親條約을 체결한 1854년보다 22년 뒤의 사건이다.

1876년 2월, 조선과 일본 간의 조일수호조규朝日守護條規 체결로 인해 조선에서 부산항이 가장 먼저 개항되고 이후 원산(1879년), 인천(1883년), 목포(1897년), 군산(1899년) 등으로 이어졌다. 이 조약을 통해 일본은 "조선 시대부터 존속되어왔던 서西로 약 220간 여間餘, 북北은 279간間 반여半餘, 동東이 340간間 7합合 5작勺, 남南이 415간間 2합合 5작勺 길이의 부정형不整形 4각형을 이루고 중간에 용두산龍頭山이 솟아 있고 동남東南 두 면이 해변海面에 접하여 약 11만 평에 달하는 부산 초량 왜관草梁倭館 부지敷地"[4]를 승계하여 "연간 50원圓의 지기조地基租"[5]만 지불하면서 사용 및 거류권을 승인받았으며, 추후 이 구역은 일본 전관거류지日本專管居留地, 租

---

4) 손정목, 『한국 개항기 도시변화과정 연구』, 앞의 책, 96쪽. 釜山浦(부산포)에 倭人(왜인)을 위한 客館(객관)이 생긴 것은 중종 39년부터의 일이며 임진란 때 중단되었다가 선조 34년에 再開(재개)되어 絶影島(절영도)·豆毛浦(두모포)·草梁(초량)으로 자리를 옮겼다. 草梁倭館(초량왜관)은 숙종 4년(1678년)이었고 德川 時代(도쿠가와 시대)의 말까지 對馬島(대마도)와의 통상이 이곳에서 이루어졌다. 前揭, 서울 600년사 2권, 242쪽.

5) 손정목, 앞의 책, 92~95쪽. 고병운, 『근대조선 조계사의 연구』, 雄山閣, 1987, 51~54쪽. 다카사키 소지, 이규수 역, 『식민지 조선의 일본인들』, 역사비평, 2006, 17~18쪽. 김동철, 「十七~十八世紀의 釜山倭館周邊地域民의 生活相」, 『年報都市硏究』 9호, 都市史硏究會, 93쪽.

界地로 명문화되었다.

조일수호조규는 양국평등동권兩國平等同權임을 표방했다. 그 결과 일본인이 왕래하며 통상이 가능하도록 소재하는 지역에 '임차지賃借地'를 두어 가옥을 '조영造營'하거나 또는 편리를 위한 각종 시설이 들어설 수 있도록 했다.[6] 6개월이 지난 1876년 8월에 작성된 '부록'에는 일본 영사를 상주케 했으며, 일본 공관의 승인, 수문守門·설문設門을 철폐하였고, 각 개항장에 일본인 거류지 설치를 인정했으며 부산항에서 일본인 통행 범위를 "조선리수朝鮮里數 10리里로 정"[7]했다.

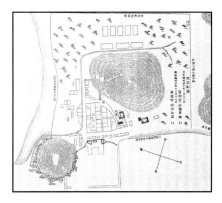

[자료 1] 「1877년 부산항 거류지 약서부도」[8]

---

6) 「조일수호조규」-제4관(第四款)朝鮮國 釜山草梁項 立有日本公館 久已爲兩國人民通商之區 今應革除從前慣例 及歲遺船第事 憑準新立條款 借辦貿易事務 且朝鮮國政府 須別開第五款所載之二口 準聽日本國人民往來通商 就該地賃借地基造營家屋 或橋寓所在人民屋宅 各隨其便(제4관의 '초량항'은 초량 왜관을 뜻한다. '왜관'에는 조선 전기부터 일본인이 살고 있었다. 임진왜란으로 중단되었다가 국교 관계가 재개됨에 따라 1607년 부산 두모포에 왜관이 설치되었다. 이후 약 70년간 존속되다가 1678년 초량으로 옮기면서 200여 년간 대일외교와 무역의 장이 되었다. 왜관은 몇 차례 폐항이 단행되었는데, 1차 폐항은 1419년 이종무의 대마도 정벌에 의해, 2차는 1510년 4월 3포의 왜란으로, 3차는 1592년 4월 임진왜란의 발생으로 폐항했다). 손정목, 『한국 개항기 도시변화과정 연구』, 앞의 책, 92~95쪽. 최보영, 「개항기(1880~1906) 부산주재 일본 영사의 파견과 활동」, 『한국근현대사연구』 18호, 2017, 28쪽.

7) 손정목, 『한국 개항기 도시변화과정 연구』, 앞의 책, 91쪽.

1877년 1월 30일 동래부백 홍우창東萊府伯 洪祐昌과 일본영사관리관 곤도 신스키近藤眞鋤 사이에 체결된 '부산구일조계조약釜山口日租界條約' 일명 '부산항거류지차입약서釜山港居留地借入約書'를 체결함으로써 부산항을 일본 전관거류지로 만들었다[자료 1 참조]. 거류지에는 일본 공관이 설치되고 일본인이 합법적으로 거류하는 정착지가 조성되기 시작했다. 일본은 1880년 6월 '지소대도규칙地所貸渡規則'[9]으로 일본 거류민들에게 주변의 토지를 매수하도록 하고 지역 내 각종 이권 점유와 상권 장악을 위한 세력을 뻗어갔다. 이로 인해 1876년 82명에 불과했던 거류민 수[10]가 불과 4년 만인 1880년 2,066명으로 폭발적인 증가로 이어졌다.

[표 2] 1876년~1895년 부산항 일본 전관거류지 인구증가[11]

연도\구분	일본인		주요 내용
	호수	인구	
1876		82	조일수교조규
1879		700	
1880	402	2,066	지소대도규칙
1881	426	1,925	거류인민영업규칙제정
1882	306	1,519	
1883	432	1,780	
1884	430	1,750	
1885	463	1,896	

8) 「1877년, 釜山港居留地約書附圖」, (부산대학교 도서관 영인본).

9) 부산부, 미야코 겐쿄(都甲玄卿), 『釜山府史原稿 6권(제3장 1절), 부산 민족문화, 1986, 35쪽. 이 규칙은 조선 정부로부터 강탈하다시피 한 전관거류지 내의 토지를 일본 외무성이 부산 거류 일본인들의 주거권을 인정하기 위해 제정되었다. 이에 따라 부산으로 이주해오는 일본인은 누구나 영사관에 '토지 대도 신청'을 하면 토지를 획득할 수 있게 되었다.

10) 이노우에 세이마(井上淸磨), 『釜山を擔ぐ者』, 大朝鮮社, 1931, 경인문화사, 영인본, 1990, 29쪽.

11) 손정목, 『한국 개항기 도시변화과정 연구』, 앞의 책, 106쪽.

연도\구분	일본인		주요 내용
	호수	인구	
1889	628	3,033	유료 실내극장 건립(요술옥)
1890	728	4,344	
1891	914	5,254	
1892	938	5,110	남항 대화재 (가옥 30호 전소, 이재민 300여 명)
1893	993	4,750	
1894	906	4,028	청일전쟁
1895	974	4,953	극장취체 규칙제정

[표 2]에서 보듯이, 1876년 개항 당시 거류지의 인구는 82명에 불가했다. 1880년 일본영사관 설치로 일본 거류민들에게 토지 배분(지소대도규칙)이 실시되자 인구는 2천 명 이상으로 늘어났다. 1889년 '실내 유료극장'의 출현 시기에는 3,000명 이상의 일본인들이 거주했다. 1895년 '극장취체 규칙' 제정 때, 호구 974호에 일본인 인구는 5,000명에 달했다. 1876년 부산 개항으로 인해 용두산 주변 일대에 일본 전관거류지가 형성되었고, 활발한 상업 무역 활동으로 점점 팽창을 거듭하던 거주 일본인들은 자국의 대중문화공연 관람 기회를 가지기 위해 지역 내 극장 건립을 추진해 나갔다.

나. 일본의 극장 흥행권 유래 부산 유입

1903년 부산 일본 전관거류지 내 극장 2개 관이 개관했다. 이들 극장 경영은 극장취체 규칙(1895년)에 따른 통제의 수용과 흥행을 병행하여야 했다. 그런데 극장 경영주의 입장에서는 공연을 통한 관람 수익을 늘리는 '흥행권興行權'이 우선시 될 수밖에 없었을 것이다. 이러한 극장의 '흥행興行'이라는 용어 자체는 일본에서 시작하여 개항장 부산에 그 문화가 뿌리내렸기에 그 유래를 살펴보고자 한다.

일본의 흥행 유래는 "13세기 일본의 역사에서 문헌상 <아즈마카가미(吾妻鏡)>나 <헤이에 모노가타리(平家物語)>에서 '흥행'이라는 표현이 나타났다. 이때 흥행은 대규모 정치와 종교적 행위에 '정도흥행正道興行'과 '관정흥행灌頂興行' 등의 의미로 이용되었다. 그 사례로 흥행은 '사찰寺刹에서 불상을 만들거나 교량橋梁 건설을 위한 재원조달을 마련하는 목적'으로 신도들을 동원하여 덴가쿠보시田樂法師를 불러 <덴가쿠(田樂)> 공연으로 관람료 수입을 공사비로 충당한 사사(사찰) 흥행법寺社興行法"12)으로 시작되었다. 즉 무언가를 개최함으로써 얻은 물질적 수입 자체가 흥행의 취지였다.

점차 흥행은 "에도시대江戶時代(1600년)의 '노能나 가가쿠雅樂의 봉납奉納' 등 종교적 의식을 벗어나 예능 행위는 일종인 '퍼포먼스a performance'의 의미로 이행하면서 오늘과 같은 극장"13)이 만들어지고 흥행의 용어도 정착되었다. 이 시기부터 극장의 공연 자체가 상품화로 흥행 수익을 내는 경제 행위로서 인식됨에 따라서 장場을 형성하는 필수적인 조건에 해당했다.

일본에서 최초 설립된 극장의 흥행은 "1624년에 사루와카 칸자부로中村勘三郎가 건설한 원약좌猿若座가 훗날 에도시대의 가장 오

---

12) 신근영, 「근세 일본의 유랑예인과 기예고찰」, 『동연』 2호, 2017, 4쪽. 이를 간카(勸化)라고도 하며, 염불을 권하는 것을 덴부츠간진(念佛勸進)이라고 한다.
13) 日本建築学会, 『劇場空間への誘い』, 東京, 鹿島出版會. 2010. 22쪽, 에도시대의 흥행(江戶時代になると, 興行).

래된 극장 중 하나인 나카무라좌中村座로 이어진 상설 극장"14)에서 흥행을 누렸다. 이 극장 흥행에서 가부키 등 연극에 여성의 참가가 "풍기를 문란케 하여 1652년에는 금지"15)했다. 그러나 가부키의 연극은 원록기元禄期(1688년~1703년, 통상 1675년에서 1725년까지의 약 반세기 동안을 가리킨다)를 맞아 도시민 중심으로 발달하여 배우들의 역할이 분화되고 "다양한 연기기술 또한 확립되어 나가면서 연극으로서의 인기를 끌고"16) 다시 흥행을 누렸다. 이로써 극장의 관객은 상·공업 층으로 확대되면서 지방 도시로 넓혀나갔으며 공연물의 상업화로 극장 공간은 지붕과 객석을 고정하여 상시 공연 체계를 갖추었다.

1724년 이후의 극장은 "상시 공연으로 '이득을 낳는 것'으로 인식"17)되어, 흥행이 점차 '흥행업'으로 자리 잡았다. 흥행업에는 주도 세력이 존재했다. 즉 에도시대에는 배우가 극장을 소유하고 흥행의 권한을 가졌다. 시대의 흐름에 따라 실질적인 "흥행권은 자본주金主"18)가 그 권한을 행사하였다.

1800년대 이후부터는 흥행을 법으로 규정하고 극장의 흥행 문화 자체를 바꾸어 나갔다. 1899년 저작권법을 제정하면서 흥행권은 "각종의 각본 및 악보의 저작권과 함께 함유한다"라고 명

---

14) 나시카즈오·오즈미카즈오(西和夫·穂積和夫), 이무희·진경돈 역, 『일본 건축사-4』, 세진사, 1995, 228쪽.

15) 日本建築学会, 『劇場空間への誘い』, 앞의 책, 23쪽.

16) 정재은, 「町人時代歌舞伎 文化研究」, 『학술대회 발표논문집』, 부경대학교, 대한일어일문학회, 2018, 77쪽.

17) 日本建築学会, 『劇場空間への誘い』, 앞의 책, 23쪽. 「흥행이 경제 행위가 되기 위해서는 장의 확립(興行が 經濟行爲となるためには, 場の確立)」.

18) 日本建築学会, 『劇場空間への誘い』, 앞의 책, 24쪽. 「에도시대에서는 흥행권을 부여받은 것은 <좌본>(江戸時代では 興行權を与えられたものは <座本>)」.

시했다. 흥행권의 변화로 극장의 각 업무 분야는 계약으로 관계를 조성했다. 특히 '가부키좌'는 극장과 배우와 분리하는 계약으로 극장 운영에 경험이 있는 자를 재정 책임자로 기용하고 극장주와 공동으로 경영했다.

그리고 입장권 판매 방법도 바꾸었다. "아사히좌朝日座를 비롯한 여러 극장에서 입장권 판매를 차옥茶屋에서 좌석권을 배정하던 방식을 입장권의 금액만 받는 것으로 고쳤다. 또한 극장과 극단과의 계약은 사전에 착수금 지급과 공연 직전 출연료 지급과 타 극장으로부터의 이탈이나 계약 위반 시 극단이 위약금을 납입"19)하는 것으로 규정했다. 극장 문화의 변화를 통해 극장과 극단 출연자 간의 계약이 정리가 되고 티켓 판매제 도입으로 점차 극장 운영의 시스템이 이행되어 나갔다.

극장 시스템의 본격 가동은 전국적인 흥행 회사를 가진 "쇼치쿠松竹의 등장으로 가속화 되었다. 1902년 오오타니 타케지로 형제大谷竹次郎 兄弟의 합명회사결성合名會社を結成으로 시작되었다. 1906년 중좌中座, 1909년 아사히좌, 1910년 신부좌新富座, 1913년 가부키좌歌舞伎座, 1916년 변천좌弁天座가 쇼치쿠의 경영 시스템 영향 아래 놓였다."20) 이들 극장은 이미 각 극장에서 시도되고 있던 흥행의 근대화를 배경으로 배우와 극장 그리고 관객으로 이어지는 계약 관계를 확립하고 상영 내용을 할당 받아 극장 경영에 나섰다.

---

19) 日本建築学会, 『劇場空間への誘い』, 앞의 책, 26쪽. 한편 칸사이에서는, 이미 극장의 운영과 배우의 분리가 진행되고 있었기 때문에, 흥행의 변화는 극장과 배우의 계약 관계나 관람 티켓의 판매 방법에 나타났다(一方 關西では, すでに劇場の運營と俳優の分離が進んでいたので, 興行の變化は劇場と俳優の契約關係や觀劇チケットの販売方法に現れた).

20) 日本建築学会, 『劇場空間への誘い』, 앞의 책, 28쪽. 전국적인 흥행 회사 쇼치쿠의 등장이, 이 이행을 가속하였다. 쇼치쿠는, 교토의 극장 경영을 기초로(全國的な興行會社松竹の登場が, この移行を加速させた. 松竹は, 京都の劇場經營を基礎に).

지방 극장의 흥행은 대도시와 다른 양상을 보였다. 20세기에 들어갈 무렵 지방의 극장은 급증했다. "급여 소득자의 증가로 관람객 자체도 이들로 형성되기 시작하였는데 그 배경에는 1890년 소규모 극장이 공인되는 등 가부키 이외 다양한 연예가 증가한 것이 원인이었다. 극장은 목조 트러스 공법이 지방으로 보급되어 비교적 작은 규모의 극장이 건축되었다."[21] 극장의 임대료에 대해서는 1895년 설립된 명치좌明治座에서는 공연의 규모에 따라 "1일 30전에서 2엔 50전의 요금이 부과되었다. 명치좌는 영리와 공립문화시설 모두를 수용"[22]하는 경영 방식을 택한 흥행업의 유래를 가지고 있다. 이로써 일본의 극장 흥행업은 에도시대 후반부터 관객과 배우 그리고 극장으로 이어지는 예능의 상품화가 우선시되었다.

이처럼 일본의 근대 극장 흥행권 문화 형성 시기는 1624년 나카무라좌의 가부키 공연 흥행에서 출발하여 1899년 흥행권의 법적 보호 장치가 마련되면서 예능의 상품화로 발전하였다. 곧 흥행의 주도권은 자본가에게 넘어갔다. 흥행권을 가진 극장주는 '흥행' 가능한 공연을 유치하여 입장권 판매를 최우선 목표로 삼았다. 점차 극장은 구조의 개량과 지붕의 고정화로 우천 불구하고 상시 공연 시스템으로 유지와 신분 구분 없이 입장권을 판매하고 극장 경영은 영리 목적과 공공성을 함께 추구했다.

---

21) 日本建築学会, 『劇場空間への誘い』, 앞의 책, 30쪽. 이들 극장에서는, 이미 각 극장에서 시도되고 있던 흥행의 근대화를 배경으로, 배우-극장-관객의 일관된 계약 관계를 확립하고(これらの劇場では, すでに各劇場で試みられていた興行の近代化を背景に, 俳優-劇場-觀客の一貫した契約關係を確立し).

22) 日本建築学会, 『劇場空間への誘い』, 앞의 책, 35쪽. 전체적으로, 지역 주민이 소유권과 흥행권을 가지는 극장은 그 의사를 반영한 것이 되어(全體として, 地域住民が所有權と興行權をもつ劇場はその意思を反映したものになり).

이와 같은 일본의 극장 흥행업 문화는 개항장 부산 일본 전관 거류지 영사관이 제정한 1881년 거류인민영업규칙에 적용 시행 되었다. 1910년대 극장의 흥행업은 일본 연극장과 활동사진 상설관으로 분리되었다. 각 활동사진 상설관은 영화 필름 특약 배급과 상영이라는 흥행권을 둘러싸고 치열하게 경쟁했다.

다. 1881년 일본 연극 등 제흥행장 등장

부산 개항 이후 일본 전관거류지 내 일본 연극의 '흥행'을 공식적으로 확인할 수 있는 자료는 '居留人民營業規則거류인민영업규칙 (1881. 12. 15.)'[23]이다. 규칙은 총 3장으로 구성되어 있으며, 제1장의 총칙 제1조에서 15개 업종을 구분 명시했다. 그 중 극장업은 제12항의 '諸興行諸游技場제흥행제유기장'에 해당하였다. 이는 다시 둘로 나뉘어 시바이芝居, 연극, 기석奇席, 만담, 재담 공연은 제흥행장으로, 옥돌玉突, 당구, 대궁大弓, 양궁揚弓, 실내총室內銃 등은 제유기장으로 분류되었다. 이를 근거로 학자들은 실내극장의 건립 가능성을 예측해 왔다. 위 규칙에 따라 다양한 업종을, 1. 무역상, 2. 은행, 3. 해운 영업, 4. 선박 간옥船舶間屋, 객주, 5. 중매상, 6. 소매잡상, 7. 질옥質屋, 전당포, 8. 여롱옥旅籠屋, 여인숙, 9. 요리점, 사출요리옥仕出料理屋, 주문배달, 10. 제 음식점(장어, 생선, 메밀, 조수육, 단팥죽, 튀김류, 반찬, 차류 등), 11. 잡점, 잡업(목욕탕, 이발소, 시계방, 사진사 등이 해당), 12. 제공(대공大工, 목수, 좌관左官, 미장, 단치鍛治, 대장간, 석공石工), 13. 일용가日雇家, 일용인부, 14. 대차마貸車馬 업종으로

---

23) 부산시사편찬위원회, 『釜山略史』, 1968, 153쪽, 일본 외무성 기록국, 『通商彙編』, 「거류인민영업규칙-1881년도 부산항 지부」, 135∼137쪽. [거류인민영업규칙, 원문] 부록 편 참조.

나눠, 이 지역 내에서 영업하게 했다.

이 중에서 당국의 허가를 받아야 하는 업종은 제흥행·제유기장업, 요리옥, 제 음식점이 있었다. 이들 업종 경영주는 1년 중 6월과 12월에 영업조사에 응해야 했고 폐업과 휴업 또는 전업을 할 경우 경찰서에 서류를 제출(제3조)해야 했다. 개항 이후 "일본 현지 연희단이 부산으로 건너와 거류지의 일본인이나 외국인들을 대상으로 실내 또는 가설무대를 설치하여 가부키歌舞伎와 노能, 분라쿠文樂, 나니와부시 등의 공연을 소소하게 유치해 흥행"[24]을 유지했다.

제흥행장을 조사할 수 있는 법적 근거는 "1880년 4월, 조선에 거류하는 일본인들을 관리하기 위한 별도의 훈령"[25]에서 비롯되었다. 즉 "자국민 영업 보호를 위한 영사재판권(수호조약 제10관)"[26] 제정이 그 출발점이었다. "조사의 실행은 在朝鮮領事官訓令재조선 영사관 훈령(1881. 4. 22.)에서 밝힌 바대로, 6개월마다 영업조사를 할 것과 조계지 내 영업자는 개업 또는 휴·폐업을 영사관에 알릴 것"[27]으로 규정했다.

'거류인민영업규칙'의 인·허가권은 영사관의 권한이었다. 경찰서는 이 규칙에 의거하여 거류민 보호, 토지 임차, 대지권 증명, 거류민의 영업에 관련한 제반 통제규칙제정을 맡았고 영업

---

24) 신근영, 「신문기사로 살펴본 개화기 조선의 공연예술 양상」, 『남도 민속 연구』 24호, 남도민속학회, 2012, 146쪽.

25) 일본 외무성, 『特殊調查文書』, 「재조선국영사관 훈령」 제6권, 285쪽.

26) 아이 사키코, 「부산항 일본인 거류지의 설치와 형성 개항 초기 중심으로」, 『도시연구』 3호, 2010, 11쪽.

27) 일본 외무성, 『日本外交文書』, 「재조선국영사관 훈령지의상갑의건」 13권, 156호, 415~416쪽, 『특수조사문서』 6, 「재조선영사관 훈령」, 287쪽. 이 훈령은 일본 지방에서의 행정 사항을 일본 지방관에게 알리는 것과 같은 맥락을 가지고 있다. 그러므로 재조선 영사관에게 행정 사항을 보내어 거류지의 행정을 감독, 관할하게 한 것이다.

세를 징수했다. 또한 일본 영사는 거류지 내 도로와 교량 수선 허가권, 거류민 단체 대표 선출권 및 거류지 내의 행정에 관한 모든 권한을 집행했다. 이 규칙에는 포함되지 않은 매춘업은 藝娼妓營業規則예창기영업규칙을 적용하여 일본 외무성에 보고[28]했으며, 부여 받은 권한을 행사하여 조계지 내의 각종 營業行爲管理規則영업행위관리규칙을 집행했다. 이 권한의 집행을 두고서 '釜山略史부산 약사'의 편집 위원회는 다음과 같은 역사적인 평가를 하였다. "일본이 조계지(거류지)를 일본의 '준영토시準領土視'하여 전관거류지 행정을 감행한 것을 불법적인 권한 행사로 지적하지 않을 수 없거니와 마치 부산에서 일반적인 지방행정 사무를 보는 것과 같은 인상을 주었다."[29]

아래의 표는 1880년부터 1883년까지 거류지의 각종 영업 실태를 조사 보고한 기록이다. 여기에서는 제홍행의 시바이(연극) 영업장과 거류지 내 각종 주요 업종의 호수와 겸업 등을 확인할 수 있다.

[표 3] 거류지 내 일본인 직업과 영업장 현황(1880년~1883년)[30]

업종\년	1880	1881	1882	1883 1~6월	1883 7~12월	비고
무역상	39(5겸)호	54(7겸)호	77(34겸)호	83(28겸)호	70(16겸)호	겸업
은행	2	2	2	2	2	
선박 해운업	1	2	1	1	1	

---

28) 일본 외무성 기록국, 『通商彙編』, 「1885년도 상반기-부산항 지부」, 215쪽.
29) 부산시사편찬위원회, 『釜山略史』, 「釜山의 租界 및 租借地」, 1965, 152~153쪽.
30) 일본 외무성 기록국, 『通商彙編』, 1881년, 앞의 책, 「부산항 지부」, 315쪽.

업종＼년	1880	1881	1882	1883		비고
				1~6월	7~12월	
선박객주	5(2)	5(1)	7(5)	3	4(1)	
중매상인	164(12)	121(4)	110(13)	94(12)	87(11)	
소매잡상	45(11)	21(9)	19(11)	14(5)	19(3)	
전당포	7(3)	12(4)	5(1)	1	1	
여인숙	2(2)	1	0	1	1	
요리점	15	13	11	11	8	
음식점	16(3)	19(3)	13(1)	12(1)	15(3)	
잡점·잡업	0	13	18(2)	11(1)	11	
제흥행	0	1	1	1	0	
기술적	54	39(4)	28(1)	21(1)	28	
일용	1	16	36	24	18	
대마차 (貸車馬)	0	0	0	0	0	
매춘업	0	6	8	8	8	
한전 (韓錢)	0	0	1	1	1	
합계	350(38)	325(33)	337(69)	288(49)	280(34)	
일본 인구 수	2,066	1,925	1,588	1,780		

[표 3]은 4년간 15개 업종의 영업 활동 추이를 기록한 것이다. 가장 두드러진 업종은 무역상이다. 이들은 1880년에 39호에서 1884년에는 70호로 늘어났는데 대부분이 겸업하면서 상권商圈의 세勢를 불려 나갔다. 중매상의 동향도 특이한데, 그들은 1880년 164호에서 1884년에는 87호로 줄어들었다. 이는 중매상에서 직접 무역상으로 전환했기 때문에 생긴 변화이다. 제흥행업은 1880년에는 실적이 없고, 1881년~1883년에는 1호로 유지되었는데, 이를 통해 가설무대가 설립된 연희 극장의 존재를 유추할 수 있다.

다음은 앞의 자료를 바탕으로 '흥행장'의 위치에 대해 살펴보고자 한다. 흥행장업이 성행했을 장소로 유력한 곳은 남빈南濱, 현재 자갈치에 가까운 것으로 추정된다. 왜냐하면 위치의 특성상 화재 발생 때 시가지로 번질 우려가 가장 적고 정책적으로 해안가 근처에 '시바이고야(연극장과 차옥)'를 조성한다는 것이 일본의 도시문화시설 설치의 기본적인 방침이었기 때문이다. 다음의 [자료 2]는 이러한 방침의 사례를 보여준다.

1881년 부산 일본 전관거류지를 그린 '浦山港見取圖포산항견취도' [자료 2]는 '거류인민영업취체 규칙'을 제정할 당시 부산 일본 거류민 사다카즈定─ 소유의 지도로서 일본 영사 가토 코오노스케加藤幸之助에게 봉진封進, 올린된 것이다. 지도에는 "거류지 내, 210개 이상의 영업 시설"31)을 배치하고 '요리점料理店'과 '기루妓樓'도 함께 표기하고 권역별로 구분하였다. 여기에 등장한 업종들은 앞선 설명처럼 남항 근처에 자리를 차지하였고 1901년 거류지 도시개정 계획과 1903년 「부산항 시가 및 부근지도」에 표시된 유흥시설의 위치로 이어진다.

지도에 따르면, 가운데 푸른 나무 표시는 용두산龍頭山의 위치이다. 그 아래로 계단은 오늘날 계단 위치와 유사하다. 계단(○)을 중심으로 오른쪽은 일본영사관(○)이고, 왼쪽 아래는 병원 건물(○)이다. 용두산 앞쪽에 엷은 파란색으로 표시된 부분은 개천開川인데 지금의 대각사大覺寺 앞쪽에서 광복동 입구 방향으로 이어졌다.

---

31) 장순순,「새로 발견된 왜관 지도」,『한일관계 연구사』16호, 한일관계사학회, 2002, 174~175쪽.

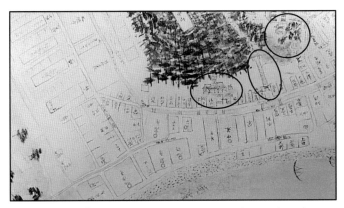

[자료 2] 「포산항견취도」32)의 요리점(▲)과 기루(○)의 표시

[자료 2]의 아래쪽 남쪽 해안南濱, 남항 구역은 남항정南濱町과 행정幸町 2정목으로 구분되어 있다. ▲ 표시는 요리점料理店으로서, 용두산나무숲 아래 계단 입구 좌측에 위치한 2곳 지종루支宗樓, 매전루梅田樓가, 용두산을 중심으로 좌측 상단 1곳ターフルヤ : 서양식과 남항현 자갈치 일대 쪽 1곳 영덕永德ヤ과 사진의 좌측 끝부분현 창선동 2곳은 같은 명칭의 업소 송전松田ヤ으로 총 6개 업소가 확인된다.

다음 ○ 표시는 기루妓樓의 위치이다. 남항 쪽에 중미中米, 매야梅野, 천옥泉屋, 삼산三山, 송금정松錦亭, 신등옥新藤屋, 촌상村上 등 7군데가 집중되어 있다. 그리고 바로 위 2곳은 천옥泉屋, 히로하야イロハ ヤ로 총 9개 업소가 위치했다.

따라서 모두 15개의 업소 중 남항 해안 근처에 자리를 차지한 요리점과 기루는 총 10개 업소로서 군락을 이뤄 유흥가를 형성한 것으로 확인된다. 그중 기루에 해당하는 '중미'는 1901년 도

32) 사다카즈(定一), 「浦山港見取圖」, (부산대학교 도서관 영인본).

시개정 계획에 포함된 극장 '행좌'의 위치에 근접하는 업소로서
주목을 끈다. 그러나 1892년 이곳 남항 일대가 전소(50여 곳)했
다는 기록에 따르면 지도에 거론된 기루나 요리점이 피해를 당
한 것으로 추정된다. 이에 해당하는 내용은 후술할, 1901년 도시
개정 편에서 구체적으로 살펴보고자 한다.

　이처럼 부산 개항 이후 1883년까지 연극 등 각종 연예공연이
흥행장 1곳에서 성업한 기록을 확인할 수 있는데, 그 위치는 일
본의 에도기江戸期에 서민들이 항상 이용하는 "수제水際공간에는
시바이고야 시설이 조성되었다."[33]라는 전례를 볼 때 지금의 자
갈치인 남항 근처와 BIFF 광장 주변이었을 가능성이 농후하다.

라. 1889년 최초 실내극장 '요술옥(妖術屋)'의 등장

　개항장 부산을 통해서 서양의 각종 문물이 물밀 듯이 들어와
전국 각 지역으로 빠르게 확산해 나갔다. 이전까지 볼 수 없었
던 극장 문화도 함께 부산에 상륙했다. 그러나 조선의 공연은
궁궐의 연희演戲를 제외하고는 남사당男寺黨패, 사당社堂패 등 유랑
예인 단체[34]에 속한 재인才人들은 일정한 거처를 두지 않고 전국
방방곡곡 야외의 공터와 시골 장터 장날(3, 4, 5일장)에 맞춰 찾
아다니며 탈춤, 판소리, 줄타기, 무등 등을 공연하는 수준에 머
물고 있었다.

---

33) 후지이 케이스케・타마이 테츠오(藤井惠介・玉井哲雄), 『建築の歴史』, 東京, 中央公倫社, 1995,
239쪽.

34) 솟대쟁이 패(蘇塗牌), 대광대(竹廣大) 패, 초란이(焦蘭伊) 패, 걸립(乞粒) 패, 승걸립(僧乞粒) 패,
광대(廣大) 패, 굿중 패, 각설이 패 등 여러 풍물패 등등의 유랑예인 단체들로 나뉘어 조선의
각 지방을 돌며 번창했다.

[자료 3] 외줄 타기[35]   [자료 4] 무등 타기 1920년대[36]

이와는 달리 일본 본토에서는 시바이의 가부키, 노, 나니와부시, 재담 등과 같은 전통 연희는 실내에서만 공연이 가능했다.

일본 전관거류지에는 상업 무역 발달로 일본의 여러 계층과 지역의 이주민들이 부산으로 밀려들어 개항 초기 일본인 인구는 1876년 82명에서 1881년 1,925명으로 1889년에는 3,000명에 달했다. 이들은 부산 근교 지방을 돌며 다양한 종류의 물건 판매에 나섰다. 이 시기 일본 현지 연희단도 부산으로 도항하여 가설 형태의 무대에서 일본 전통 연희를 펼쳤고, 점차 실내극장의 건립으로 공연이 상설화되기 시작했다.

지금까지 부산의 극장 건립 역사 연구에서는 부산이 일본과 지리적으로 가깝고 가장 먼저 개항됨에 따라 많은 일본인들이 거류했던 지역인 만큼 최초의 극장이 세워졌을 것이라고 추정만 했다. 극장의 형태는 불분명하지만 가설 형태든, 상설 형태든 극

---

35) 부산박물관,『사진엽서로 보는 근대풍경 6, 관광·풍속』, 2009, 민속원, 370쪽. 이 장면의 사진은 1910년 이후 '釜山吳竹堂書店(부산 오죽당 서점)'에서 발행(發行)한 것으로 부산 일본 거류지의 야외 공연장의 일면을 볼 수 있다.

36) 부산박물관, 위의 책, 173쪽.

장이 있었다는 것은 1895년 공포된 극장취체 규칙과 각종 흥행 규칙을 통해서 확인할 수 있다.37)

　본고에서는 1881년 거류인민영업규칙제정 이후 아직 밝혀지지 않았던 실내극장 건립의 사실관계를 파악하기 위하여 1883년부터 부산 개항장의 부산해관 업무를 맡았던 민건호閔建鎬가 남긴, 『海隱日錄해은일록』38)의 1889년, 1890년, 1891년 편을 참조하여 부산 최초 실내극장의 실체와 흥행 프로그램을 살펴보고자 한다.

　자료에 따르면, 1889년 8월 19일 거류지에 '요술옥妖術屋'이라는 유료 실내극장이 설치되어 상업적인 흥행을 이룬 사실을 확인할 수 있다. 이 "극장은 1892년 5월 일본인들이 세운 인천의 인부좌仁富座"39)나 "1895년 인천의 협동우선회사協同郵船會社 인천지점 대표로 있던 정치국丁治國"40)이 설립한 "인천의 협률사協律舍"41)보다 건립 시기가 빠르다. 또한 서울에 세워진 "황실 극장인 협률사協律社(1902. 10.)"42)보다도 13년이나 빠른 것으로 확인된다. 부산 개항 이후 1881년 흥행장 규칙과 1895년 극장취체 규칙은 확인되었지만 극장의 요건인 내부시설 규모와 입장요금, 공연 프로그램 등

<hr>

37) 홍영철, 『부산 근대영화사』, 앞의 책, 15~16쪽.

38) 『海隱日錄』은 부산 개항 7년이 지난 1883년 11월의 업무를 시작으로 사무소인 통리교섭통상사무아문(通理交涉通商事務衙門) 이하 조선 개항장인 부산해관(釜山海關)의 감리부산항통상사무감리서(監理釜山港通商事務監理署)가 개설되었다. 이때 업무를 맡은 민건호(閔建鎬)가 쓴 일기이다. 기록에는 당시 동래부청과 일본영사관과 해관 등의 기관을 출입하면서 일본 전관 조계지의 상황과 해관 조회(朝會) 업무 내용 등이 담겨 있다. 기간은 1883년 11월 23일부터 1914년까지이며 그의 직함은 부산감리서 서기관, 다대첨사를 역임했다. 이후 고향 해남으로 돌아갔다. 일록은 부산 근대 사료적 가치를 높게 평가하는 자료이다.

39) 한상언, 앞의 박사학위 논문, 23쪽.

40) 한상언, 앞의 박사학위 논문, 23쪽.

41) 한상언, 앞의 박사학위 논문, 23쪽.

42) 조영규, 『바로잡는 협률사와 원각사』, 민속원, 2008, 7쪽. 협률사(協律 '社')의 명칭은 희대에 상주하는 '연희 회사'를 말하며, 알려진 협률사(協律 '司')는 궁중 음악을 관장하는 기관이며 후신인 교방사(敎坊司)의 다른 이름으로 정리했다.

이 공개된 문헌 사료는 지금까지 발견되지 않았다.

요술옥은 명칭에서 드러나듯이 '요술妖術'과 '연극(가부키)'을 레퍼토리로 흥행한 실내 유료극장이다. 다음의 『해은일록』에서 발췌한 인용문은 극장 실내와 입장요금, 공연 레퍼토리 등에 대한 상세한 자료가 실려 있다.

> 1889년 8월 19일(음력 壬辰, 맑음) 오 주사[호 해관], 이 주사[호 석범]가 방문, 경남과 한사 해관에 함께 하례(下隷)를 거느리고 일본의 요술옥(妖術屋)으로 발길을 돌렸다. 옥내가 넓었으며, 좌우로 삼층(三層)을 올렸으니 상층(上層)의 상좌(上座)는 60전(錢)이다. 중층(中層)과 하층(下層)도 차등하게 구별하였다. 우리(四人)는 상층(上層)에 자리 잡았다. 희법(戲法)을 베풀었는데 별로 볼 만한 게 없었다. 일본인이 여자복식을 가장(假將)하였는데 우리나라의 '샨지도갓 놀음'과 같았다. 언어가 통하지 않아 재미가 없었다. 술시(밤 11시)에 각각 돌아갔다.[43]

인용문에서 공연을 관람한 일시는 1889년 8월 19일 음력 오후 7~8시경으로 추정된다. 관람자는 민건호와 동료인 호號 해관, 석범, 경남, 한사와 하예 6명이다. 극장 내부시설 규모는 좌우 3층을 올려 상층·중층·하층으로 차등 구분했다. 입장료는 상층 상좌에 60전을 지불했다.

공연 프로그램은 희법戲法이라, 이는 "연극이라 부르기는 힘든, 마술이나 예인들의 재주부리기 만담과 같은 여러 종류의 유희"[44]이다. 그리고 일인日人이 여자 복식을 가장假着女服한 것을 "조선의 샨지도갓 놀음"[45]이라 했다. 이는 조선의 산대놀이, 즉 '산

---

43) 민건호, 앞의 책 2권, 586쪽. 十九日壬辰 晴 ○ 視務 ○ 吳主事[號海觀]李主事[號席帆]來話 ○ 未刻與雨寮往電局敍話仍與耕南漢楂海觀率下隷(이하 생략). [원문]은 부록 편 참조.

44) 신근영, 「일본 연희단의 유입과 공연양상」, 『한국민속학』, 2013, 350쪽.

지도감'의 가면극을 지칭한다. 일본 공연극에서 "가착 여복은 남
자 배우가 여자 배역을 맡아 연기하는 남자 배우인 오마야女形, 여
형"46)에 해당하며, 이는 일본의 전통 연극 중 가부키歌舞伎47)를 말
하는 것이다. "가부키 연행은 일본 에도江戸시대, 시바이고야와
함께 일본의 서민문화를 대표"48)하던 공연이다. 민건호는 통역
없이 일본어를 그대로 사용하여 "재미가 없었다"라고 감흥을 남
겼다.

위 기록을 통해 부산 최초의 극장은 1889년 요술옥으로 규정
할 수 있을 것이다. 또한 이후 1890년과 1891년에 극장과 흥행
장의 성업 상황을 기록한 내용이 『해은일록』에서 추가로 확인되
는데 이 기록은 1889년 요술옥 성업을 뒷받침해 준다. 1890년
11월 24일을 '일옥日屋'이라는 곳에서 환술법幻術法, 요술을 공연한 내
용은 다음과 같다.

1890년 11월 24일 휴일이다. 공무를 보았다. 전국(電局) 주사(主

---

45) 일반 백성들은 이를 山頭都監(산두도감) 또는 山臺都監(산대도감) 놀이로 불렀다.

46) 김충영, 『일본 전통극의 이해』, 지식을 만드는 지식, 2013, 174쪽. 오마야(女形)는 '온나가타'라
고도 부르며, 가부키에서 여자 배역만 전문으로 맡은 배우를 가리킨다. 이들은 연기 훈련과 마
음가짐 수련을 통해 실제 여성 이상으로 양식화한 여성미를 표출하는 경지를 이상으로 삼았다.

47) 김충영, 위의 책, 173쪽. 일본의 가부키 문화에 대해 보충하자면, 그 유래는 1603년에 교토 이
즈모타이샤(出雲大社)라는 신사에 속한 무당(巫女) 오쿠니(お國)라는 여인이 신사 기금마련을
위해 사람들 시선을 끌려고 남장을 하고, 가슴에는 십자가, 허리에는 표주박을 매단 기괴한 모
습으로 춤을 추어 선풍적인 인기를 모았다고 한 데서 유래한다. 유녀들이 남자 손님을 유혹하
는 호객수단으로 이용하면서 풍기문란을 유발하고 사회질서를 문란케 한다는 이유로 막부는
1629년에 가부키 공연을 하지 못하도록 했다. 이후 성인 남자들만 무대에 세운다는 조건으로
공연을 허가했다. 춤도 없이 남자만 무대에 등장하는 야로가부키([野郞歌舞伎]는 이전 가부키
와 달리 에로틱 면을 줄이고 희극 요소를 첨가했다. 이때 여자 배역을 맡아 연기하던 남자 배
우 오야마(女形)가 새로 등장한 것이다.

48) 후지이 케이스케・타마이 테츠오(藤井惠介・玉井哲雄), 앞의 책, 239쪽. ; 송혜영, 「부산 일본
전관거류지의 형성과 변화에서 나타난 건축적 특성」, 한국해양대학교 대학원, 석사학위 논문,
2002, 90쪽.

事) 이기홍(李起泓)이 이번 윤선(輪船) 편에 부산항에 입항했다
가 분서(分署)에 와서 서로 이야기하였다. 저녁에 일본인 송미
원지조(松尾元之助)가 나와 여러 직원들에게 요릿집에 가자고
요청했으므로, 오후 유각(酉刻)에 경찰(警察) 및 추관(秋觀)·경
남(耕南)·한공(漢共)과 제일루(第一樓)에 갔다. 일본인 중원길
촌(仲遠吉村)이 또 초량(草梁) 객주(客主) 김중명(金仲明)을 초
청하여 요리 상등품을 먹은 다음 일옥(日屋)의 환술법(幻術法)
몇 종류를 구경했는데 참으로 놀랍고 괴상하고 의아했다. 자시
(子時) 초에 분서(分署)로 돌아왔다.[49)]

인용문에서 민건호 일행의 일정은 1890년 11월 24일 휴일 오
후 5시에서 7시酉時에 일본인 중원길촌仲遠吉村, 나카토키 치무라 외 5명
과 함께 제일루第一樓에서 상등품 요리로 식사를 마친 다음 일옥
에서 환술법 몇 종류를 구경하고 11시子時, 자시 경에 분서에 돌아
왔다고 기록하였다. 여기서 '옥屋'이라는 명칭은 '요술옥'과 같은
실내극장이라 여겨진다.

그다음, 1891년 8월 21일음에는 '배우俳優의 시예장試藝場'에서 기
예技藝 공연이 성업한 내용을 확인할 수 있다.

8월 21일 임자 맑음 (…생략…), 저녁에 여러 동료와 일본 공관
의 손님 초대석 상에 가서 함께 일본 요리로 저녁밥을 먹은 것
은 일본 영사(領事) 소천항차랑(小川恒次郎)이 어제 윤선(輪船)
으로 서울에서 항(港)에 돌아오셨기에 한 식탁 차린 것이다. 초
경(初更) 8점종(點鍾)에 천상(川上)과 함께 일본 배우(俳優) 시예
장(試藝場)에 가서 관람하고 놀았는데, 각각 기예(技藝)가 우리
나라 재인(才人)이 노는 것과는 비교가 안 되었다. 11점종(點鍾)
에 분서(分署)로 돌아와 잤다. (이하 생략)[50)]

---

49) 민건호, 앞의 책 2권, 885쪽. 二十四日 庚寅 寒 ○ 休日 ○ 視務 ○ 電局李主事起泓 今輪便又
到港 來分署敍話 ○ 夕日人松尾元之助 請余諸員 往料理屋 故下午酉刻 與警察及秋觀耕南漢共
往第一樓 與日人仲遠吉村 又請草梁客主金仲明 共過料理上等後 往觀日屋幻術法數種 眞可驚可
怪可疑也 子初還分署.

관람 시기는 1891년 8월 21일을 맑은 날 저녁 8시이다. 공연 장소는 일본 배우의 '시예장'으로 기록하였는데, 이때 장場은 1889년 설립된 '요술옥'과는 다른 장소로 추정된다. 공연 시간은 저녁 8시경 시작하여 분서分署 : 근무지에 돌아온 저녁 11시 전까지 대략 2~3시간 정도였을 것이다. 공연 내용은 '각각 기예'를 관람한 것으로 기술하고 있다. "기예는 일본의 에도시대부터 하층민을 대상으로 한 유랑 공연 연희를 바탕으로 하였고 그 종류는 대나무에 술을 매달아 이를 돌리고 받는 기예와 얼굴을 물들이고 하는 연극과 흉내 내기, 장난감 숨기기, 인형을 조종하는 기예, 민요를 붙여 이야기, 원숭이 재주 부리기 등의 수십 가지"[51]가 있다. 이를 관람한 민건호는 일본의 기예 공연은 "우리나라 재인의 놀이와 비교가 안 되었다"라고 공연에 대한 감흥의 차이를 내놓았다.

1891년 11월 10일에는 남관南館에 있는 일인日人 기예장技藝場으로 구경을 갔다고 다음과 같이 기록했다.

> 10일 경오 추움 ○ 아침 식사 후에 부첨(釜僉)과 동행해서 부산항으로 되돌아갔다. 밤에 일인(日人) 송미(松尾)의 집에 가서 차를 마시고는 여러 동료 및 일본인 송미(松尾)와 함께 남관(南館)의 일인(日人) 기예장(技藝場)에 갔다. 송미가 차와 과일을 대접했다. 구경하다가 자정이 되어서야 서(署)로 돌아왔다.[52]

---

50) 민건호, 앞의 책 3권, 159쪽. 1891년 8월 21일 편, 二十一日 壬子 晴 ○ 自本府還時 歷訪金桂山寅 敍話 ○ 府居閔校章浩來見 ○ 至釜鎭 値該鎭 僉使之作駕水營 未穩而歸 本署暫憩 還分署 鎭隷郞送本鎭 ○ 夕與諸寮 往赴日館速賓 共過夕飯日料理 日領事小川恒次郞 昨輪自京還港設卓也 至初更八點鍾 與川上 偕往日本俳優試藝場 觀遊 而各技不可比於我國才人之遊也至十一點鍾 還分署以宿.

51) 신근영, 「근세 일본의 유랑예인과 기예고찰」, 『동연』 2호, 앞의 책, 98쪽.

52) 민건호, 앞의 책 3권, 210쪽. 初十日 庚午 寒 ○ 朝飯后與釜僉作伴 還港 夜往日人松尾屋 飮茶

민건호는 일본인 송미의 집에 가서 차를 마시고 여러 동료들과 남관에 있는 기예장에 가서 구경을 하고 자정(밤 12시)경, 서둘, 근무지로 돌아왔다고 기록했다. 기예장이 남관(남빈을 가리킨다)[53)에 있었고 구경하였다는 공연 내용은 알 수 없으나 앞의 8월 21일에 배우 시예장에서 기예를 구경하였다는 종류와 같은 기예로 추정된다. 1889년 부산에 최초로 세워진 일본인 실내 유료극장의 공연 프로그램과 이후 1890년과 1891년(8월과 11월)의 프로그램 내용을 정리하면 다음과 같다.

[표 4] 1889년~1891년 일본 전관거류지 실내극장 공연 내역

관람일	공연장	공간	실내 구조	공연 시간	입장료	공연물	소감
1889. 8. 19. 맑음	요술옥	실내	3층 좌석 구별(상· 중·하)	오후 3~7시 (총 4 시간 소요)	60전 : 상좌	가부키, 유희법	재미가 없었다
1890. 11. 24. 추움	일옥	실내				환술법 (幻術法) 및 몇 종류	참으로 놀랍고, 의아했다
1891. 8. 21. 맑음	배우 시예장	실내		오후 8시 ~11시 (총 3 시간 소요)		배우 기예	우리 재인과 비교가 안 되었다

後 與諸寮及日人松尾 偕往南館日人技藝場 茶果松尾備待 閱觀至子正還署.

53) 개항 당시에 용두산을 중심으로 동관, 남관, 서관으로 구분했다.

관람일	공연장	공간	실내 구조	공연 시간	입장료	공연물	소감
1891. 11. 10. 추움	기예장	실내		종료 시간 자정 (12시 경)		앞과 동일 추정	

[표 4]에서 확인할 수 있듯이 1889년, 1890년, 1891년(2차례) 총 4차례에 걸쳐 실내극장인 요술옥, 일옥, 배우 시예장 또는 기예장에서 공연이 있었다. 공연 일정은 흥행의 적절한 시기인 조선 명절인 추석과 동짓달에 이루어졌다.

이 자료를 근거로 개항장 부산에는 1895년 극장취체 규칙제정 이전인 1889년, 일본 전관거류지 내에는 준비된 일정에 따라 신분에 관계없이 일정한 요금을 지불하고 다양한 공연 레퍼토리를 즐길 수 있는 극장이 존치하여 성업하였음을 확인할 수 있다. 더불어 이를 뒷받침하는 자료는 1891년 7월 30일 제29호 부산 일본영사관 제정규칙의 傳染病豫防消毒方執行心得전염병예방소독집행심득의 제61조에 " '극장', '기석 흥행장' 기타 다수 집합 장소에 환자 발생 시 장소와 관객 등에 소독해야 한다."[54]라는 규정이다. 본 규칙은 극장과 흥행장에서 전염병 환자가 발생하면 그 대처 요령을 규정한 것으로서 이는 극장 요술옥 외 기석 흥행장의 존재를 보다 명확하게 하는 근거가 된다. 따라서 1895년 극장취체 규칙 신설 이전부터 상설 극장이 존재하여 흥행을 이룬 것으로 판단할 수 있을 것이다.

---

54) 부산 일본영사관, 『제정제규칙』, 「傳染病豫防消毒執行心得(전염병예방소독집행심득)」, 158쪽 (第61條-劇場奇席興行場其他多人數集合ノ場所ニ患者發生シタルトキ其場所及觀客等ハ左項ニ從ヒ消毒スベシ).

2. 1895년 제흥행장 및 극장취체 규칙제정

가. 거류인민영업의 흥행장 규칙 세분화

1881년 12월 15일 제정한 거류인민영업규칙은 가장 많았던 무역업을 비롯하여 은행, 해운업, 전당포, 여인숙, 요리점, 목욕탕, 이발소, 시계방, 사진관, 연극, 재담, 일용, 대마차 등 15개 업종에 적용되었다. 점차 부산항이 일본 현지보다 더 많은 이익을 얻을 것이라는 기대에 편승해 일본인들은 끊임없이 영업장을 넓혀나갔다. 이로 인해 1881년 부산 거주 '일본인은 2,000여 명 정도였지만 1895년에는 2배로 증가한 4,953명과 호구 953호로 증가했다. 연중 무역수지 역시 전년 대비 2.18% 상승한 2,517,938원'[55)에 달했다. 이러한 변화로 부산 일본 영사 측은 "자국민의 신변 안전과 세력 확장"[56)에 필요한 여러 업종의 규칙을 세분화하여 지속적인 법 개정에 나섰다, 무역업은 「船舶營業規則(선박영업규칙)」(1891. 6. 24, 선박 무역)으로 분리했으며 전당포업은 「質屋取締條例細則(질옥취체조례세칙)」(1891. 9. 26.)이라는 이름으로 신설 제정했다. 이와 동시에 「古物商取締條例細則(고물상취체조례세칙)」(1891. 9. 26, 고물상), 「旅人宿取締規則(여인숙취체규칙)」(1895. 2. 11, 여인숙), 「料理屋飲食營業規則(요리옥음식영업규칙)」(1894. 2. 11, 요리점)[57) 등이 제정되었다. 요리옥업주는 손님에게 예기藝妓의 가무歌舞를 즐길 수 있도록 권유하거

---

55) 김승·양미숙 편역, 『신편 부산대관』, 선인, 2010, 71쪽.

56) 한우근, 「개국 후 일본인의 한국침투」, 『동아문화』 1호, 1963, 16~19쪽.

57) 부산 일본영사관, 『제정제규칙』, 「料理屋飲食店營業規則(요리옥음식점영업규칙)」 제3호, 1894년 6월 1일, 93~94쪽.

나 초빙할 수 있다(제8~10조)고 규정하자 "경판정京板亭 영업주는 손님들에게 예기들의 '가무'를 제공"58)하여 성업했다. 또한 「藝妓ノ業ヲ營…(유곽업)」 (1894. 6. 1.)과 「石油販賣取締規則(석유판매취체규칙)」 (1896. 7. 23.), 「牛乳販賣取締規則(우유판매취체규칙)」 (1896. 9. 22) 등도 추후 제정되었다.

더불어 한국에 여행하는 외국인에 관한 통제규칙과 일본인이 외국인을 고용할 때 발생할 수 있는 문제를 예방하기 위하여 「外國人雇人及解傭(외국인고용 및 해용)…」 (1892. 6. 1)에 관한 문제도 다루었다.

업종별 다양한 법 개정의 취지는 일본 현지에서 부산으로의 이주 절차와 일원화하는 것이 우선 목표였고, 세부적으로는 토지와 건물 매입에 관련된 정보 제공, 다양한 영업에 대한 경영 문제 개선, 개인의 건강 및 위생 문제 예방 등, 공공 행정 시스템의 강화에 있었다. 특히 1895년 7월 24일에는 제흥행 제유기장(연극, 재담, 당구, 대궁, 양궁, 실내 총銃의 류)에 해당한 시바이(연극)는 극장의 상설화로 관람 수요가 점차 늘어나면서 「劇場取締規則(극장취체규칙) 제15호」 (1895. 7. 24.)가 신설 제정되었다. 그리고 일본 씨름(스모), 곡마 등의 흥행 부분은 「諸興行取締規則(제흥행취체규칙) 제16호」 (1895. 7. 24.)로 나눠 제정되었다. 극장취체 규칙의 세분화는 극장을 찾는 관객의 수요 증가로 극장의 상설화가 요구되었으며 극장 - 배우 - 관객으로 이뤄진 공연 시스템을 효율적으로 통제하려는 의도에서 이뤄졌다.

---

58) 부산 일본영사관, 『경상도 사정』, 「제31, 부산 일본 거류지」 편, 109쪽.

나. 극장과 흥행장의 단속 규칙 시행

1881년 거류인민영업규칙이 시행된 이후 14년이 지난 1895년 극장업과 일반 흥행업 사이에서 발생할 수 있는 여러 문제들을 해결하기 위하여 '극장취체 규칙'과 '흥행취체 규칙'을 구분하여 시행하기에 이르게 되었다. '극장취체 규칙'[59]은 부산 이사청理事廳 일등영사一等領事 가토 마스오加藤增雄에 의해 총 23개 조항으로 신설되어 8월 1일부터 시행에 들어갔다.

규칙 제1조는 배우의 연기를 대중들에게 관람 공개하는 장소로 규정했고, 제2조부터 제11조까지는 극장 건설에 관한 허가 내용을 담고 있다. 제12조에서 제22조는 관객, 극장 내 청결, 흥행시간, 정원, 검사, 개수 명령, 흥행정지, 연극계획서 제출권을 다루었으며 흥행 중 임검臨檢을 시행하며 풍속風俗과 안녕질서安寧秩序를 위배 시에는 흥행 중지를 명령하는 통제권은 경찰서에 있다고 규정했다.

극장 신·개축 규정은 관객의 좌석 넓이, 내부시설 출입구 개폐 비상구와 창문을 설치한다(제3조, 제4조, 제6조, 제7조). 극장 구조의 낙성 시에는 경찰서에 사용 허가를 받아야 가능하며 극장 내의 화재나 위험의 우려는 없게 조치해야 했으며(제10조), 화재에 관한 규정은 일본 전관거류지의 목조구조물 특성에 맞춰 1881년 5월 31일부터 건물의 화재 대비책으로 "소방조消防組를 설치"[60] 운영하게 했다. 여기에 덧붙여 관객의 관람 자세와 호객

---

59) 부산 일본 이사청, 『부산이사청법규류집』, 1909, 178쪽~181쪽. 劇場取締規則(극장취체 규칙)」, 달 제15호(達第十五號) [부산 거류지] 극장취체 규칙 별지, 8월 1일부터 시행. [원문]은 부록 편 참조.

60) 후지이 케이스케·타마이 테츠오(藤井惠介·玉井哲雄), 앞의 책, 161쪽.

행위, 임시 장소와 종래 장소에 대한 세부사항까지 기재토록 했다. 또한 추첨을 통하여 관객에게 경물景物(선물 등)을 주거나 여러 명의로 금전을 촉구하는 일은 금하며(제12조), 흥행시간은 일출부터 오후 11시까지(제14조)로 제한하고 정원 외 입장은 불가(제15조)하다는 등의 단속에 관한 세부 조항을 구체적으로 규정해 놓았다.

떠들거나 함부로 무대에 오르거나 타인을 방해하거나 배우 전용 통로에 돌아다니거나 나체와 얼굴을 가리는 짓은 하지 말 것 등(제18조)을 관람자의 행동 양식으로 규제하는 내용이 존재했으며, '임시 장소'에서 흥행한 연극 공연 규정(제20조)은 거류지 내 지정된 극장이 아닌 가설 또는 야외무대에서도 적용되도록 조치했다. 또한 부칙附則을 제정하여 '종래從來의 극장'을 대수선 개조 또는 신축하여 극장의 면모를 갖추도록 했다(제22조, 제23조).

신설된 '제흥행취체규칙'61)은 총 12개 조항으로 구성되어 있다. 그중 경찰의 업무에 관한 내용까지 세세하게 6항으로 분류했다. 해당 업종은 일본 씨름相撲(스모)과 곡마 등 여러 예기술 등 모든 관물觀物류가 포함된다. 규정에 따라 흥행을 위해 공연을 하고자 하는 자는 예인藝人의 인적사항을 기록하여 공연 일수와 장소 그리고 입장료 등을 기재하여 이를 이끄는 총대總代가 여권을 첨부하여 경찰서에 제출한 후 허가를 받아야 했다. 이를 위반하는 자는 1일 이상 10일 이하 구류와 5전 이상 1원 95전 이하의 과료 처분을 한다는 규정을 마련했다. 따라서 배우의 연기 활동

---

61) 부산 일본이사청, 『부산이사청법규류집』, 「諸興行取締規則(제흥행취체 규칙)」, 1909. 181쪽. '종래의 극장'이란 1895년 이전의 극장 시설 규정에 부합하지 않게 조성된 극장을 지칭한 것이다. [원문] 부록 편 참조.

은 극장취체 규칙으로, 그 외의 흥행 활동은 제흥행취체 규칙에 준해 통제되었다.

[표 5] 극장취체 규칙과 제흥행취체 규칙의 요약

규칙 명	주요 규정	세부 단속 내용 요약
제15호 극장취체 규칙 (1895. 7. 24.) 시행, 8. 1. 제1조~23조	- 극장은 배우의 연기를 관람하는 공개 장소를 말한다 - 극장을 건설하고자 하는 자는 서류를 내고 경찰서에 허가를 받아야 한다 등	극장 건설의 허가, 관객 정원, 극장 구조, 경찰관 파견, 임시 검사, 출연자(예인)의 인적사항 제출, 흥행시간 일출부터 오후 11시, 풍속 저해 공연 정지, 종래의 극장은 본 규칙 4조의 규정 대수선 개조 등으로 극장 인정
제16호 제흥행취체 규칙(1895. 7. 24.) 시행, 8. 1. 제1조~12조	제흥행은 스모(相撲), 격검회(擊劍會), 경업(輕業), 곡마(曲馬), 수용(手踊), 수품(手品), 족예(足藝), 조인형(操人形), 사회(寫會), 차번(茶番), 팔입예(八入藝), 강담(講談), 라쿠고(落語), 제문독(祭文讀), 조루리(淨瑠璃), 독락회(獨樂回), 조수사(鳥獸使) 외 여러 관물등(觀物等)류(類)가 해당	공연자는 경찰서에 허가를 득한다. 입장료, 흥행장 청소, 야간 11시 폐장 등 게시

극장취체 규칙에서 극장은 배우의 연기를 관람하는 장소라는 규정을 분명히 밝히고 있다. 극장 건설 규칙에 따르면, 규칙제정 이전 흥행한 곳은 규정에 따라 대수선할 경우는 극장으로 인정받도록 했다. 극장 업주는 명시된 영업시간을 준수해야 하고 관객의 정원관리와 내부시설 청결을 유지해야 하며 공연 출연자 관리의 의무를 다하도록 규정했다. 관객 또한 극장이 정한 준수사항을 따르도록 했다. 경찰서는 출연 배우의 인적사항 관리와 극장에 경찰관을 파견하여 공연에 대한 임검과 풍속 저해 공연일 경우 정지 명령을 할 수 있도록 규정한 다음, 그에 대한 제재

는 1주일 후부터 시행되었다.

다. 극장의 설치 기준

개항장 부산의 극장 건립과 흥행은 앞서 설명하였듯이 1895년 극장취체 규칙제정 이전부터 임시 가설 또는 실내극장이 설치되어, 일본 연희단의 연극과 각종 기예 공연으로 성황을 이루었던 것으로 파악된다. 극장취체 규칙의 제정으로 배우의 연기를 포함한 공연은 극장에서만 실행하도록 규정했다. 실내극장의 개축 또는 신축 시, 건물 도면에 구조를, 사양서에는 건물 사방의 거리를 표시하고 관객의 정원과 인접 건물의 승낙서를 경찰서에 제출하여 승인(제4조)을 득하게 했다.

극장 건물 외형의 기준은 건물의 전후좌우 2칸 이상, 도로와 하수 하천 등 칸수를 고려한 공지空地를 마련토록 했다. 그리고 건물의 전면과 측면 외, 바깥쪽을 열 수 있는 비상구 2개, 그리고 환기를 위한 창을 설치하도록 했다. 관객 1인의 좌석 넓이는 '1尺척(자)'62) 5寸촌(약 50cm 이내 정도), 객석에는 2척 이상(폭 60센티 이상)의 골마루를 두고, 천장은 6척(1m 80cm) 이상의 높이를 요구했다. 그 외의 객석엔 손잡이를 붙이거나 3척 이상(90센티 이상)의 계단階段을 2개 이상 만들도록 했다. 극장 완공 이후 낙성 시에는 그 일시 등을 기재하여 경찰서에 제출하도록 규정했다. 극장취체 규칙에 따라 극장 내부 구조, 1인 좌석의 넓이, 계단 및 천장의 높이 정도는 짐작해 볼 수 있다. 건축물 외형의 특징을 완벽하게 파악할 수는 없으나 18세기부터 이어온 일본

---

62) 1尺(30.3cm 기준).

현지의 가부키 공연장인 시바이고야의 구조와 유사했을 것으로
추정된다. 다음에 제시된 [자료 5, 6] 사진을 통해 전관거류지 내
의 극장의 외형을 유추해 볼 수 있다.

[자료 5] 18세기 나카무라좌(中村座)[63]

[자료 6] 1878년 신축 신토미좌(新富座)[64]

[자료 6]에 소개된 일본 현지의 신토미좌는 18세기 건립된 앞
의 [자료 5] 나카무라좌의 외형과 닮았다. "신토미좌는 1876년
소실되었고 1878년 신축하여 재개장했다. 1890년 접어들어서면

63) 니시카즈오·카시즈 미카즈오(西和夫·穗積和夫), 이무희·진경돈 역 『일본 건축사-4』, 세진
   사, 1995. 228쪽(스다아츠오 복원(須田敦夫復原).
64) 에드워드 사이덴스티커(Edward Seidensticker), 허호 역, 『도쿄 이야기』, 이산, 1997, 177쪽.

서 일본 중소 지방의 극장은 비교적 소규모의 목조 트러스 공법으로 건축되어"65) "가부키 외의 다양한 연예가 공연되었다."66) 즉 일본 거류지 내 설치된 실내극장의 외형은 위의 [자료]처럼 일본 현지의 가부키 극장의 건축물과 별반 다르지 않게 증·개축되었다.

부산의 일본 거류지 극장 시설은 서구의 극장 시설보다는 일본풍으로 발전되어 나갔다. 1897년 부산을 방문한 서양인 비숍도 "부산에 닻을 내려 만난 사람은 조선 사람이 아니라 일본 사람이었고, 점등하는 사람조차도 일본인이었다. 일본인 상점이 자리 잡은 넓은 거리와 각종 영국식 일본식 건물과 더불어 산과 바다로 둘러싸여 꽤 좋아 보이는 일본풍의 도시"67)라 기록하고 있다. 당시 일본 전관거류지에는 일본 중소도시의 건축물을 모델로 삼아 각종 주거와 상업 시설이 건설되었고 극장 역시 일본식으로 지어져 거류민의 대중문화 여가선용이 가능하게 했으며 추후 서양의 외래문화가 유입 수용되기 시작하면서 더욱 활기를 띠게 되었다.

라. 극장 흥행업의 과세 기준

극장의 상설화로 흥행을 이루자 일본영사관과 거류민회가 나서 극장취체 규칙제정과 더불어 과세 기준을 마련하여 징수에

---

65) 송혜영, 앞의 석사학위 논문, 90쪽.

66) 日本建築学会, 『劇場空間への誘い』, 앞의 책, 30쪽. 이들 극장에서는, 이미 각 극장에서 시(試)도 되고 있던 흥행(興行)의 근대화(近代化)를 배경(背景)으로, 배우(俳優)-극장(劇場)-관객(觀客)의 일체화된 계약 관계(契約關係)를 확립(確立)했다.

67) 비숍(Bishop), 신용복 역, 『조선과 그 이웃 나라들』, 「조선의 첫인상」, 집문당, 1999, 33쪽.

나섰다. 그 대상은 거류지 내에서는 극장과 유기장 업에 종사하는 배우와 연예 기획자 등이 해당하였다. "과세 기준의 세분화와 그 결정권은 부산 일본영사관뿐만 아니라 거류지 내에서 시행되던 교육, 위생, 토목, 소방, 묘지, '전등 사업'68) 등 일체를 관리하는 자치의결기구인 거류민회가 담당했다."69) "자치기구인 거류민회는 거류민단으로 변경된 이후에도 거류민의 자치단체에서만 머문 것이 아니라 거류지·잡거지 지역에서 철저히 계획화된 도시시설구축에 힘을 쏟으면서 풀뿌리 식민지구축에 근간"70)이 되는 역할을 했다. 특히 거류민회의 막중한 권한은 조계지의 모든 영업 활동에 대한 세액 징수 결정과 납부 사무를 관장하였는데 극장에서 활동하는 배우는 물론 흥행을 관장하는 연예 활동자, 유기장 그리고 요리옥에 대한 과세를 부과하여 징수했다.

[표 6] 1900년~1905년 일본 전관거류지의 극장과 흥행장 과징 기준71)

업종	세목	공연물	과징 기준	내역	기간
요리옥 (料理屋)	잡종 과금		1~7등급	1등 156원 7등 36원	1년간
정석 (定席)	〃	인형극, 제문, 만담, 연극 등 정석 흥행	등급별	1등 120원 2등 80원	
유기장	〃	당구, 대궁, 양궁, 화살	등급별	1등 84원	

68) 부산부, 『釜山府史原稿』 6권, 앞의 책, 683쪽(조명 전등 사업은 1901년 10월 창립).

69) 조선실업협회, 『朝鮮之實業』 1권(1905년), 국학자료원, 2003, 5쪽.

70) 김승, 「개항 이후 부산의 일본 거류지 사회와 일본인 자치기구의 활동」, 『지방사와 지방문화』 15권, 1호, 2012, 341쪽.

71) 부산부, 아이자와 진스케(相澤仁助), 『韓國二大港實勢 : 韓國地理風俗誌叢書』, 219호(1905년), 경인문화사. 1995, 72~77쪽.

업종	세목	공연물	과징 기준	내역	기간
(遊技場)		등		3등 36원	
배우(俳優), 씨름(相撲)	〃		등급별	1등 30전 2등 20전 3등 10전	1일

[표 6]의 과세 징수의 근거는 '居留地課金賦課規程거류지과금부과규정'에 따랐다. 그 대상은 각 영리적 사업과 지과금地課金(토지세) 부과의 해당 가옥이었으며, 부과 연령은 18세 이상에서 60세 미만에 한하여 분두과금分頭課金을 부과했다. 영업 과금은 잡종 과금 등으로 구분하여 부과했다. 그 외 하숙, 대물업, 정미, 주류, 음식물 등의 상업 영업은 1등~15등으로 나누고 300원에서 3원 60전까지 차등 징수했다. 사진, 제조, 표구, 인쇄, 세탁, 석공, 미 목수, 단야(대장 업) 등의 공업적인 부분은 상업 영업에 적용하는 과액과 동일하게 적용했다.

거류지 내 상설 연예장은 정석定席으로 정하였으며 흥행업종은 연극과 인형극 그리고 만담 등으로 나누었다. 부과기준은 좌석당 등급을 나누고 1등석인 경우 연간 120원에서 차등하여 80원까지 적용했다. 배우는 부과기준일을 1일로 하고 1~3등 급수에 따라 30전에서 10전을 부과했다. 극장의 임대료는 1895년 일본 현지에 설립된 명치좌明治座의 경우, 공연 규모에 따라 "1일 30전에서 2원 50전의 요금을 부과하면서 공익성을 띠기도 했다."[72] 유흥장 역시 등급별로 차등하여 연간 부과 징수했다. "요리점의

---

72) 日本建築学会, 『劇場空間への誘い』, 앞의 책, 35쪽. 전체적(全體的)으로, 지역 주민(地域住民)이 소유권(所有權)과 흥행권(興行權)을 가지는 극장(劇場)은 그 의사(意思)를 반영(反映)한 것이 되어….

경우도 1등에서 7등으로 나누고 156원에서 36원까지 납부하도록 했다. 이는 그 당시 일용인부의 일당을 기준으로 본다면 매우 높은 과액이다."[73]

극장은 상시 공연하는 정석에 포함되어 일정한 수익과 과액 납부로 흥행권을 획득했으며, 조세 납부를 통해 흥행 활동의 명분을 완전하게 취득했다. 이처럼 일본영사관과 거류민회가 나서 극장취체 규칙제정과 조세 기준을 마련하여 거류지 내 극장 운영을 상시 체제로 주도해 나갔다. 그런 의미에서 거류지의 대중문화 사업을 기획하고 주관하는 일은 거류민회와 일본영사관이 밀접한 연관성을 가지고 추진해 나갔다고 볼 수 있다.

3. 1901년 일본 전관거류지 도시개정으로 극장 건립 계획

가. 극장 건립의 배경

1889년 8월, 유료 실내극장인 요술옥에서 가부키 공연 등이 이뤄지고 1890년과 1891년에는 배우들의 연기와 각종 기예로 일본 전관거류지에서 흥행이 이뤄졌다. 일련의 공연 성공이 1895년 극장취체 규칙과 조세 기준을 이끌었다. 부산의 일본 거류민들이 자국의 대중문화를 접할 수 있는 전용 공간 확보에 주력하면서 1901년 극장 건립을 도시개정계획에 포함되도록 했다.

---

73) 조선실업협회, 『朝鮮之實業』 1권(1905년), 37~38쪽에 목수, 미장이, 석공, 톱장이, 페인트 공은 1일 1원, 와공(瓦工)은 1원 40전, 표구사 1원 20전, 인력거 80전으로 기록되어 있다.

같은 시기 "서울에서도 구본신참舊本新參의 구호 아래 한국 전통 문화 위에 서구 근대적 방식을 수용하는 정치적 입장을 천명하는 가운데"74) 대한제국의 고종은 한성 도시 정비 사업으로 최초의 현대식 국립극장인 협률사協律社를 세워 극장을 "조선인을 대한제국민으로 호명하는 기재"75)로 활용하며 국조의 기운을 발휘했다.

부산 개항 당시 일본 전관거류지의 사용면적은 조선 정부에 의해 11만 평으로 제한되었다. 하지만 거류지 내, 상업의 발달과 거류 인구증가로 인해 많은 화재사건이 발생하면서 도시개정의 필요성이 제기되어 1901년 일본 전관거류지 일대가 도시개정에 들어갔다. 그 중 1890년 4월 26일 일본 거류지 내 용두산 입구의 '본정 2정목 6번지에서 발생한 화재사건'이 가장 큰 요인이 되었다. 이후 1892년 10월 28일에도 남항 해안 일대 남항정과 행정에 대화재 사건 발생으로 인해 도시개정은 속도를 냈다(그 위치는 앞의 포산항견취도 참조). 그 피해가 너무 커 "가옥 50여 호가 소실되고 300여 명의 이재민이 발생하여 일본영사관은 이재민을 부산해관 측의 창고를 일시 보호소"76)로 사용할 수 있도록 협조 요청할 정도였다.

극장의 화재사건 사례는 일본 현지에서도 "1893년 유명한 가부키 극장인 나카무라中村가 화재로 소실되는 사건이 있었다."77) 일본 전관거류지의 연이은 대 화재로 인해 남항 해안가의 요리

74) 한영우 외, 『대한제국은 근대국가인가』, 푸른역사, 2006, 42쪽.
75) 김기란, 「대한제국기 극장 국가(theater state) 연구(1)」, 『어문론총』 제51호, 2009, 399쪽.
76) 부산부, 『釜山府史原稿』 6권, 앞의 책, 409쪽.
77) 송혜영, 앞의 석사학위 논문, 91쪽.

점과 기루와 존치 가능성이 있는 실내외 흥행장 시설이 피해의 당사자였을 수도 있다는 추정 또한 가능하다.

이 사건으로 부산 일본영사관은 몽땅 타버린 이곳을 '이재지罹災地'로 지정하고 1892년 11월 25일 소실된 남항정과 행정에 새로운 시 구역 개정(1892. 11. 27.)의 일환으로 "방화 도로 개설"78)을 조선 정부에 협조 요청했다. 그 결과 1901년 4월, 대한제국大韓帝國(조선 정부)으로부터 부산항 매립권을 포함한 총 476,635평의 추가 사용 승인을 받게 되었다.

일본 전관거류지 도시개정 사업은 1901년 4월, 영사관 달達 제5호 "地所貸渡規則지소대도규칙 추가 개정"79)으로 시작되었다. 주요 내용은 일본 전관거류지의 지소地所는 일본인이 차용을 득한 곳으로 규정하고 배차지拜借地는 1가구 1명에 택지를 분양하되 배차인이 허가를 받아 30일~6개월 내에 가옥을 건축에 착수해야 한다고 규정했다. 위 규정에 따라 "거류지 지역의 토지를 5종으로 구분하고 일본인 소유의 토지(민유지)는 4등급으로 나누어 그 면적을 책정했다. 민유지 1등급 지역은 일본영사관을 중심으로 부산항 주변의 동관이 이에 해당하고 2등급 지역은 용두산 아래쪽, 3등급은 극장을 배치한 행정 2~3정목과 서정西町이 해당한다. 그리고 거류지 외 지역을 공용지·소유지·매립지로 구분"80)하여 일본 거류지 일대를 전면 개정했다.

78) 부산부, 『釜山府史原稿』 6권, 앞의 책, 432쪽.

79) 조선실업협회, 『朝鮮之實業』 1권(1905년), 앞의 책, 26쪽.

80) 부산부, 아이자와 진스케(相澤仁助), 『韓國二大港實勢』, 앞의 책, 78~79쪽.

[표 7] 1901년, 부산항 지소대도규칙의 거류지 토지 구분과 면적[81]

구분	종별	평수	부기
거류지 내	관용지	18,743	영사관, 우편국, 주차대영사, 관사
	공용지	2,427	거류지소, 병원, 상업회의소, 상품 진열소 등
	공원지	20,480	용두산, 용미산
	도로용지	13,000	
	민유지 (貸借地)	55,350	4등급으로 구분
	계	110,000	개항 당시 사용 한국정부 승인면적
거류지 외	공용지	10,000	학교 부지, 수도용지, 피병원, 묘지 등
	소유지	435,000	대청정, 부평, 보수정
	매립지	31,635	북빈 해안, 부산매축회사 1기분
	계	476,635	

[표 7]과 같이 부산항 지소대도규칙제정에 의해 일본 전관거류지는 그 외의 북항北港 매립지를 포함하여 인위적으로 확장되었다. 개정사업은 거류지 내 도로망 구축 사업을 계획하고 관유지, 공원, 사유지들을 구분하여 전반적으로 진행되었다. 더불어 거류지 인구 증가로 인해 "각 점포의 협애狹隘(협소)로 일본 영사는 면적 조사와 지구 내 측량도면 제작을 통해 신시가 설정 계획(1902년 5월 9일)"[82]을 발표했다. 그 과정에서 "1902년 11월 11일에는 조계지 남항 일대가 다시 대화재를 겪고 간상奸商들을 취체"[83]했다. 그러면서 "남빈대화지南濱大火地의 시구 개정"[84]을 통해 새로운 시가지와 도로를 개설함으로 새 차지권을 거류지 교역소에서 교부받을 것을 거주 일본인들에게 알렸다. 일본인들에

81) 조선실업협회, 『朝鮮之實業』 1권, 앞의 책, 27쪽.

82) 부산부, 『釜山府史原稿』 6권, 앞의 책, 625~626쪽.

83) 부산부, 『釜山府史原稿』 6권, 앞의 책, 627쪽.

84) 부산부, 『釜山府史原稿』 6권, 앞의 책, 628쪽.

게 신 대지권 교부는 1902년 11월 27일 시행되었고 그 대상은 1892년 남항·행정 대화재 시 피해를 본 일본인이었으며, 평수와 기존의 위치가 다수 조정된 "신 대지권 교부"[85]를 공시했다. 이에 따라 거류지로 모여든 "일본인들은 7,000여 명이 넘었고 무역수지는 5,582,061원(1900년)으로 전년 대비 2.51% 상승한 5,851,883원"[86]에 달했다. 이로써 개항장 부산은 "근대 문물의 소비지"[87]로 거듭나게 되었지만, 거류지역은 일본풍과 서양식 건축물 건립으로 인하여 부산 지역 전경全景에 불균형을 초래했으며 한국인 거주지역과 확연히 차별화되었다. 이를 두고 부산에 주재하던 신문기자 아이자와 진스케相澤仁助는 "부산 거류지 밖 10리里 내의 토지는 점차 일본인의 소유가 되어, 이제 이 근처의 요지要地는 거의 매점買占이 끝났고 산지山地 또는 원거리遠距離의 땅을 남기고 있을 뿐이다⋯."[88]라고 말할 정도였으니, 가공미쁜할 만한 토지 침략이 진행되었음을 짐작할 수 있다. 이때부터 대중문화 시설인 극장이 관 주도하에 계획되어 상설화의 길로 접어들게 되었다.

나. 건립의 위치 지정

부산 일본 전관거류지의 극장 건립의 위치 지정은 지소대도규칙이 제정된 1901년 4월 1일에 이뤄졌으며, 일본 전관거류지 내

85) 부산부, 『釜山府史原稿』 6권, 앞의 책, 628쪽.

86) 김승·양미숙 편역, 앞의 책, 71쪽.

87) 김정하, 「근대 식민도시 부산의 성격에 관한 고찰」, 『동북아문화연구』 제9집, 동북아시아문화학회, 2005, 180쪽.

88) 부산부, 『釜山港勢一班』, 영인본, 경인문화사, 1995, 7~8쪽. 손정목, 『한국 개항기 도시변화과정 연구』, 일지사, 1982, 107쪽.

의 도시개정을 설계한 「朝鮮釜山日本居留地조선 부산 일본거류지」 도면에서 확인할 수 있다. 이 자료는 거류지 "부산주차대釜山駐箚隊 일본 육군 보병 이등졸(병) 세키네 쇼헤이關根正平가 상부 보고용으로 제작한 것으로 추정"[89]되는 도면이다. 설계도에는 극장의 위치를 표기해 놓았으며 이와 함께 거류지 내 도시기반시설과 주요 공공기관의 배치와 상업 시설의 위치를 지정해 두었다. 따라서 이 도면의 제작은 일본영사관 달達(공고) 제5호를 통해 추가 개정한 地所貸渡規則지소대도규칙에 그 근거를 두고 있음을 추정할 수 있다. 특히, 제도된 다음 도면에는 용두산을 중심으로 동·남·서쪽 아래 도로계획선을 그렸다. 그리고 일본영사관을 비롯하여 주차대, 용두산 거류지공원, 거류지역장, 병원, 우편 전신국, 헌병대, 보급창, 학교, 신사, 전신국, 창고, 정미장, 묘墓표, 세관, 우선회사, 상선회사, 은행, 화표華表, 경찰, 상업회의소, 화장고火葬庫, 감옥, 어시장, 목재치장, 목선조선소, 수도 저수지, 등대의 위치를 지정하고 표기했다. 그리고 구역 정리는 용두산의 북쪽 항만 근처를 북빈정, 그 아래 중심을 본정, 금평정, 변천정, 입강정, 남쪽 항만 근처를 남항정, 행정으로 지정하고 용두산 서쪽을 서산하정, 서정을 5개 구역으로 지정했다. 용두산은 121척, 366미터로 복병산은 184척, 557미터로 기록했다. 또한 설계도에는 범례의 부호로 주요시설을 기호로 표기했다.

---

89) 김희경, 「국립해양박물관 소장 <조선 부산 일본거류지> 지도 및 관련 일괄 자료 소개」, 『항도 부산』 제36호, 2018, 394쪽.

[자료 7] 「조선 부산 일본거류지, 1901. 4. 1.」, 축적 2,500:1 기록[90]

극장 2개소는 남빈정 아래 항만 가까이 정했다. 그 위치는 다음 「1903년 부산항 시가와 부근지도」에 표시된 극장 위치와 동일하다.

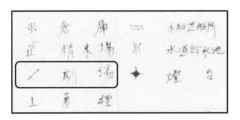

[자료 8] 조선 부산 일본거류지 도면의 범례 일부 : '劇場'(극장표기)

이 사실은 부산의 극장 건립사를 규명하는 데 있어서 매우 중요한 의미를 지닌다. 극장의 위치는 위 도면자료 1901년과 연장

---

90) 국립해양박물관 소장 자료(2020. 2. 24. 유물관리팀).

해서 그다음 지도 [자료 10, 1903년]을 비교하며 확인할 수 있다.

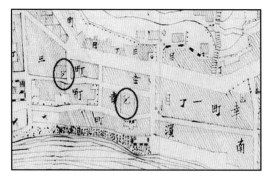

[자료 9] 1901년 「조선 부산 일본거류지」 도면의 극장 2곳 위치

[자료 9]는 <1901년 조선 부산 일본거류지> 도면 중에서 '극장 위치'를 중심으로 부분을 발췌한 것이다. 여기에서 극장을 표기한 '2곳 O'을 확인할 수 있다.

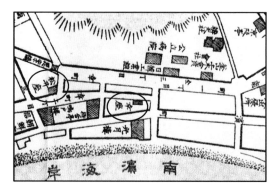

[자료 10] 1903년 행좌·송정좌 위치 동일 (1903년 「부산항 시가 및 부근지도」)[91]

<1901년 조선 부산 일본거류지> 도면의 극장 위치와 앞 [사진자료] 「1903년 부산항 시가 및 부근지도」에 드러난 '행좌幸座'와 '송정좌松井座'를 비교해 보면 극장이 같은 지점에 계획되어 건립된 것을 확인할 수 있다. 따라서 개항장 부산 일본 전관거류지의 도시개정 계획에 따라 지정된 극장의 위치는 앞 [자료 - 부산항 시가 및 부근지도] 1903년 건립된 '행좌'와 '송정좌'로 이어진 것이라 하겠다.

일본 거류지 내의 극장 건립을 위한 배치 계획은 개항 이후부터 1881년 거류인민영업규칙이 제정되어 1889년 실내극장 '요술옥' 건립으로 이어졌고, 1895년 극장취체 규칙제정은 극장이 상시 공연 체계로 전환되었음을 유추할 수 있게 한다. 또한 흥미로운 사실은 극장취체 규칙의 제1조에서 극장은 배우의 연기를 대중들에게 관람 공개하는 장소로 규정함에 따라 그 '배우'들이 1900년~1901년 일본 전관거류지 내에 상주하면서 가부키와 기예술 공연을 담당했던 연예업종으로 보고된 자료가 아래에서 확인된다는 점이다. 따라서 배우 연예 활동 자체가 거류지 내 대중문화 공간으로서의 극장 건립에 일조한 것으로 볼 수 있다.

[표 8] 1900년~1901년 일본 전관거류지의 배우와 연예업종[92]

영업별＼년	1900년	1901년	영업별＼년	1900년	1901년	비고
배우 (俳優)	9	.12	예기 (藝妓)	49	40	
사미선 (三味線)	0/1(겸)	0/1	요리 (料理)	21	23	

---

91) 1903년 「부산항 시가 및 부근지도」, (부산대학교 도서관 영인본).

92) 일본 외무성 기록국, 『通商彙纂』 한국 편, 1901년, 323쪽.

영업별＼년	1900년	1901년	영업별＼년	1900년	1901년	비고
유예사장 (遊藝師匠)	4/2	7	유예가 (遊藝稼)	4		

[표 8]은 일본 전관거류지의 140여 개 업종 중에 배우·예기·
연주(사미선 악기)·유예가·유예사장(예능의 선생)들의 영업 활
동에 관한 내용이다. '배우'는 예기와 구분하여 1900년에 9명에
서 1901년에는 3명이 증가한 12명으로 기록했다. 연예 활동과 관
련된 직업을 배우와 구분한 조치는 거류지 내의 극장만을 통해
특색 있는 흥행을 널리 알리는 목적이 있을 것이다. 극장의 존립
여부는 무엇보다도 배우의 연기로 흥행이 목적이었던 만큼 거류
지의 인구대비로 인한 입장료 수입이 주요 요인으로 작용했다.

[표 9] 1900년~1904년 일본 전관거류지의 호수와 인구증가[93]

년	호수	부산의 일본인 수	한국 전체 일본인 수			비고
			남	여	계	
1900	1,083	6,067	8,768	7,061	15,829	경인 철도 전 개통
1901	1,250	7,029	9,957	7,971	17,928	도시개정 계획에 따라 극장 2개소 지정
1902	1,352	9,691	12,786	9,685	22,471	
1903	1,582	11,711	16,888	12,309	29,197	행좌·송정좌 건립 완공
1904	1,890	11,996	19,330	11,763	31,093	러·일 전쟁

[표 9]에서 알 수 있듯이 일본 전관거류지의 인구는 1904년 러

---

93) 이노우에 세이마(井上淸磨), 앞의 책, 29쪽. ; 부산부, 『釜山府史原稿』 제6권, 앞의 책, 제5장
제2절, 「조선 거류 일본인 총수와 부산 등 호구별」, 244쪽과 부산시사편찬위원회, 「개항기의
부산의 정치」, 『釜山市史』 1권, 1988, 803쪽을 참고하여 위의 [표]로 정리한 것이다.

일전쟁으로 한국 내 불안한 시기를 제외하고는 계속 증가한 것으로 나타났다. "1902년부터는 넓어진 토지를 기반으로 거류 일본인 수는 1900년에 비해 1903년 들어 2배로 격증"[94]한 것으로 볼 수 있는데 그 요인으로는 "새로운 건축물 조성에 필요한 노동자의 임금이 일본에서 일하는 것보다 3배 정도 높아"[95] 많은 일용 노동자들이 부산항으로 몰려든 것과 때를 같이하여 부산의 북항北港(현 중앙동~부산역 앞 부두) 매축 공사와 곳곳에 많은 건설공사 시행도 인구증가의 큰 요인이라 하겠다.

따라서 1901년 극장 건립의 위치를 지정한 실행 배경에는 무엇보다도 일본 전관거류지의 인구증가와 상업 무역 발달로 이어지는 일본 거류민들의 문화적인 욕구 충족이 일차적인 목적이었을 것이며 그에 따른 상업적인 흥행 이익에 더 큰 수단이 되었을 것으로 판단된다.

다. 1903년 극장 행좌와 송정좌의 건립

1903년 부산 일본 전관거류지에 모습을 드러낸 극장 행좌와 송정좌는 1901년 도시개정으로 그 위치가 지정되면서 출발하였다. 이를 뒷받침하는 새로운 자료는 『朝鮮之實業조선지실업』의 「부산 일본거류지」 (1901. 4.) 편과 그리고 앞서 살펴본 「조선 부산 일본거류지」 (1901. 4. 1.) 도면이다. 그 이전에는 1903년 12월 작성된 <부산항 시가 및 부근지도>만을 통해 행좌와 송정좌의 존

---

94) 조영환, 「近代の韓國・釜山における市街地の變遷に關する研究(근대의 한국・부산의 시가변천에 관한 연구)」, 동경공학원대학, 2005, 53쪽.

95) 기무라 겐지(木村建二), 『在朝日本人の社會史』, 未來社, 1989, 18쪽.

재를 확인해왔다. 이를 보충하는 자료는 「부산항 시가 및 부근 지도」(1903. 12.)가 제작된 시기인 '1903년 末調말조'에 일본 정부에 조사 보고된 『조선지실업』의 「論說講話논설강화 부산 일본거류지」96) 편이다. 이 자료에 따르면, 거류지 도시개정은 "일본풍의 가옥으로 구획 정연을 목표로 행정구역을 동북부에 북빈정, 본정, 상반정, 금평정으로 하고, 남으로 변천정, 입강정, 행정, 남항정으로 나누었다. 서쪽은 서산하정, 서정과 통옥정桶屋町, 단치옥鍛冶屋과 거류지 외 대청정, 보수정, 부평정으로 구획"97)하는 것으로 정리되었다.

주요기관인 일본영사관은 용두산 중턱에 서양풍 2층으로 정하고 관원과 관사 등이 배치되었다. 일본 경찰서는 영사관 아래에 부산 세관, 우편 전신국, 부산 전화교환국, 한국우체사와 전보사는 행정 2정목에 배치했으며, 거류지역소에는 행정업무를 취급했다. 거류민회는 25명의 의원으로 조직되어 재정, 교육, 위생, 토목, 소방, 묘지 등 일체의 사건을 의결하고 집행업무를 관장했다. 공립 부산고등, 심상소학교는 대청정 내에 있었으며 1902년 건축 공비 4만여 원을 들인 부산항의 제일 건물로 꼽혔다고 조사했다. 부산 유아원幼兒園은 동원사 별원의 소설所設이며, 도서관은 부산 홍도회弘道會의 소설이다. 공립병원은 변천정 3정목에, 피避병원은 부평정에, 특별예기特別藝妓 진료소는 좌측 언덕에 있다. 서정 1정목에 대곡파大谷派 동원사東願寺 별원, 제일은행, 58은행이 있고, 본정 1정목에 일본우선회사 지점, 일한 상선회사

---

96) 조선실업협회, 『朝鮮之實業』 1권(1905년), 앞의 책, 23~26쪽. 거류지는 일본풍구획정연(日本風區劃井然)이라 기록되어 있다.

97) 조선실업협회, 『朝鮮之實業』 1권(1905년), 앞의 책, 24쪽.

대판大阪(오사카) 상선회사 지점, 부산 전등電燈회사가 있다. 남빈정에는 부산 수산회사, 북빈정에는 부산창고회사, 매축埋築 회사가 있으며, 변천정에는 부산토목회사가, 서정에는 정미精米 회사, 조선시보사는 서산 하정(용두산 서편 아래)에 자리를 잡았다.

여점여관 중 최고는 대지大池여관이었으며, 송정松井, 경판정京阪亭, 토비土肥, 송본松本, 숙박료는 1박 1원~2원이었다. 서양 요리점은 두 곳으로 소창암小倉庵과 변천정에 신당新堂이 있다. 일본 요리점 모나루모소하モナルモソハ와 대합정待合亭, 명호루鳴戶樓, 경판정, 조일朝日, 삼입등三笠等에는 예기 40여 명이 있었고 기타 음식점은 39군데가 있다고 소개했다.

잡화점은 본정과 변천정에 있는데 다수의 자전紫田, 제등齊滕, 무말武末, 고야옥高野屋 상점 등이 있었으며, 오복점吳服店에는 대혜大惠, 반전飯田, 상전上田, 산목山木, 목본木本, 대점大店이 있었고, 기타 소매점이 다수 있었다. 탕옥湯屋(목욕탕)은 대인 2전, 소인 1전, 유아는 무료였다. 아울러 사진점, 금물金物, 도자기, 소간물小間物, 완구상玩具商, 주옥酒屋, 연초상煙草商, 신탄상薪炭商, 과자옥, 이발점, 청물青物, 건물상乾物商, 황물상荒物商 등의 상업 활동과 특별 요리점에는 주루 16간이며 특별예기 136명이 있었다.『조선지실업』은 이외, 기타 일본거류지의 주요 시설물과 영업점에 대한 기본적인 정보를 제공했다.

특히 완공된 '극장劇場'은 '송정좌'와 '행좌'의 순서로 "2곳二場 공이共二 행정幸町에 위치하고 그 규모는 극소하다其規模極メテ小ナリ"[98]

---

98) 조선실업협회,『朝鮮之實業』1권(1905년), 앞의 책, 26쪽.「극장 송정좌 행좌 2곳 함께 행정에 위치하여 그 규모는 극소」라고 기록했다.

라고 기록했으며, 『경상도 사정』의 「부산 일본 전관거류지」 편에서도 "극장은 2곳 있으며 그 규모는 매우 작다."[99]라고 기록했다.

『조선지실업』의 조사 기록한 시기는 '1903년 말조'이며, 1903년 부산항 시가 및 부근지도는 '12월에 작성했다'라는 사실은 조사기록과 병행하여 지도 제작이 완성된 것으로 유추할 수 있게 한다. 두 자료에 표기된 주요기관과 각종 상공업시설물들의 위치를 비교해 보면 서로 일치하는 점이 많다. 특히 지도에는 극장의 위치가 표시되어 있으며 『조선지실업』의 기록은 극장의 규모가 극소하다고 기술했다. 이러한 2가지 자료의 근거로 볼 때 일본거류지의 극장은 1901년 4월 '지소대도규칙'에 따라 제도된 '조선 부산 일본거류지' 도면에 극장을 지정하였고 이에 따라 1903년 일본 거류지 시가지 개정에 포함되어 극장 건립이 완성된 것으로 유추하면 그 계획 자체의 상관관계가 성립된다.

극장 행좌와 송정좌가 자리 잡은 주변은 유흥시설에 둘러싸여 벨트화되었다. 그 주변을 다음 [자료]를 통해 살펴보면, 행좌를 기준으로 하여 남항 바닷가 쪽에 광월루光月樓가 있고, 옆에는 명호루鳴戸樓와 요리점인 대합정待合亭이 위치한다. 송정좌는 지금의 창선 치안센터 오른쪽 사안교思案橋 옆에 위치하면서 그 앞쪽에 있는 명호루와 대합정을 마주 바라보고 있다.

---

99) 부산 일본영사관, 『경상도 사정』, 앞의 책, 201쪽.

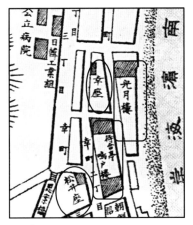

[자료 11] 1903년 「부산항 시가 및 부근지도」 극장 주변의 유흥시설

이 구역은 1881년부터 많은 요리점과 기루가 10여 곳이 모여 있었던 장소로써 극장과 요리점, 기루 그리고 차점으로 연결된 유흥문화시설이 벨트화가 된 셈이다. 일본 현지에서도 극장의 입장권을 차점에서 판매한 사례를 볼 때, 주점과 차점이 한데 묶여 있어 극장 관람 흥행 수익 증진에 영향을 미쳤다는 사실을 짐작할 수 있다.

그와 같은 사례는 [자료 11] 1903년 12월 제작된 지도에서도 극장 주변에 요리점과 유흥주점인 기루 시설이 에워싸고 있는 모습을 통해서도 확인할 수 있다. 앞에서 살펴봤듯이, 요리점과 기루 등 유흥업소가 밀집하여 극장 흥행의 견인차 역할을 담당했을 것으로 추측된다. 당시 "요리점, 동경루의 음식값으로 1명 기준 1~2원 정도 지불했다."[100]라는 기록을 "노동자의 1일 일

---

100) 민건호, 앞의 책, 1891년 12월 3일 편, 222쪽. "1892년, 동경루의 양요리 음식값 1인 2원."

당이 1원～1원 50전"101)이었다는 기록과 비교하면 요리점 음식
값이 일용직 인부의 임금에 비해 상당한 높은 수준이었다는 사
실을 알 수 있다. 요리점에서 예기나 배우들의 가무歌舞와 연기를
곁들이면 더 많은 음식값을 지불했을 수도 있었을 것이다. 그러
므로 부산항 무역수지의 증가로 유흥비 지불 능력이 있는 영업
자들이 요리점과 기루 그리고 극장을 출입했으며, 이는 흥행 수
익에 직간접으로 영향력을 미친 것으로 상정할 수 있을 것이다.
이와 연장선에서 부산항 무역수지 표를 통해 극장 흥행 수익 증
진에 끼친 이들의 영향력을 짐작할 수도 있다.

[표 10] 1900년～1904년 부산항 무역수지102)

년도	수출(원)	수입(원)	계	대비 비율	비고
1899	1,976,041	2,308,327	4,284,368	2.74	
1900	3,458,190	2,309,028	5,767,218	2.80	극장건립계획 시기
1901	3,495,242	2,261,479	5,756,721	2.51	〃
1902	3,226,772	2,224,454	5,451,226	2.44	〃
1903	2,613,344	2,519,549	5,132,893	2.21	극장건립 시기
1904	1,683,989	6,416,658	8,100,647	2.33	수입(러일 전쟁 물자) 증가

[표 10]의 무역수지 내역을 살펴보면, 극장 건립을 계획하던
1900년에 들어 연 평균 2.80% 이상의 무역량 증가세를 보였다.
여기서 유추할 수 있는 사실은 무역량의 증가로 발생한 영업 이

---

101) 일본 외무성 기록국, 『通商彙纂』 한국 편, 「1900년, 부산 거류 본방인 근로자 정황」, 516～
520쪽. [(1900년 12월 26일 요리점 -월 10～40원, 67원～89원(韓人), 요리점 시중 -1일 3원～
50전, 목수 -1일 1원～1원 50전)].

102) 부산부, 아이자와 진스케(相澤仁助), 『韓國二大港實勢』, 앞의 책, 113쪽.

익이 소비와 직결된다는 점이다. 그렇기 때문에 유흥시설인 극장과 주점 그리고 기루를 한데 묶은 벨트화로 도시개정을 한 것이다.

이처럼 일본 전관거류지의 극장은 1901년 4월 부산항 '지소대도규칙' 추가 제정과 더불어 건립이 계획되어 1903년 즈음에 행좌와 송정좌가 일본풍으로 완성되었다. 이들 극장은 일본 현지의 시바이고야와 같은 유흥시설을 한데 묶어 벨트화한 사례를 그대로 부산 일본 전관거류지에 적용 허가했다. 즉 유흥주점에서 술을 마시고 극장에서 연극을 구경하고 차를 마시는 곳을 한데 묶어 남항 일대를 유흥과 관람 흥행의 소비지로써 조성한 것이다.

대중문화 영역 벨트의 중심에 선 행좌와 송정좌는 1904년부터 일본 연극·스모·마술·비파 연주와 활동사진 상영 등의 프로그램으로 흥행을 누렸다. 행좌는 1915년 12월 '활동사진 상설관'에 맞게 재건축되면서 명칭이 행관으로 바뀌었다. "행관은 1930년 11월 10일 대화재로 전소"[103])되기 전까지 부산의 대표 영화 상영관으로 흥행 산업의 주도적인 역할을 했다. "송정좌는 1903년 극장 흥행업을 시작했지만 1911년경 폐관"[104])되고 여관업으로 기능이 전환되었다.

---

103) ≪조선시보≫, 1930. 11. 12. 부산(釜山) 남항 대화재-활동상설관 행관 10일 저녁에 전소하다 (十日夕遂に全燒す)」.

104) 홍영철, 『부산 근대영화사』, 앞의 책, 17~19쪽.

제3장

일본인 주도 활동사진
상설관 영화흥행

1. 1904년 활동사진 행좌와 송정좌 흥행 시작

개화기 부산 개항으로 밀려온 서양 문화는 사회 곳곳에 빠른 속도로 퍼져 수용되기 시작했다. 부산에는 없었던 대중문화 공연장인 유료 실내극장이 1889년 시내 중심가에 세워져 흥행을 이루었다. 이어 1895년에는 극장취체 규칙제정으로 극장은 상시 운영되면서 그 면모를 갖추게 되었다. 1903년, 도시개정으로 극장이 설립되었고 1904년에는 영화 탄생 이후 7~8년의 공백기를 거쳤지만 일본인이 운영하는 행좌와 송정좌에서 활동사진 상영의 막을 올렸다.

서울에서의 활동사진 상영은 1897년 에스터 하우스설이 있지만 그 근거가 희박하다. 이에 비해 1901년 버튼 홈스가 서울을 방문하면서 고종 황실에서 영화 상영을 했고 이와 더불어 시내 풍물을 촬영했다는 기록은 비교적 상세히 전해지고 있다. 1903년 한성전기회사의 동대문 기계창器械廠에서 실시된 활동사진 상영은 성황을 이루었다. 부산이 서양문물의 교역장임에도 불구하고 1904년에야 비로소 활동사진 상영기록이 발견된다는 점은 당시 일본이 한국에 대해 정치·경제적으로 민감하게 영향력을 행사했던 사실을 상기시킨다면 역으로 그 이전에 어떤 형태로든 이미 영화가 부산에 전래 되었을 가능성을 상상할 수 있다.

그로부터 10년이 지난 1914년 3월에 연극장이었던 욱관이 영화 상영에 맞게 내부시설을 구조 변경하여 서양에서 수입된 필름을 영사하면서 부산 첫 활동사진관 시대의 개막을 알렸다. 주변의 보래관, 행관, 상생관 등 연극관도 새로운 시류에 편승하여 활동사진 상영관으로 재편되기 시작했다.

따라서 본 장에서는 활동사진의 전래와 함께 1904년 행좌와 송정좌에서 상영한 활동사진 상영 성과를 살펴보고 1914년 이후 활동사진 상설관 시대를 맞은 각 상영관의 전반적인 운영 방식, 흥행 성황을 이끈 주요 프로그램 그리고 배급 과정의 주도권 경쟁 등을 실증적으로 논의한다.

가. 활동사진의 전래

영화의 역사는 뤼미에르 형제Auguste et Louis Lumiére가 제작한 시네마토그래프cinematograph를 사용해 1895년 12월 28일 프랑스 파리 카퓌신가Boulevard des Capucines 14번지, 그랑 카페의 지하 인디언 살롱Salonindien du Grand Café에서 공개 상영하면서 시작되었다. 뤼미에르 형제는 자신들이 운영하던 회사를 통해 시네마토그래프를 이용한 촬영과 상영을 겸하는 상영단을 꾸려 주요국가로 내보냈다. 1896년 2월 20일 영국의 왕립기술학교Regent Street Polytechnic에서도 시네마토그래프가 처음 상영되었고, 3월 9일부터는 제국극장Empire Theatre에서도 상영을 하면서 널리 영화를 알려 나갔다.

1896년 5월 14일 뤼미에르 회사는 러시아 니콜라이 2세Nicholas II의 대관식에 촬영 팀을 보내기도 했다. 러시아에서는 상영보다는 차르의 대관식 촬영이 먼저 이루어져 난간이 무너지는 참사가 발생했으며, 당시 촬영한 필름과 장비를 압수당하기도 했다. 대관식 이후, 5월 17일에 연극장으로 쓰이던 상트페테르부르크St.Petersburg의 아쿠아리움aquarium에서 일반 대중들을 대상으로 <기차의 도착>을1) 상영했다.

1896년 6월 29일 시네마토그래프가 미국 뉴욕에 입성하여 상영되었고,2) 같은 해 "7월 7일에는 인도 폼페이의 왓슨 호텔Watson Hotel에서 상영되었다."3) "중국에서는 8월 11일에 상하이 갑문上海閘門 사당가롱西唐家弄의 서커스 공연장, 서원徐園 안에 있는 우일촌又一村에서 최초로 상영되었다."4) 이처럼 뤼미에르 회사의 시네마토그래프는 유럽을 넘어 미국과 아시아로 전해졌다.

일본에서는 "다카하시 신지高橋信治에 의해 에디슨Edison의 키네토스코프Kinetoscope가 1896년 11월 25일 수입되어 고베神戸의 신코神港 클럽에서 선보였다. 시네마토그래프는 뤼미에르 형제의 친구인 이나바타 가쓰타로稻畑勝太郎에 의해 수입되어 1897년 2월 15일 오사카大阪의 난지南地 연무장에서 상영5)이 이루어졌다. 시네마토그래프의 일본 전역全域 확대는 "1897년 2월, 프랑스로 휴가를 다녀온 용병 브라치알리니Braccialini가 구입해 가져온 시네마토그래프

---

1) 앙마누엘 툴레, 김희균 역, 『영화의 탄생』, 시공사, 1996, 19~24쪽.
2) 앙마누엘 툴레, 김희균 역, 위의 책, 20쪽.
3) 조희문, 앞의 박사학위 논문, 8쪽.
4) 배경한 역, 『20세기 초 상해인의 생활과 근대성』, 지식산업사, 2006, 224쪽.
5) 사토오 다다오, 유현목 역, 『일본 영화 이야기』, 다보문화사, 1993, 10쪽.

를 요시자와 상점吉澤商店이 사들여 요코하마橫濱의 미나토좌港座와 도쿄東京의 긴키칸錦輝舘에서 상영하였고, 이후 요시자와 상점은 산소 가스를 이용하여 산간벽지까지 시네마토그래프를 순회 상영"6)하면서 이뤄졌다. 뤼미에르 회사의 시네마토그래프는 불과 1년 만에 유럽과 미국 그리고 아시아의 중국, 일본으로 빠르게 전해졌고 이어 한국에까지 유입되었다.

한반도 내의 영화 유입 시기는 대략 1897년으로 추정된다. 그 근거는 《조선일보》 1929년 1월 1일 자 심훈이 작성한 「조선영화 총관, 1朝鮮映畫總觀, 1 - 최초수입 당시부터 최근에 제작된 작품까지의 총결산)」 기사인데, 여기서 그는 "1897년 이현(泥峴 - 남산정 마투택이)에 있었던 '본정좌'라는 조그만 송판松板 쪽으로 만든 바라크 속에서 일본인 거류민단들을 위해 실사 몇 권을 갖다 상영한 것으로 효시를 삼는다고 기록했고, 한편 1년 후 1898년에 '애스트 하우쓰'라는 회사에서 파테사 천연색 실사 단편 몇 권 상영으로 백동 한 푼과 궐련갑을 모아 주고 관람했다."7)라고 밝히고 있다. 위의 자료는 '손위빈孫煒斌이 「조선영화사 10년간의 변천」'8)에서 인용했고, 이치카와 아야市川彩9) 등에 의해 지지를 받았으며, "광복 이후 김정혁金正革 등에 의해 계속 인용되었다."10) 심훈의 기사는 1929년 1월 1일, 한국 영화 최초수입에서 흥행과 제작에

---

6) 김려실,『투사하는 제국 투영하는 식민지 : 1901~1945년의 한국영화사를 되짚다』. 삼인, 2006, 33쪽.

7) 《조선일보》, 1929. 1. 1. 「朝鮮映畫總觀(一) -최초수입 당시부터 최근에 제작된 작품까지의 총결산」에서 심훈은 최초수입 시대와 원각사 시대로 나누어 활동사진 수입에 관해 정리했다.

8) 《조선일보》, 1933. 5. 28. 3면, 손위빈, 「朝鮮映畫史-十年間의 變遷」.

9) 이치카와 아야(市川彩), 『アジア映畫の創造及び建設(아시아영화의 창조 및 건설)』, 국제영화통신사출판부, 1941, 99~100쪽.

10) 김려실, 앞의 책, 33쪽.

이르기까지 총결산을 신문에 기고한 기사로서, 여러 사람들로부터 구전口傳되어 온 정보들을 취합한 것이기 때문에 정확성이 결여된 부분도 없지 않다. 따라서 심훈의 '1897년 효시' 주장은 추후 보충적인 자료를 발굴한 다음 재검토가 필요한 사안이라고 할 수 있을 것이다.

1901년 여름, 미국인 여행가 엘리어스 버튼 홈스의 일행은 서울에 도착하여 "1901년 4월에 개장한 서대문 정거장 옆 스테이션Station(역전호텔) 호텔에 숙소를 정했다."[11] 이들은 "1901년 시작된 한성전기회사 사옥 건립공사가 1902년 1월 2일 준공을 앞둔 시점에서 공사 장면을 촬영"[12]했다. 일행은 한성전기회사로부터 "임시 전차 궤도차를 빌려 타고"[13] "동대문에서 마포에 이르는 구간의 풍경을 촬영했다."[14] 그리고 "고종 황실로부터 초대 받아 활동사진을 처음 상영했고 이때 사용된 소형 영사기는 황실에 선물"[15]로 주었다. 버튼 홈스 일행의 서울 방문 행적은 여러 사료를 통해 확인이 가능하다. 따라서 활동사진이 1901년 8~9월경, 서울에서 상영된 것은 분명한 사실로 여겨진다. 다음 [자료 12]는 1901년 여름철 버튼 홈스 일행이 스테이션 호텔 앞에서 촬영한 기념사진이다. 또한 [자료 13]은 버튼 홈스 일행이

---

11) Burton Holmes, 『The Burton Holmes Lectures-Seoul, Capital of Korea』, New York McClure. Phillips & CO. 17쪽, Station Hotel: Excellent Accommodation; Moderate Prices; Far form the Blare of all Military Display and in spite of our predilections, we follow the suave, long haired lad to the Station Hotel. 버튼 홈스, 이진석 역, 『1901년 서울을 걷다』, 푸른길, 2012, 44쪽. '스테이션 호텔'은 헐버트, 『The Korea Review』 1901년 4월호에서도 '역전호텔' 또는 '정거장 호텔'이라 기록했다.

12) Burton Holmes, 위의 책, 58쪽.

13) 버튼 홈스, 이진석 역, 앞의 책, 150쪽.

14) 버튼 홈스, 이진석 역, 앞의 책, 152쪽.

15) Burton Holmes, 앞의 책, 107~109쪽.

전차 궤도차를 빌려 타고 통역관 박기호의 안내로 시네마토그래프로 서울 시내 풍경을 촬영하는 장면의 사진이다.

[자료 12] 버튼 홈스 일행의 숙소 스테이션 호텔[16]

[자료 13] 버튼 홈스 일행이 빌려 탄 임시 궤도차 위 시네마토그래프와 삼각대, 통역관 박기호 모습[17]

이후 1903년 6월 23일 한성전기회사의 동대문 기계창에서 행해진 상업적인 활동사진 상영은 대성황을 이루었다. 다음 [자료 14]는 이 날 내놓은 《황성신문, 皇城新問》「동문내 전기회사 기계창」에서 활동사진 상영한다는 광고이다.

16) Burton Holmes, 앞의 책, 20쪽.
17) Burton Holmes, 앞의 책, 76쪽.

"상영일은 비 오는 날을 제외하고 하오 8시부터 10시까지 한국을 비롯한 구미 각국의 여러 도시들과 각종 연극, 멋진 광경 등을 구비하여 동화 10전을 받고 상영한다."[18]라고 널리 광고되었다.

[자료 14] ≪황성신문≫ 1903년 6월 23일 활동사진 상영 광고

이 새로운 문물에 대한 반응은 매우 폭발적이었으며 전차를 타고 몰려든 관람객들로 인산인해를 이룰 정도로 성업을 이루었다. 입장 수입은 매일 저녁 백여 원에 달했고, 더불어 전차 매표 수입액도 덩달아 증가하면서 활동사진 상영은 서울 장안의 큰 화제가 되었다. 2주일 후, "1903년 7월 7일 황실 극장인 협률사에서도 활동사진을 상영하였으나 도중에 전화電火로 상영이 일시 중지"[19]되었다는 기사도 전해진다. 이후 협률사는 영업 정지를 되풀이하면서 1906년에 복설로 활동사진 상영을 재개했다.

한미전기회사 동문 내 전기창에 부속된 활동사진소는 1907년에 "광무대光武臺로 명칭을 바꿔 하오 8시부터 재인들의 기예와

---

18) ≪황성신문≫, 1903. 6. 23. 3면, 「東大門內電氣會社機械廠 施術 活動寫員(동대문 내 전기회사 기계창 시술 활동사진)」 동대문 내 전기회사기계창(東大門內 電氣會社機械廠)에서 시술(施術)하는 활동사진(活動寫員)은 일요 및 담우(日曜及曇雨)를 제(除)한 외(外)에는 매일(每日) 하오 8시(下午八時)에서 10시(時)까지 설행(設行)하는데 대한 및 구미 각국(大韓及歐美各國)의 생명 도시(生命都市) 각종 극장(各種劇場)의 절승(絶勝)한 광경(光景)이 구비(構備)하외다. 허인요금(許人料金) 동화(銅貨) 십전(十錢).

19) ≪황성신문≫, 1903. 7. 10. 「遊玩遭危」.

창가 그리고 <춘향가> 등을 유성기로, 가곡을 실주實奏하며 활동
사진 상영 횟수를 늘이는 프로그램 조정"20)으로 상영을 이어나
갔다. 서울의 활동사진 상설관은 1910년 2월 18일 남촌에 경성
고등연예관京城高等演藝館에 가장 먼저 개설되었다. 대정관大正館(1912
년), 황금관黃金館(1913년) 등이 위치했던 남촌에는 단성사團成社
(1918년), 우미관優美館(1912년), 조선극장朝鮮劇場(1922년)이 들어서
면서 활동사진 흥행을 이어나갔다.

나. 행좌와 송정좌의 활동사진 시대 개막

부산에서 활동사진 상영은 1904년 행좌와 송정좌 두 곳에서
시작했다. 행좌와 송정좌는 1901년 일본 거류지 도시개정 건립
계획에 의거해, 1903년 완공된 공인 극장이다. 행좌는 일본인들
의 상권과 주거공간이었던 남항정 중심에 위치했으며, 1915년
12월 12일 증축을 통해 새로운 활동사진 상설관으로 탈바꿈했
다. 송정좌는 행정 2정목 근처 사안교思案橋 바로 옆(지금의 창선
치안센터 건너)에 자리를 잡았고 1911년까지 극장과 여관업을
겸업했다. 두 극장은 일본 거류민들의 여가선용을 위한 대중문
화 공간으로서의 자리를 지켰다.

두 극장은 "가부키, 인형극, 만담, 각종 기예, 비파연주 등 일
본 전통 연희가 주류하고 활동사진도 곁들여"21) 흥행하는 다목

---

20) 《만세보》, 1907. 5. 30. 이와 관련하여, 「演劇奇觀(연극기관) -동문내전기창(東門內電氣廠)에
부속(附屬)한 활동사진소(活動寫眞所)에 연극장(演劇場)을 신설(新設)」한다. 전기회사에서 전관
경기(專管經起)하여 광무대라 명칭하고 재인(才人) 등으로 연예를 시작하였는데 재(再) 작야
(昨夜)에 하오 8시부터 개장하여 활동사진 수회를 연희(演戱)한 후에 춘향가 중 수회를 연극하
였다고 기록했다(…).

21) 피에르 부르디외(Pierre Bourdieu), 하태환 역, 『예술의 규칙-문학 장의 기원과 구조』, 동문선,
1999, 158~190쪽.

적 공연장으로 면모를 갖추어 나갔다. 행좌와 송정좌에서 활동사진 상영에 관한 기록은『부산항세일반』의「요리옥 및 극장 제흥행」편에서 확인된다. 이 자료에 따르면, 행좌와 송정좌가 세워지고 1주년이 되던 1904년, 극장에서는 일본 전통 제 공연물과 더불어 활동사진이 연중 19일 정도 상영되었다. 그리고 일본 전통의 여러 공연은 "거류지 외 가설극장"22)에서도 성황을 이루었다. 위에 기술한 행좌와 송정좌의 활동사진 상영에 관한 기록은 다음의 극장 설립 1주년 제흥행표를 통해 확인할 수 있다.

[표 11] 일본 전관거류지 극장 건립 1주년 제흥행 (1904년)23)

구분 및 공연물	공연 일수	비고
장사연극(壯士演劇, 명치시대 자유민권운동의 청년활동가 이야기)	207	
부연절 연극(浮連節演劇)	70	
원씨절 연극(原氏節演劇)	5	
구 배우 연극(舊俳優演劇)	30	
스모 흥행(相撲興行)	20	
활동사진 및 즉흥 희극(活動寫眞及ニワカ)	19	
마술 손기술(手品手踊)	12	
제문 조루리(祭文淨瑠璃)	49	
조루리 환등(淨瑠璃幻燈, 노래와 사설로 엮은 연희극과 환등)	15	
즉흥 민요(ウカレ節, 우카레 부시)	37	
경업 흥행(經業興行, 곡예 등)	24	
비파 흥행(琵琶興行)	3	
계	491일	

극장 건립 1주년을 맞아 행좌와 송정좌 2곳의 활동사진 상영

---

22) 부산부,『韓國二大港實勢』219호, 앞의 책, 105~106쪽.「일본 거류민 영업별」(1905년)이 당시 거류지에는 상설 흥행업(3곳)과 유흥장(3곳) 모두 6곳에서 흥행한 것으로 집계했다.

23) 부산부,『釜山港勢一斑, 釜山府勢一斑』, 韓國地理風俗誌叢書, 297호, 경인문화사, 1905, 304~305쪽.

일수는 연간 총 19일로 집계된다. 그중에 인기를 누린 종목은 장사 연극으로 207일의 장기간에 걸쳐 공연되었다. 그다음으로 부연절 연극이 70일, 원씨절 연극은 5일, 옛날 배우 연극도 30일, 스모 흥행은 20일간 지속하였다. 또한 활동사진 상영과 즉흥 희극공연은 19일간 시행되었으며, 마술 손기술 12일, 제문 조루리 49일, 조루리 환등 15일, 즉흥 민요 37일, 경업 흥행 24일 그리고 비파 흥행은 3일간 공연되는 등, 총 흥행일은 491일에 달하며, 주로 일본 전통 연극과 마술, 일본 씨름 등이 흥행한 것으로 집계되었다.

이러한 공연물은 일본 상류계층이 관람하기보다는 가설극장에서 하층민이 즐기던 오락 수준 정도였다. 점차 시간이 갈수록 조루리와 요곡謠曲은 일반인 관람이 늘어나면서 특정 계층에게 유행으로 이어져 극장가를 메워나갔다.

행좌와 송정좌의 활동사진 상영은 일본의 전통 연극 공연 일수보다는 매우 적은 것으로 집계됐다. 그 이유는, 당시 활동사진의 상영 분량이 대체로 2~3분 정도의 짧은 실사 장면이 대부분을 차지하고 있어 관객들의 기대 충족에 미치지 못하였고 이로 인해 가부키나 만담, 조루리, 비파연주 등과 함께 상영되었기 때문이다. 또한 서양에서 제작된 영화의 수급 상태 또한 원활하지 못한 원인도 한몫을 차지했다.

일본 전관거류지 내 극장에서 시작된 활동사진 상영이 1904년을 기점으로 활성화되었다는 점은 분명해 보인다. 여러 가지 제약으로 인해 상영일수는 그다지 많지 않았지만 그런데도 이전에도 상영되었을 가능성은 충분히 열려있다. 이 당시 발행된 『조선지실업』의 「환등 및 수품사幻燈及手品師」24) 편을 살펴보면, 일본의 흥행업자들이 부산 근교나 조선의 각 도시에서 환등을 할 수 있는 장소를 찾아다니며 환등과 마술 공연을 했다는 기록이 남아있다. 이러한 기록을 비춰볼 때 부산 지역의 활동사진 상영은 1903년 상설 극장 건립 이전, 당시 활발했던 순회공연에서 시작되었을 가능성도 농후하다.

부산 일본 전관거류지 내 극장의 흥행은 무엇보다도 거류지의 성장에 있었다. "개항 초기 일본인은 82명에 불과했지만 28년이 경과하며 극장이 운영될 당시 1904년 부산항 일대는 도시개정의 완성으로 일본의 중소도시 못지않았다. 일본인 거류 인구가 11,996명 이상 늘어났으며, 무역량 또한 1877년 무역액 466,072원에 불과하던 것이 1904년 8,147,360원으로 급증했다."25) 그러므로 이러한 인구증가와 상업 무역 규모의 확대가 극장 흥행의 가장 큰 요인이라 할 수 있을 것이다.

거류지 인구증가는 1901년부터 도시개정으로 인해 "새로운 건축물 조성과 부산항 매축 공사 경부철도 건설 등 각종 도로 확장공사에 종사하는 일반 노동자들의 임금이 일본 현지보다 3배 이상 높았기 때문이다."26) 또한 1904년 전후 러일전쟁에 참전한 일본 군속수가 거류지 내로 장기 체류한 것도 인구증가 요인이라고 할 수 있다. 이러한 거주 인구 및 유동인구의 증가로 인해

---

24) 조선실업협회, 『朝鮮之實業』 1권, 앞의 책, 61쪽. 「幻燈及手品師」에 의하면, 흥행업자는 환등과 마술사를 대동하여 조선인 마을을 돌며 흥행 활동을 하려 했지만 조선 가옥이 네모난 단층으로 한정되어 적당한 장소가 없어 흥행에 어려웠다. 여름용을 위한 흥행으로서 환등을 실내나 안방에 손님들 마당에 모여들게 하면 실외가 밝기 때문에 황홀한 기분은 덜하다는 것으로 정리했다.

25) 김승·양미숙, 앞의 책, 71쪽.

26) 기무라 켄지(木村建二), 앞의 책, 18쪽.

상업 활동의 매출액이 20배로 증대되었고, 급신장한 경제력은 일본 거류지에 세워진 극장 경영에 긍정적인 영향을 끼쳤다.

위에서도 상술했듯이, 일본 전관거류지 극장에서 공연된 12종의 공연물은 모두는 왜색문화 일색이었다. 개항 이후 부산은 거류지 특성상 한성과는 달리 일본인을 주축으로 극장 흥행업과 문화 소비가 이뤄졌다. 뿐만 아니라 상업 시설, 신사, 사찰 등의 운영권을 그들이 모두 장악했다. 더불어 극장 주변에는 "요리점과 유흥주점들이 새롭게 등장"[27]했으며 주변 상점에서 파는 서양에서 들여온 회중시계, 모자, 구두, 가방, 안경, 의류, 화장품 등의 일용품과 사치품이 조선인과 거류 일본인의 관심을 끌었다. 일본은 자국에서 들여온 상품과 함께 전통 연극과 기예 공연을 비롯한 일본 현지의 생활문화 전반을 개항장 부산에 빠르게 보급했다. 안정된 관람층을 확보한 극장은 상시 운영 시스템을 갖추면서 활동사진과 일본 전통 연극을 비롯한 여러 공연 상품을 함께 관람할 수 있는 문화 공간으로 거듭나게 되었다.

다. 송정좌의 폐관

송정좌는 1901년 거류지 도시개정 계획에 의해 1903년 행좌와 함께 완공된 극장이다. 경영주는 '마츠이 고지로松井幸次郎'[28]이며 그는 개항 이후 부산에 건너와 무역 중도매업과 여관업을 시작하면서 자신의 이름을 따서 상호를 '송정松井'으로 정하였다. 개

---

27) 주영하, 『음식 인문학』, 휴머니스트, 2011, 214~215쪽.

28) 마츠이 고지로(松井幸次郎)는 1877년 부산에 도착하여 여관업을 시작으로 1903년 송정좌를 허가받아 영업을 한 것으로 보인다.

관 이후 1904년 각종 연예공연과 활동사진을 상영하고 흥행 기록을 남겼다.

다음 [자료 15]에 따르면, 송정좌는 1907년부터 극장과 여관업을 겸업한 정황(松井座 旅舘, 송정좌 여관 ●표기)이 韓國釜山港市街明細圖한국부산항시가명세도(1907. 8. 1.)에서 확인된다. 지도에는 송정좌 주변의 요리옥料理屋인 명호루鳴戶樓와 대합정待合亭, 그리고 소창암小倉庵, 삼립三笠을 ▲으로 표시하고 극장 행좌도 함께 위치를 알렸다.

이 시기 송정좌의 뒤편 거류지 상권의 요지인 부평정(현재 부평동 시장 중간 지점)에 자리 잡은 "부산좌도 경영주 치세 사다요시千勢定吉가 1915년 7월 15일 개장식을 거행하고 영업을 시작하였으나 흥행 성적은 기대에 미치지 못했다. 하지만 이번에 니시오西尾 모某 씨와 공동 경영으로 전환하여 좌석도 바꾸고 내부시설을 개보수까지 단행하여 동년 10월 12일부터 연쇄극, 신파, 구극, 나니와부시 등 다양한 프로그램으로 관객들에게 극히 싼 입장료로 극장의 면목을 일신할 것이라"29) 예고했다. 부산좌는 큰 극장으로 건립되어 "지역 주민의 행사나 각종 연예대회30)를 개최할 다목적 공간으로 비중 있게 활용되기도 했다. 송정좌의 사업 방향 전환은 부산좌의 개관으로 인해 경영수익이 악화된 것에 영향을 받은 것으로 추측된다. 이후 송정좌는 같은 자리에서 1911년 7월, 극장 간판을 내리고 '송정본점(松井本店)'으로 상호를 바꿔 여관업 경영체제로 바꾸었다.

---

29) ≪부산일보≫, 1915. 10. 13.「釜山座 改良」, 1916. 4. 16.「釜山座 模樣替, 1907. 7. 15. 개관식 거행」.

30) ≪부산일보≫, 1915. 4. 11.「연예안내」.

[자료 15] 1907년 「한국 부산항 시가명세도 - 송정좌, 행좌」[31]

이 기록은 [자료 16](1911, 부산시가전도)에서도 확인할 수 있다.

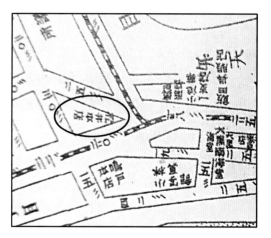

[자료 16] 1911년 7월, 「부산시가전도」 - '송정본점'

---

31) 「한국 부산항 시가명세도 -1907년, 8월 1일 제도(製圖)」, (부산대학교 도서관 영인본).

[자료 17] 1916년 1월, 「疆界入釜山市街全圖」 '송정여관'

위 '송정본점'은 1916년 1월 전에 북빈항 신 매립지 입구로 자리를 옮겨 '송정여관'으로 또다시 간판을 바꾸어 걸었다. 이때 역시 "경영주는 마츠이 고지로였다."[32] 그러므로 송정좌는 행좌와 더불어 1903년 극장으로 건립되어 일본 연극과 활동사진을 상영하다가 1907년 부산좌의 개장을 기하여 여관업을 겸하게 되었다. 1911년부터는 극장의 간판을 내리고 松井本店송정본점으로 재개업했으며 이후 중앙동 북빈항 입구 근처로 자리를 옮겨 松井旅館송정여관으로 전업했다. 송정좌가 극장 사업을 접고 여관으로 전환한 첫 번째 배경은 그 당시 부산의 인구에 비해 극장이 과다하게 건립되어 각 극장의 채산성이 악화한 점이며, 두 번째

---

32) ≪조선시보≫, 1915. 8. 13. 「人事往來- 松井幸次郞」에서 '부산 송정여관주'로 기록했다. 그리고 관련 본 지도, 1911년 7월 지질조사국 편, 「부산시가전도(초량 부속)」와 자이토 오카츠조우(財藤勝藏), 「疆界入釜山市街全圖」(1916. 1. 5.), 오사카 십자옥. (부산대학교 도서관 영인본).

는 송정좌와 가까운 거리에 부산좌가 대형시설로 개관에 나서자 흥행 경쟁에서 밀릴 것을 예측하고 발 빠르게 사업의 방향을 전환한 데서 찾을 수 있을 것이다.

2. 1914년 최초 활동사진관 욱관의 개관과 흥행

1910년대 들어서 부산의 극장가는 부귀자富貴座(1905년~?), 부산좌釜山座(1907년~1923년), 동양좌東洋座(1912년~1918년?)가 있었으며, 일본인들이 빈번하게 출입하면서 휴양을 즐기던 영도에는 질자좌蛭子座(1912년~1918년), 용두산 아래에 변천좌辨天座[(1912년~1916년 상생관相生舘)이라는 이름으로 활동사진 상설관 전환]가 있었다. 또한 행정의 욱관旭舘(1912년~1916년), 행좌(1903년~1915년 활동사진 상설관 전환), 송정좌(1903년~1911년), 보래관(1914년~1970년)까지 모두 8~9개 극장이 오늘날 영도와 광복동 BIFF 광장을 중심으로 번성했다.

1914년부터 대중문화 흐름의 발맞춰 부산의 극장가街에도 변화가 시작되었다. 기존 연극장 체제를 그대로 유지한 극장이 여전히 존재했지만 연극장을 새롭게 단장하여 활동사진 상설관으로 전환한 극장이 새롭게 등장하게 되었다. 1914년 3월 12일 욱관은 가장 먼저 연극장으로 사용되던 내부시설을 활동사진 상영에 맞게 리모델링 하여 활동사진 상설관으로 개관하여 흥행을 독점하다시피 했다. 1915년 3월 9일 보래관도 그 뒤를 이었으며, 1915년 12월 12일 행좌도 활동사진관 행관으로 전환했다. 1년 뒤, 1916년 10월 31일 상생관 역시 변천좌를 개축하여 활동사진관으로 경영 기조를 새롭게 했다.

이들 상설관은 시내 중심가에 자리 잡은 덕분에 1920년대 부산의 활동사진 상설관 시대를 열어가는 선두 주자로 자리 잡았다. 그러나 각 활동사진 상설관은 때론 휴·폐장을 거듭하면서까지 흥행 수익을 놓고 타관과 끊임없이 선의의 경쟁을 펼쳐 나가야 하는 어려움도 뒤따랐다. 따라서 본고에서는 지금까지 연구에서 전혀 다루지 않았던 각 영화관의 경영 방식, 휴·폐관에 관련된 속사정, 배급 주도권을 놓고 벌인 치열한 경쟁 상황, 주요 흥행 프로그램 분석, 나아가 연쇄극 상영을 통해 경영 위기를 극복하는 과정 등을 흥행 산업 측면에서 바라볼 것이다.

가. 1915년 욱관의 개관 1주년 흥행

욱관은 '1912년 9월 21일 연극장에서 시작했다. 그러다가 1914년 3월 12일'[33] 부산에서 처음 활동사진 상설관 시대 개막을 알린 상설 영화관이다. 서울의 경성고등연예관京城高等演藝館보다 4년 뒤에 있었다. 욱관은 개관 이후부터 활동사진 상영을 독점해오다가 실내 장식을 화려하게 리모델링 하여 1915년 3월 12일 개관 1주년 기념행사를 계기로 본격적인 활동사진 상설관으로써 흥행에 나섰다.

이때 바로 이웃에 위치한 보래관도 욱관의 기념일보다 3일 빠른 1915년 3월 9일에 연극장에서 활동사진 상설관으로 전환하며

---

33) ≪조선시보≫, 1915. 9. 22. 「연예 - 욱관은 어제 21일이 꼭 개관 만 3주년(滿三週年)」. 이 기사로 욱관의 기석 공연장 출발 시점을 1912년 9월 21일이라는 것을 알 수 있다.

흥행에 나섰다. 두 영화관은 1915년 12월 12일 행좌가 개관하기 전까지 흥행 경쟁을 벌였다. 그리고 1년 뒤 1916년 10월 31일 상생관도 변천좌를 개축하여 활동사진 상설관 흥행에 합류하면서부터 경쟁은 3파전이 되었다. 욱관의 소재는 행정 1정목으로 지금의 광복동 주민 센터 뒤편에 자리를 잡았다.

 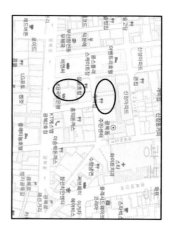

[자료 18] 1916년 1월, 「疆界入釜山市街全圖(강계입 부산시가전도)」[34]   [자료 19] 2021년 11월 2일 지도(부산 중구 광복동 주민 센터 주변)[35]

바로 옆에 보래관도 함께 있었다는 사실을 위의 지도 자료를 통해 확인할 수 있다.

[자료 18]을 보면 욱관 주변은 '행정 1정목'의 구역으로 표시되어 있으며 아래쪽에는 商業會議所(상업회의소)가 있었다. 오

---

34) 자이토 오카츠조우(財藤勝藏), 「疆界入釜山市街全圖」 (1916. 1. 5.), 오사카 십자옥(부산대학교 도서관 영인본).

35) 「광복동 주민 센터 주변」, (부산 중구청 생활 정보 지도서비스 2021. 11. 2.).

늘날 욱관 주변은 [자료 19]처럼 '광복로'가 조성되어 있다. 그러나 그 당시 극장이 있었던 위치(○)는 크게 달라지지 않아 쉽게 욱관과 보래관이 있었던 흔적을 찾을 수 있다.

욱관은 1915년 3월 12일 있을 활동사진 상설관 1주년 기념행사를 맞아 당해 년 3월 4일부터 부산일보를 통해 행사를 사전 예고했다. 주요 내용은 개관일 2주 동안 매일 밤 관람객에게 경품을 증정하고 오는 3월 12일에는 현지 관민 100여 명을 초청하여 축하회를 개최한다는 것이었다.

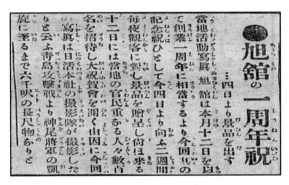

[자료 20] ≪부산일보≫ 1915년 3월 4일 「욱관의 1주년 축」[36]

그러나 욱관은 애초 1915년 3월 12일에 거행하기로 한 상설관 1주년 기념행사를 하루 앞당겨 "11일 오후 1시 유지有志 수백 명을 초대하여 성대히 축하연을 개최하겠다."라고 정정 발표했다. 그러면서 "2주간 내에 야간 입장 관객에 한하여 지급하고자 한 것을 일반 모두에게 경품을 지급하겠다."[37]라며 상설관 개관행

---

36) ≪부산일보≫, 1915. 3. 4. 「욱관의 1주년 축」.

사를 선전하고 나섰다. 이러한 욱관의 1주년 기념행사 변경 조
치는 이웃에 있던 보래관이 욱관의 행사일보다 3일 전인 3월 9
일 자 개관을 알렸기에 그에 대응하기 위한 영업 전략에서 비롯
된 결정이라 하겠다.

욱관이 기념행사에 상영된 활동사진은 "1912년 일본의 4대 메
이저 영화회사인 요시자와 상점古澤商店, 요코다 상회横濱商會, M파
테Pathe, 후쿠호도福寶堂가 힘을 합쳐"38) "촬영대를 갖춘 닛카츠(日
活, 일활)의 것"39)이라 소개했다. 첫 번째 "상영작은 <청도공전
(靑島攻戰) 카미오 장군의 개선(神尾將軍の凱旋)>"40)으로 "6천
척에 달하는 장척 필름을 일본에서 초빙한 기사가 직접 상영에
나섰고, 두 번째, 공연작은 일본 연극 다수"41)의 작품들이 무대
에 올려졌다. "욱관의 1주년 개관행사에 많은 관객들이 영화를
보기 위해 주변 일대로 몰려들었고 경품 및 선물제공으로 성황
을 이루었다. 1915년 7~8월 보래관의 기계 고장 사건 전까지
욱관은 활동사진 인기를 독점"42)했다.

나. 운영 방식

욱관은 '경영진을 2~3명으로 구성'43)하고 욱관 흥행부興行部를

---

37) ≪부산일보≫, 1915. 3. 10. 「욱관의 1주년 축연」, 「광고」.

38) 한상언, 『조선영화의 탄생』, 박이정, 2018. 134쪽.

39) 일활사는 일본의 영화산업의 일시 독점한 바 있고, 경성 대정관은 일활사에서 제공하는 다양
한 영화를 배급받아 흥행에 영화를 공급받아 상영했다.

40) 독일이 중국 산동 일대를 점령할 때, 일본, 카미오 장군의 활약상을 촬영한 실사를 말한다.

41) ≪부산일보≫, 1915. 3. 4. 「욱관의 1주년 축」.

42) ≪조선시보≫, 1915. 8. 16. 「연예수어(演藝粹語)」.

43) ≪조선시보≫, 1915. 8. 16. 「연예수어(演藝粹語)」.

설치하였으며 관객유치를 위해 활동사진 선전 활동에 주력했다. 흥행부에서는 입장객에 한하여 선물제공과 상품 협찬, 입장권 제공으로 관심을 끄는 일을 추진하기도 했다. 이와 별도로 일본의 정치 행사에 적극적으로 참여하면서 본국과의 관계를 원활하게 조율했다. 또한 순회 활동사진 상영반을 가동함과 동시에 언론사와 긴밀하게 협력하는 영업 전략으로 상설관 경영을 이끌었다.

욱관의 흥행은 1주년 기념행사에서 시행한 것과 같이 모든 "입장 관람객에게 경품을 증정하는 선심성 행사와 더불어 부산일보의 연재소설 '우브타 하야토의 활동(簿田隼人の活動)'[44]의 독자들에 한해 1915년 4월 27일부터 5월 3일까지 야간 입장권 할인 행사"[45] 등으로 최대한 많은 관객을 유치하려고 열의를 다했다. 1915년 7월 16일부터, 흥행부에서는 관람 수익 증대를 위해 상설관 선전과 관객유치를 전담했다. 7월 28일에는 "서양 희극 <근시 신사(近眼紳士)>와 실사 <런던소방대(ロンドン)> 등의 상영 후 매일 입장 관객 300명에 한하여 더운 계절에 변변치 않지만 단선團扇(부채)을 선물"[46]하겠다고 광고하기도 했다.

협찬 행사도 병행했는데, "8월 1일부터 15일까지 '광강상회廣江商會에서 신라표新羅票 담배 20개입을 금 5전에 구입한 사람에게 특별히 '욱관의 활동사진 입장권 1장을 제공"[47]한다는 내용이었다. 욱관의 선전 활동을 전담한 '흥행부'는 입장 수익을 최대화

44) ≪부산일보≫, 1915. 4. 27. 연재소설(連載小說), 「우브타 하야토의 활동(簿田隼人の活動)」.

45) ≪부산일보≫, 1915. 4. 27. 「강담 무용 우브타 하야타랑(講談武勇傳簿田隼人郞) 전(傳)의 가경(佳境)」.

46) ≪부산일보≫, 1915. 7. 28. 「욱관의 사진 교체」.

47) ≪조선시보≫, 1915. 8. 7. 「광고」, 특별사은품 진정(特別添物進呈) 1 포함 매일 아침 욱관의 활동사진 입장권 1매를 증정하는 행사, 8월 1일부터 8월 15일까지.

하기 위하여 할인권 배부와 경품 행사를 통해 상설관 흥행 수익
을 늘이는 영업 방식으로 성업의 기대를 모았다.

[자료 21] ≪조선시보≫ 1915년 8월 7일 「활동사진 입장권 증정」48)

육관은 '활동사진 교체주기를 1주일 간격으로 프로그램 조
정'49)함으로써, 상설관의 면모를 부각하려 했다. 육관의 활동사
진 상영 교체주기에 대해 검토한 바에 의하면, 1915년 7월 28일
부터 상영한 서양 희극 <소승의 재치(小僧の頓智)>와 실사 <스
위스의 풍경(スイズの風景)> 등이 8월 3일까지 상영되고 8월 4일
전면 교체되었다. 그리고 '1915년 8월 1일부터 9월 27일까지 상
영 프로그램 교체주기를 검토 결과, 대략 1주일 정도의 간격'50)
을 두고 프로그램 교체 기간을 조정해 나간 것으로 확인된다.
　육관은 영화관 내 "선풍기煽風機를 설치 가동하여 여름철 입장

48) ≪조선시보≫, 1915. 8. 7. 1면, 「광고」.

49) ≪부산일보≫, 1915. 4. 27. 「4월 27일 사진 전부 취체(取替, 교체) 프로그램(プログラム)」.

50) ≪조선시보≫, 1915. 8. 5~25일까지 상영 기일은 1915년 8월 5일~8월 10일까지 전부 교체,
1915년 8월 11일~8월 17일까지 전부 교체, 1915년 8월 18일~8월 24일까지 전부 교체. 상영
일정으로 고려하면 교체주기는 대략 1주일 정도로 정리된다.

관람객"51)들의 불편을 덜기도 했다. 욱관의 경영에서 주목할 부분은 첫째, "무성영화 시기 변사들의 활변 능력에 따라 흥행의 성패를 가름 지었던 만큼 욱관의 흥행부는 능력을 갖춘 12명의 남녀로 한 팀을 구성했다. 특히 일본 현지의 인기 변사, 카츠타 아사히스勝田旭洲와 오쿠노 니시키토모奧野錦友 등 2명二名과 와카미즈若水, 키타무라北村, 사카모토版本, 그 외의 소데惣出 4~5명을 영입하여 영화 상영에 더한 활변의 인기로 성황"52)을 냈다는 점이다. 두 번째 흥미로운 부분은 1915년 7월~8월 부산 극장가의 "흥행 과열 경쟁으로 흥행부진盆の興行不振"53)이 이어지자 그 대책으로 "욱관은 1915년 9월 18일 경영자를 교체하여 대대적인 영업 혁진革進"54)에 나섰다는 점이다. 세 번째 주목할 만한 점은 배급사를 일활사에서 천활사로 변경하여 "우수 활동사진"55)을 제공받아 "경영 부진을 만회"56)하려고 기도했다는 사실이다. 여기에 더해, "1915년 9월 1일부터 새로운 사진 제공新寫眞提耕과 변사의 경연회 계획을 세워 입장객에게 경품 지급 등으로 관객의 흥미를 끌어"57) 성업의 기회를 잡으려고 했다는 사실도 흥행 증진을 위해서 새롭게 내놓은 방안들 중 하나이다. 그 결과 "일본 현지,

51) ≪조선시보≫, 1915. 8. 5. 「8월 4일부터 사진 전부 취체(교체)」, 다수(多數)의 선풍기(煽風器) 준비.
52) ≪부산일보≫, 1915. 10. 3. 「활동과 변사(活動と辯士)」, 「욱관과 보래관 12인」.
53) ≪조선시보≫, 1915. 8. 16. 「흥행부진(興行不振)」.
54) ≪조선시보≫, 1915. 8. 16. 「욱관의 경영진 2~3명 경질(更迭)을 병행(竝行)할 것이라」.
55) 욱관의 배급사 교체는 보래관 편에서 거론되겠지만, 그 발단은 보래관이 맺고 있던 천활사와 경영 수익 배분 분쟁의 결과, 불가피하게 일활사로 교체함에 따라 욱관도 배급사를 천활사로 변경할 수밖에 없는 상황이었다.
56) ≪조선시보≫, 1915. 9. 18. 「광고 - 당관(當舘)은 이번 경영자 교대(經營者交代)와 함께 대대적 혁진(大大的革進) - 천활사 특약 우수품(特約優秀品) 수입(輸入)」.
57) ≪조선시보≫, 1915. 9. 2. 「광고 - 9월 1일부터 신 사진 제공(新寫眞提供)」.

활변계의 명성을 얻고 있던 오쿠노 니시키토모 변사가 <최후의 승리(最後の勝利)>의 활변으로 대성황을 이루며 호평을 받자 그가 욱관의 인기를 짊어지게 되었다."[58] 욱관은 계속되는 "인기에 동요하지 않고 보래관과 서로 경쟁하며 흥행에 크게 선전"[59]해 나갔다. 욱관의 흥행을 도운 변사는 1915년 9월 14일 "일본 현지에서 초빙한 구마가야熊谷 외 3명으로 9월 17일까지 한층 더 인기"[60]를 얻어 성황을 이루었으며 경영 수지 증진에도 보탬이 되었다.

특히 무료 영화 상영에서도 변사의 활약상은 돋보여, "욱관의 전담 변사 와카미즈若水, 후지타藤田 등 양 변사兩辯士가 동원되었으며 활변 연행이 한층 더 관람자의 흥미를 부추김으로써 만원의 성황滿員 盛況"[61]을 이루었다. 또한 "변사 오오야마 온코大山恩光, 코마츠 텐가이小松天外, 와카미 긴야若水錦哉, 키타무라 오오토리北村鳳聲를 비롯해, 여 변사로는 히가시토東都 변사 부인대의 간판 후지타 시즈코藤田靜子가 활동사진 설명을 맡아 발휘한 독특한 솜씨의 애조哀調"[62]는 한층 관객의 흥미를 부추겼다. 활변으로 가장 "재미있었던 활동사진은 일본 신파 희극 <유정천(有頂天)>"[63]으로 꼽

---

58) 《조선시보》, 1915. 9. 4. 「연예 - 욱관의 <최후의 승리>, <운과 사랑>, 대성공(大成功)」.

59) 《조선시보》, 1915. 9. 6. 「연예만어(演藝漫語)-욱관의 인기(人氣)는 동요(動搖)하지 않고 서로 (보래관) 경쟁(競爭)이 크게 선(宣)전하고」.

60) 《조선시보》, 1915. 9. 14. 「쿠마가야 신변사(熊谷 新辯士)의 출연(出演) 한층 더 인기(一層人氣)」.

61) 《부산일보》, 1915. 12. 24. 「만원의 성황」.

62) 《부산일보》, 1915. 12. 24. 「변사의 대 차륜(辯士の大車輪)」.

63) 《부산일보》, 1915. 12. 24. 「재미있는 사진(面白い寫眞)」, 신파 희극 <유정천(有頂天)>, "젊은 신사 하루에라(春江)는 미인을 사랑하고 돈에 싫증을 내며 친구를 손끝에 부리는 갖가지 수단을 써서 자기 물건에 사양(仕樣)하려 한다. 그러다가 오히려 앞 남자에게 자기 물건을 빼앗긴다는 우스꽝스럽고 어디에나 풍자가 붙어 있어도 좋을 아주 재미있는 줄거리"라고 소개했다.

혔다.

욱관은 경영 혁신의 차원에서 "프로그램 교체주기를 1주일에서 5일 간격으로 앞당겼는데, 이를 계기로 애활 관람객들에게 한층 더 성원해 줄 것을 호소했다. 당시 활동사진 상설관의 상영 프로그램 일정 조정과 흥행권을 쥐고 있던 배급사는 일본 현지에 본사를 둔 일활사와 천활사 두 곳이었다. 이들을 두고 극장가에서는 '일활파', '천활파'로 불렀고 서로 경쟁을 선포하듯이 상설관 프로그램 흥행권"64)을 놓고 대립하였다.

욱관은 경영 개선을 위해 "1915년 9월 18일 오사카 매일신문사 주최 순회강연에도 적극적으로 가담하였고 일본인 여학생 및 일반인을 대상으로 활동사진을 상영하면서 만원 성원"65)을 이뤄내는 홍보 효과를 봤다. 욱관의 경영 활동 개선 의지는 흥행 경쟁 관계에 있었던 보래관과 곧 개관을 앞둔 행관과의 경쟁에 우위를 선점하기 위한 대비책이라 하겠다.

욱관의 경영 방식에서 가장 특이한 점은 개관 3주년 특별 기념행사에 얻은 수익금 일부를 "용두산 공원 설비비로 기부하는 정치적 행사(일본 천황 즉위)"66)에 참여했다는 사실이다.

---

64) ≪조선시보≫, 1915. 9. 6. 「연예만어(演藝漫語) - 영화(映畵)는 욱관(旭館) 구사하고 일활에서 변사출현을 동일시하는 흥행(興行)은 반드시 형제(兄弟)만은 아니더라도 경쟁(競爭)은 크게 선전」.

65) ≪부산일보≫, 1915. 9. 18. 「강연과 활동사진」, 오사카(大阪) 매일신문(每日新聞) 순회(巡廻) 강연회(講演會)는 이미 알린 바와 같이 지난 17일은 오후 1시부터 제일심상소학교(第一尋常小學校)에서 각 심상교 아동(尋常敎兒童)을 위해(爲).

66) 행사는 1915년 11월 10일 용두산 일원에서 실시한 일본의 대전행사이며, 그 일대의 학교 학생 5천여 명과 종교단체, 기관 등이 변천정, 장수통, 남항정, 대청정, 영정(榮町), 녹정 유곽 지역에서 제등 행렬을 알렸다. 이는 식민지 통치의 정치적 행사로 실시한 것이다.

[자료 22] ≪부산일보≫ 1915년 11월 10일 「욱관의 기념 흥행」

"욱관은 관청의 허가를 거쳐 입장권의 1등, 2등 권 1만 매 금액의 3할 5푼인 770원을 기부하기로 하고 입장권 발매는 부평정 3가 29의 영榮 씨의 집에서 담당하기로 했다."[67)

"본 기부금 행사를 위해 내놓은 욱관의 활동사진은 실사 <파나마 운하(ペナマ)>, 골계(희극) <난처한 친척(困つた親類)> 등이다."[68) 욱관의 이러한 결정은 타관과의 경쟁에서 정치적 우위를 점하고자 했던 운영 방식의 일환으로 유추해 볼 수 있다.

욱관의 정치력은 '부산일보가 1915년 11월 26일 '대화재로 소실' 되어 사옥 복구에 나서자 이에 대한 후원행사에서도 발휘되었다. "무료 상영 행사는 12월 22일부터 30일까지 8일간 개최"[69)하기로 했다. 부산일보에 따르면, "지난 11월 26일 불행의

---

67) ≪부산일보≫, 1915. 11. 10. 「욱관의 기념 흥행」, 용두산 공원비의 기부, 당 지역 행정(幸町)의 활동사진 상설관 욱관은 이번 즉위대전을 기념하기 위해 그 허가….

68) ≪부산일보≫, 1915. 11. 10. 「연예안내」.

69) ≪부산일보≫, 1915. 12. 24. 「부산일보, 주최 독자에 욱관 입장 무료」, 욱관에서 22일부터 본월 30일에 이르는 8일간 교섭하여 매일 오후 6시부터 독자 무료 관람회 본보 애독자 우대 활

액운을 만난 이래에 불과 20여 일 만에 복구하여 독자가 보기에
이르렀으니, 부산항민의 깊은 동정과 후원의 선물일 뿐만 아니
라, 진심으로 본 신문의 애독자와 제군에 대한 감사의 충정을
표하는 뜻으로 활동사진관(욱관)에서 22일부터 이달 30일에 이
르는 8일간에 걸쳐 매일 오후 6시부터 활동사진 무료관람 행사
를 한다."라며 욱관의 무료관람 행사의 취지를 직접 설명했다.

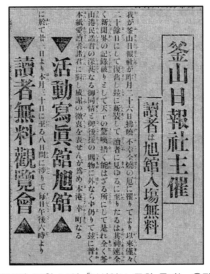

[자료 23] 1915년 12월 24일 「부산일보 주최 독자는 욱관 입장 무료」

욱관의 활동사진 무료 상영은 1915년 12월 26일에 시작되어
천활사의 독특한 일본 희극 <유정천>과 서양 활극 <전서구(傳書
鳩)> 상중하 3권 등의 활동사진을 소개하는 방식으로 진행되었

동사진 관람회.

다. 이에 대해 활동사진 "모두는 새롭고 발랄한 것이니 반드시 여러분의 만족을 얻을 수 있도록" 할 것이라고 신문광고 전면에 내세웠다. 그리고 1915년 12월 27일부터 3일간은 사진 전부를 교체하여 관람에 제공할 예정인데 단, 입장객이 만원인 경우에는 다음 날 저녁 다시 극장을 찾을 것과 신문에 "인쇄된 입장권 스크랩"을 지참할 것을 당부하기도 했다. 이처럼 욱관의 경영은 짧은 기간 동안 흥행부를 조직함과 동시에 타관과의 과열 흥행 경쟁을 의식해 무료 관람회, 정치 행사 기부금 조달 등을 연달아 내놓았지만 배급사 교체로 활동사진 수급 불균형을 초래하는 등 흥행 수지를 맞추지 못해 경영의 어려움은 지속하였다.

경영 미숙과 더불어 근본적인 욱관의 위기는 곧 행좌가 개축하여 상설관으로 개관에 나설 것이라는 소식이었다. "행관이 천연색활동사진회사의 활동사진을 배급 받더라도 거류지 내 인구수에 비해 상설관 4개는 과다하여 극장 경영에 어려움이 따를 것이다. 이 점을 고려하면 흑자 경영을 위해서는 거류지 내 상설관은 2곳의 극장이 적당하다."70)라는 조선시보의 기사는 당시 상설관의 과열 경쟁으로 인한 수지의 어려움을 단적으로 보여준다. 이는 인구증가에 비해 상설관 수가 많아 관람 수익이 줄어들어 극장 경영에 어려움이 두드러진 가운데 더 이상 극장 개관을 막겠다는 취지로 여론 형성 의도에서 작성된 것이라 할 수 있겠다. 이러한 규제의 움직임은 그 이전 개관한 동양좌, 질자좌, 송정좌의 흥행에도 영향을 미치게 되었다.

---

70) 《조선시보》, 1915. 8. 7. 「상설 4개는 과다」.

다. 개관 제3주년 기념 연쇄극 〈오월암〉 대흥행

욱관의 연쇄극 상영은 '1915년 9월 21일을 개관 제3주년'[71] 기념일을 기점으로 시작되었다.

[자료 24] ≪조선시보≫ 1915년 9월 22일「신파비극 <오월암> 상중하」광고[72]

[자료 25] ≪조선시보≫ 1915년 9월 26일 욱관의 연쇄극 기사[73]

기념행사는 "천활의 우수한 사진을 이입移入"[74]하고 "일류 변사 초청 경연과 입장 관객들에게 빠짐없이 경품을 선사"[75]하면서 3주간 입장 관객 중 "2등, 3등에 한하여 할인 회수권을 발행"[76]함으로써 연쇄극 상영의 대성황을 이루고자 하는 목표로 수렴되었다. [자료 24, 25] 내용으로 행사에서 내세운 신파 연쇄극 <오월

---

71) 욱관의 만 3주년 기준은 욱관의 창업일은 '1912년 9월 21일'로 확인된다(각주 아래 75, 참조).

72) ≪조선시보≫, 1915. 9. 23.「9월 21일부터 개설 제3주년 특별흥행에(연쇄극 -광고)」.

73) ≪조선시보≫, 1915. 9. 26.「연예 -욱관 연쇄극 기사」.

74) ≪조선시보≫, 1915. 9. 21.「욱관은 천활 경영의 제일보」로서 우수한 사진을 이입할 수 있는데, 좋은 활동사진은 <섬 여자>, <유령 신호>, 구극 <小天狗傳次(코텐구덴지)> 등이 들어올 것이다.

75) ≪조선시보≫, 1915. 9. 22.「연예」, 욱관 3주년 기념은 어제 21일이 욱관 개관 만 3주년에 해당기보다는 이 기회를 잡아서 내부 대개혁을 단행하고 천활과의 특약….

76) ≪조선시보≫, 1915. 9. 23.「9월 21일부터 개설 -제3주년 특별흥행기념」.

암(五月闇)>에 관한 광고와 기사를 통해 확인할 수 있다.

이 행사의 프로그램은 희극, <아름다운 하숙인(美しき下宿人)>, 실사 <세시트로산스의 경치(セシトローサンスの景)>, 교훈극 <각성(覺醒)>, <사람인가 그림자인가(人か景か)>, 신파 비극 연쇄극 <오월암> 상중하 3편과 기타 작품도 제공했다.

연쇄극 상영의 시초는 다음 기사를 참고할 수 있을 것이다. "1911년 일본 현지에서 오사카시 중앙공회大阪市 中央公會당의 건축 기금으로 백만 원의 기금을 희사하며 대 부호들의 기부금 출연을 유도했던 이와모토 에이노스케岩本榮之助의 일대기를 영화로 만든 연쇄극 <백만원(百萬圓)> 상영에서 일부 변사들이 출연하여 실연實演한 데서 그 기원을 찾아볼 수 있다. 이후 이 연쇄극은 1917년 3월 22일 서울의 유락관有樂舘에서 신파 사회극으로 변사들의 실연으로 상영되었다."[77] "1916년 8월 10일 이후부터 조선의 일본인 극장에서 유행처럼 시작하면서 황금관을 운영하던 하야카와 연예부에서도 활동사진의 일부를 실연으로 보여주는 연쇄극을 상영하여 큰 호응을 얻었다."[78]

서울의 유락관에서 상영한 <백만원>보다 2년이나 앞선 욱관의 연쇄극 <오월암> 상영은 "배경 사진이 극명할 정도로 세밀했다. 더불어 변사 구마가야熊谷와 배우 4~5명이 열심히 설명하여 관객들로부터 성원"[79]을 얻었다. 이러한 호평은 일시적이나마 욱관은 부진한 경영 수지를 회복하는 데 일조했을 것으로 판단된다. 한편 함께 상영한 "특별 교훈극 <사람인지 그림자인지>는

77) 한상언, 앞의 책, 182쪽.
78) 한상언, 앞의 책, 183쪽.
79) ≪조선시보≫, 1915. 9. 24.「연예」,「욱관을 보다(旭館を觀る)」, 3주년 기념 특별사진(吼生).

변사의 설명이 부족했기 때문인지 줄거리가 갑자기 섭정攝政이
되거나 귀족貴族의 가정인지 국왕가國王家인지 조금 분별할 수 없
어 일반적으로 잘 이해가 되지 않았다고 후생吼生이라는 사람이
비평을 덧붙이기"[80])도 했다.

1915년 9월 27일 ≪조선시보≫는 기사를 통해 욱관의 제3주년
기념행사에 대해 네 가지 정도로 요약하여, 흥행 상황과 연쇄극
상영에 대한 평가를 다음과 같이 내렸다. 먼저 "입장객은 경품
제공을 했음에도 불구하고 만원이 되지 않았다. 두 번째, 입장객
중 1, 2등에 한하여 할인 회수권이 발매되었다. 세 번째, 변사의
경연대회임에도 활동사진의 내용이 설명 부족으로 줄거리가 이
해가 되지 않았다. 네 번째, 사진의 선명도에서는 극명하여 정극
으로 보는 것이 적합하다."[81])

욱관의 연쇄극 상영은 1915년 9월 18일 보래관의 연쇄 구극
<가가도비(加賀鳶)>보다 3일 뒤에 있었다. 이후 부산좌에서도
"1915년 10월 14일 미즈노 칸게츠이치水野觀月— 일행(출연 미즈노
칸쓰水野觀月, 미즈노 코마유水野駒勇(6세), 미즈노 스미코水野すみ子)이 오
사카大阪 매일신문소설 신파비극 <짝사랑(片思ひ)>의 활동사진
연쇄극과 서양활극 <형사의 고심(刑事の苦心)>, 희극 <마법 바
구니(魔法籠)>와 실사 등을 가지고 일본 현지에서 부산으로 건
너와 15일 상영을 앞두고 부산의 중심가를 밤새 돌아다니며 선
전하고 상연에 들어갔고"[82]) 이후에도 몇 차례 연쇄극 상영이 더
있었다.

---

80) ≪조선시보≫, 1915. 9. 26.「욱관은 3주년 기념의 특별흥행」.

81) ≪조선시보≫, 1915. 9. 27.「광고 - 기념으로 1, 2등 할인 회수권 발매 주도」.

82) ≪부산일보≫, 1915. 10. 15.「광고 -활동사진 연쇄극」, 연쇄(連鎖) 응용(應用).

[자료 26] ≪부산일보≫ 1915년 10월 16일 부산좌 활동사진 연쇄극 <짝사랑> 광고

연쇄극 상영은 1917년 10월 13일 행관에서도 신파 실연연쇄극 實演連鎖劇 <으스름 밤(朧夜)> 전 3권 등을 제공하여 대성황을 이루었다. 이러한 흐름에 편승해 우리 영화의 시초로 기록된 연쇄극 <의리적 구토>가 4년 뒤 1919년에 제작 상영되었다. 이처럼 1915년 9월 18일~21일 욱관의 <오월암>과 보래관 <가가도비>의 연쇄극 흥행은 부산 영화사에 중요한 의미를 남기고 있다.

라. 소실과 폐관

욱관은 본사釜山日報와 특약하여 금년 중 무료 관람회를 개최하게 되었다. 매일 밤 대입장이었다가 이번에 관내의 대수선을 행한 데다 봄 일찍이 화려하게 개관하게 될 것이다. 따라서 26일에 한해서 휴관하게 되었다. 본사의 무료 관람회는 유감스럽게도 이번 26일에 한해서만 실시하기로 했다.

욱관은 경영 대혁신을 위해 다양한 자구책을 강구하기도 했다. 먼저 1915년 8월 이후부터 배급사를 천활사와의 특약으로 변경하였고 변사들의 활변 경연회를 열면서 연쇄극 상영에 나서 흥행을 거두기도 했다.

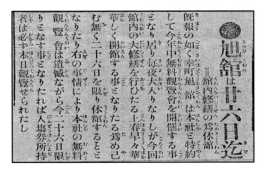

[자료 27] ≪부산일보≫ 1915년 12월 26일 「욱관의 26일 마침내 휴관」

더불어 활동사진 상영주기를 1주일에서 5일로 프로그램 일정을 조정했으며 소학교 순회 상영을 하는 등 다양한 영업 선전 방법을 동원하여 흥행에 나섰다. 욱관은 이 시기에 일본 정치 행사인 용두산 공원 설비비 지원 행사에 입장권 수익의 3할 5푼인 770원을 기부하며 활동사진 상설관의 면모를 드러내려 했다. 그러나 욱관의 경영 혁신을 위한 다양한 개선책은 일시적인 효과에 그치면서, 1915년 12월 26일 '부산일보'가 주최한 구독자들을 대상으로 하는 활동사진 무료 관람회 행사를 끝으로 "마침내 ⅲ 휴관(休館)"[83]에 들어간다고 1915년 12월 26일 자 ≪부산일보≫가 보도했다.

위의 신문기사에 따르면, 욱관의 휴관 이유를 "금회 관내의 대 수선"을 위해라고 규정하고 "내부 대수선을 완료해서 내년 (1916년) 상춘 초에 화려한 재개관을 하겠다."라고 밝혔다. 한편 ≪부산일보≫는 욱관이 자신들과 특약한 무료 관람회를 금년 중

83) ≪부산일보≫, 1915. 12. 26. 「욱관 26일 마침내(旭舘は二十六日迄)」 휴관.

으로 개최했지만 휴관은 이미 예견되어 있었다며, 그렇기 때문에 무료관람 행사가 애초 12월 30일까지 8일간이었으나 12월 26일 자로 앞당겨 마감하게 되었다고 해명 기사를 냈다.

욱관은 부산일보사의 협찬 이행을 끝으로 계획된 내부 대수선의 이유로 막을 내렸다. 욱관이 대수선 의지를 밝힌 이유는 행관이 1915년 12월 12일에 소규모 시설에서 '97여 평' 이상의 대규모 시설을 증축하여 활동사진 상설관 개관을 알리자 이에 자극받았기 때문이다. 결국 욱관도 행관에 못지않은 시설을 갖추기 위해 내부 대수선에 들어간 것이라 하겠다. 하지만 욱관의 휴관은 계속 미뤄졌다. 12월 26일 휴관 예고는 1915년 12월 31일부터 1916년 1월 5일까지 저녁 2회에 걸쳐 활동사진을 제공하면서 변경되었다. "상영 프로그램은 실사 <터키령 스라조의 경치(土耳古領ズラソウ昨今景)>, 서양 골계(희극) <공범자(共犯者)> 등과 신파 교훈 활비극 <에이지계준록(榮次戒悛錄)>은 명우名優 오오이 신타로大井新太郎의 출연과 타카베高部, 칸이치파關一派가 촬영한 천하일품"84)이라 소개했다.

그리고 1916년 1월 7일~11일까지 "비장애사悲壯哀史극 <백호대(白虎隊)> 전 3권 46장과 서양 탐정 대활극 <플랜 다이너마이트(プランダイナマイト)>(원명 제2 천마)에 변사는 오오야마大山와 온쿄오恩光가 <다이너마이트(ダイナマイト)>는 후지타 시즈코富士田靜子가 활변을 맡았다. 실사 <유베르크 전경(＝ユーベルク全景)>, 희극 <동군의 최민술(トン君の催民術)>, 희극 <시몬군의 시시(シモン君シシ)>, 그 외 여러 활동사진을 오후 5시 30분에 개장"85)할

84) ≪부산일보≫, 1916. 1. 3. 「광고」.

것이라 알렸다. 1916년 1월 11일 이 프로그램은 교체되었으며, 16일까지 "기쿠치 선생 원작菊地先生原作인 가정극 <유리꼬(百合子)> 전 5권 124장, 신파 활비극 <요시하라 정사(吉原心中)> 상·하편 과 그 외, 신 서양극도 상영해 드린다."[86]라는 광고를 신문에 게재했다. 욱관은 위의 작품 상영을 끝으로 1916년 1월 18일부터 "대개혁을 위해 10일간 휴장"[87]에 들어갔다.

이후 욱관은 1916년 2월 17일까지 활동사진보다는 드문드문 인형극 공연장으로 전용되었다. 욱관의 휴관을 앞두고 부산일보는 「1916년 새해 연예계」를 통해 활동상설관의 흥행 분위기를 다음과 같이 진단했다. "보래관은 새해 첫날부터 밤 2회 상영으로 큰 인기를 얻고 있고, 지난해(1915년) 12월 12일 개관한 행관은 새해 첫날부터 인기가 입추의 여지가 없는 관객의 입장이었다."[88] 그러나 연초 연예계 활동관의 표정을 보도한 와중에도 욱관에 관한 내용은 포함되지 않았다.

"상설관 3곳(욱관, 보래관, 행관)의 치열한 흥행 경쟁의 세력 다툼"[89]과 연극장이었던 부산좌에서는 드문드문 활동사진 상영에 끼어들었다. 대표적으로 성과를 낸 상영작은 "1915년 4월 23일부터 24일까지 매일 오후 6시 30분(3회) 개회한 세계문예대활동 사진 불국佛國(프랑스) 대문호 위고 작ユーゴー作의 <아무정(噫無情)> 25,000척 전 9권의 5시간 상영이었다. 상영의 주최는 경성

85) ≪부산일보≫, 1916. 1. 7. 「광고」.
86) ≪부산일보≫, 1916. 1. 13. 「연예소식」.
87) ≪부산일보≫, 1916. 1. 18. 「연예소식」.
88) ≪부산일보≫, 1916. 1. 3. 「元旦(1916년)의 연예계」.
89) ≪부산일보≫, 1916. 1. 13. 「광고」.

기독교청년회가 나섰으며[90] 성과는 입장자 2,732명(학생 단체포함 1,171명)에 수익 781원 68전, 지출 361원 40전, 순수익 420원 28전으로 결산했다."[91] 대흑좌大黑座, 동양좌까지도 1916년 초부터 활동사진 상영에 뛰어들었다. 또한 변천좌, 질자좌까지 이 흥행 경쟁에 가담하면서 부산 관내에서만 총 7곳(극장, 활동상설관)에서 활동사진이 상영되면서 경영 수지 악화에 적지 않은 영향을 미치게 되었다. 이러한 현상은 이미 1915년 6~7월경 조사한 부산 인구대비 극장 수요 진단에서 4개의 극장이 흥행에 들어가면 극장 경영에 어려움을 처하게 될 것이라고 전문가들이 예측했던 일이다.

상설 상영관의 치열한 경쟁에 밀려난 욱관은 활동사진 상설관으로써 면모를 더 이상 발휘하지 못했다. 욱관은 1916년 2월 1일부터 2월 17일까지 아마추어 인형극(素人瑠璃會) <타케모토 코오노스케(竹本越之助 운運)>을 2일간 오후 6시부터 "단체의 융화를 도모하는"[92] "신년 루리瑠璃준 대회"[93]를 개최한다고 공표함으로써 일반 공연장으로 전용되었음을 알렸다. 욱관은 "1916년 2월 15일에도 <코시노스케렌(越之助連)의 레준(れ浚)>이 있었으며"[94] 2월 17일에는 "<야토리다유렌(彌鳥太夫連)의 레준(れ浚)>이 15일 밤, 시작하여 2일간 욱관에서 개최"[95]되었다. 욱관은 휴관 기간에도 아마추어 루리회의 공연 장소로 대여하는

---

90) 《부산일보》, 1915. 4. 24. <아무정>.

91) 《부산일보》, 1915. 4. 30. <아무정> 활동 결산.

92) 《부산일보》, 1916. 2. 3. 「코시노스케히로 입운 조루리회 상(越の助廣入運の淨瑠璃會 上)」.

93) 《부산일보》, 1916. 2. 1. 「아마추어 조루리회(素人淨瑠璃會) 1일, 2일 야간 욱관」.

94) 《부산일보》, 1916. 2. 15. 욱관, 「각 부옥의 연중출연 과일 욱관(各部屋の連中出演 過日旭舘)」.

95) 《부산일보》, 1916. 2. 15. 욱관, 「야토리 다유렌의 레준 15일 밤(彌鳥太夫連のれ浚十五日夜)」.

등, 재기를 위해 노력했지만 활동상설관으로서의 모습은 차츰 잃어갔다.

한편, 새로 개관한 행관은 천활사와의 특약을 맺었으며, "1916년 1월 16일부터 특별 대흥행 시기에 영사할 활동사진으로 탐정 대활극 <저주의 9시간(呪の九時間)>, 구극 <도깨비 집(化物長屋)> 전 3권과 그 외 희극"들을 공개했다. 보래관은 "1월 15일부터 프로그램을 정비해, 신파 <귀신의 속임수(鬼あざみ)>, 활극 <일등 운전사(一等運轉士)>, 구극 <지진 가토(地震加藤)> 전 4권 등을 준비하며 행관과의 경쟁에 대비했다."[96]

욱관은 활동상설관으로 정상화의 꿈을 이루지 못한 채 1916년 3월 24일 자 화재로 소실되었다. 1개월이 지난 4월 28일 자 ≪부산일보≫는 「욱관의 재건축」이라는 기사를 보도하면서 '재기' 의욕을 전하였다.

[자료 28]의 신문기사는 욱관의 재건축, 행관 이상의 건축, "욱관이 올해(1916년) 3월 24일 화재로 소실되었다"라는 사실을 전하고 있다. 또한 욱관의 재건축에 관하여 "행관 이상의 건축을 예정하고 이번 모某 씨 등의 발기로 재건축을 하기 위해 출원出願 중이지만 어제 경찰서 담당자가 현장에 출장하여 건축 도면과 현장을 대조 연구하였으나, 아마도 허가해 줄 건물은 97평이 넘는 행관 이상 건축이 될 것"[97]이라고 신문은 정리했다.

---

96) ≪부산일보≫, 1916. 1. 18. 「연예소식, 영화 교체」.
97) ≪부산일보≫, 1916. 4. 28. 「욱관의 재건축」.

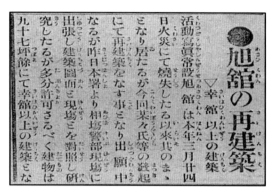

[자료 28] ≪부산일보≫ 1916년 4월 28일 「욱관의 재건축」

　부연하자면, 욱관의 재건축은 '모모某某 씨 등의 발기發起'로 시
작되었으며, 당국에서 재건축의 허가 조건으로 상설관인 행관의
97평 이상의 규모를 제시했던 것으로 보인다. 따라서 욱관이 재
건축되지 못한 주요 이유는 건축 면적 확보에 따른 자본금 부족
때문이라 추론할 수 있다.

　이후 욱관에 대한 기사는 신문에서 찾아볼 수 없었다. 다시
욱관에 대한 기사가 등장한 것은 2년이 지난 1918년 4월 13일
≪부산일보≫ 기사였는데, 욱관의 공연은 "곡마曲馬 흥행"[98)]에 그
쳤다고 간단하게 전했다. 1918년 4월 16일 자의 동 신문은 "내
부 설비에 들어간 욱관에서 일본 현지 곡마단의 부산 공연이 낮
12시부터 밤 2회에 걸쳐 흥업을 개시하였는데 승마열乗馬熱이 성
행할 때쯤 되면 인기를 끌 것"[99)]이라 예측을 내놓기도 했다. 욱
관은 1916년 3월 24일 소실된 이후 활동사진 상설관으로써의 재

---

98) ≪부산일보≫, 1918. 4. 13. 「곡마흥행(曲馬興行)」, 서정 욱관 터(西町旭舘跡).

99) ≪부산일보≫, 1918. 4. 16. 「서정의 욱관 터에 흥행 중 곡마단(西町旭舘跡に興行中曲馬團)」.

기를 위해 내부 설비를 복구하는 등 노력을 기울였지만 실효를 거두진 못했던 것으로 판단된다.

전술한 바와 같이 욱관은 1915년 7월 16일 자체 흥행부를 두고 경영 혁신의 일환으로 제공한 서양 실사와 희극, 골계(희극), 비극, 그리고 서양 탐정극, 일본 구극 연쇄극 <오월암> 등을 통해 흥행 독점에 나섰다. 특히 욱관의 경영 방식에서 주목해야 할 점은 입장객들에게 선심성 선물제공과 무료 상영회를 운영한 점이었다. 그러나 이는 영업 손실로 이어졌다. 그런 가운데 1915년 11월 10일 일본의 정치적인 행사인 '용두산 공원 시설비 지원' 활동에도 적극 참여하여 영화 상영 수익금의 일부인 770원을 기부하기도 했다. 이러한 행보가 결국 상영관 경영손실로 이어졌으며, 되돌릴 수 없는 지경에 이른 주요 원인으로 작용했다.

한편 행관과 욱관의 과열 경쟁도 욱관 몰락의 한 축을 담당했다. 하지만 가장 직접적인 폐관 원인은 1915년 12월 12일 행관이 활동사진 상설관을 개관하면서 욱관이 맺고 있던 천활사와의 배급 특약권을 차지한 것 때문이었다. 이후 욱관은 더 이상 활동사진을 배급받지 못하게 되었다.

지금까지 욱관의 개관 흥행과 경영 방식 그리고 주요 흥행 프로그램 등을 신문 자료를 통해 검토한 바에 따르면, 욱관은 1914년 3월 12일 부산 최초의 활동사진 상설관 개막을 알리면서 1여 년 동안 흥행을 독점하다시피 했다. 욱관의 1주년 기념일인, 1915년 3월 12일 즈음하여 이웃에 위치한 보래관이 활동사진 상설관 개관 채비를 갖추면서 개관(3월 9일)하자 욱관의 흥행 독점은 막을 내리고 보래관과 경쟁을 하지 않을 수 없게 되었다.

욱관은 관객들에게 관람 편의 시설을 갖추었으며 일본 현지에서 활동하던 우수 변사를 초빙하여 서양 영화, 구극, 희극, 연쇄극 등을 제공하였다. 하지만 그해 12월에는 행관이 활동사진관으로 전환하여 흥행 경쟁에 가세하면서 욱관의 경영 수익은 점차 줄어들 수밖에 없었다.

마. 활동사진 상설관의 영사 기계 유형

1915년~1918년 동안 부산의 활동사진 상설관과 공공기관 그리고 일반 대중들에게 소개된 활동사진 영사 기계 장비에 대하여 살펴본다. 영사 기계 장비가 신문광고에 등장한 시점은 행관이 좌座로써 마감하고 활동사진 상설관으로 전환을 위해 준비와 개축 중인 때를 맞춰 1915년 4월 3일부터 테라다寺田 상점에서 부산일보에 광고를 내놓았다. 활동사진 영사 기계는 가격은 100원 이상으로 각종이 있고 중형과 가정용 청년회용 활동사진 환등기 겸용 기계를 보유하고 있다며 소개했다. 이후 6월 11일, 11월 18일 자에도 같은 상점에서 活動寫眞器械활동사진기계와 幻燈器械환등기계 각종을 보유하고 있다며 판매에 나섰다. 행관이 개관을 앞두고 이 같은 장비를 구입하여 흥행에 나섰다는 정황은 파악되지 않는다. 다만 그 당시 활동사진 영사 기계 장비 기종이 그리 많지 않았다는 점을 고려하면 광고로 내놓은 장비가 활동사진 상설관과 공공기관 등에서 구입하여 흥행과 선전용으로 사용했을 것이다.

1916년과 1918년에도 테라다寺田 상점은 계속해서 活動寫眞器械활동사진기계에 필름 대여와 幻燈器械환등기계 여러 기종 판매 광고

를 부산일보를 통해 선전했다. 영사 기계 장비의 사용처는 활동
사진 상설관과 기관 단체의 순업대에 출장용으로 사용할 수 있
고 중형과 소형은 가정용으로 사용 가능하다고 거듭 강조했다.
다음은 1915년 4월과 6월에 소개된 활동사진 기계 기종에 대한
광고 내용이다.

[자료 29] ≪부산일보≫ 1915년 6월 11일 활동사진 기계 판매 광고

활동사진 기계는 100원 이상 각종, 상설 사진 제공, 순업대 출
장, 중형 가정용 청년회 활용 활동사진 환등 겸용 기계(器械)와
필름(フィルム) 부착(附)하여 20원 이상 각종이 있다. 소형은 7
원 반(半) 사진을 부착한 각종이 있다. 그리고 환등기 각종 등이
있다(중략). 판매처는 오사카(大阪) 싱마치(新町) 통(通) 2정목
(丁目). 판매자는 테라다 키요시로(寺田淸四郞) 테라다(寺田) 규
슈 지점(九州支店)[100]

'활동사진 영사 기계'[101]의 가격은 필름을 부착하여 20원~ 100원이며 소형 등 필름을 부착한 여러 기종各種이 있고, 판매처 는 일본 현지 오사카에 주소를 둔 데라다 규슈 지점寺田九州 支店이 라 소개했다.

다음은 1915년 11월과 1916년 4월 부산일보에 광고한 기종은 앞에서 소개된 기계과는 다른 발전된 활동사진 기계와 환등 기 계이며 그 외에 부속품과 여러 종류의 필름을 판매 광고한 내용 이 확인된다.

> 활동사진 기계는 공공용과 가정용으로 구분되어 각종이 있고 필름은 사진 여러 종류와 기타 부속품도 여러 종류가 있다. 이 기계는 어(御)대전 활동사진 대례사(大禮使)에 지정되었으며, 시 민봉축에 성황을 예정 500척을 상영 예정이다. 그리고 환등 기 계도 각종이다. 기타 부속영화로 교육, 위생, 농업, 종교, 전쟁 화, 지리, 풍경, 골계화 등을 취급한다. 금회에 한하여 운임과 하조비(荷造費)는 무료이다. 판매처는 데라다 키요시로(寺田淸 四郞) 상점이고, 지점은 후쿠오카시(福岡市) 니카지마쵸우(中島 町).[102]

소개된 활동사진 기계는 공공용과 가정용으로 구분하고 본 기 계가 대전大典 활동사진의 근사용으로 시민봉축행사에 500척이나 사용될 예정이라 자랑했다. 기종 특징과 생산에 관한 구체적인 정보는 소개되지 않았다. 개관을 앞둔 부산의 활동상설관, 극장 그리고 일본영사관 외 각 기관에서 구입하여 사용했을 것이다.

---

100) 《부산일보》, 1915. 6. 11.

101) 판매에 나선 기종은 Max Skladanowsky(막스 클라다노프스키) : Bioscope와 유사 종으로 확인 된다.

102) 《부산일보》, 1915. 11. 18.

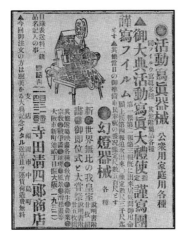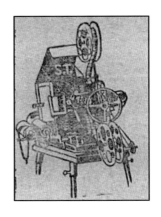

[자료 30] ≪부산일보≫ 1915년 11월 18일 활동사진 기계 판매 광고

'활동사진 기계'와 '환등 기계'에 관하여는 추가적인 조사와 연구가 필요하다.

3. 1915년 보래관의 활동사진관 개관과 흥행

가. 개관 흥행의 대성황

보래관은 1915년 3월 9일 기석 연극장에서 활동사진의 관람 조건에 맞게 내부시설을 구조 변경하여 부산에서 두 번째 영화관으로 개관했다. 영화관의 위치는 욱관과 나란히 행정 1정목(오늘날 KB국민은행 광복동지점) 근처였다. 보래관이 개관을 앞둔 시점에 욱관은 이미 "활동사진 상설관으로 흥행을 독점"[103]

103) ≪부산일보≫, 1915. 1. 1. 「연극과 기석(芝居と寄席)」.

하는 지위를 누렸으며 1915년 3월 12일, 개관 1주년 기념행사를 맞이할 준비를 하고 있었다. 보래관은 욱관의 기념행사일보다 3일 빠른 3월 9일에 개관하면서 공식적으로 경쟁을 선언하였다. 욱관과 보래관은 1915년 12월 12일 행관이 개관하기 전까지 활동사진 흥행을 놓고 주도권 다툼을 치열하게 벌였다.

보래관의 주변에는 7,300여 호에 달하는 거류 일본인 주거시설과 3만 명 정도의 상주인구가 밀접되어 있었다. 하지만 곧 재개관을 앞둔 행좌가 건너편에 자리를 잡고 있었고, 부평정의 부산좌, 용두산 입구에 자리를 잡은 변천좌까지 모두 5개의 극장이 흥행 성업 중에 있었다. 극장 주변에는 활동상설관 흥행에 영향을 줄 수 있는 요리점과 차옥茶屋 그리고 여러 다양한 업종의 상업 시설이 극장을 중심으로 운집해 있었다.

욱관의 폐관 이후 보래관은 1920년대를 지나서도 행관, 상생관과 삼두체제를 갖추면서 선의의 경쟁을 펼쳤다. 보래관은 1915년, 1916년, 1928년 그리고 1938년에 걸쳐 서너 차례 개축 또는 재건축되기도 했다. 이후 해방을 맞이하여 "4,000원에 달하는 상금을 걸고 새로운 극장명을 공모했고 1946년 1월 1일부터 '국제영화國際映畵극장'으로 개칭했다. 미군정기美軍政期를 거치면서 '국립國立극장' 인가가 1949년 취하되자, 1950년 6월 18일 문교부 직할 '문화文化극장'으로 변화를 모색했다. 그러나 한국전쟁의 발발로 인해 정부로부터 징발 사용되어 오다가 1959년 4월 18일 재개관했다. 이후 1973년 8월 27일 폐관 때"[104]까지 부산을 상징하는 대표적인 영화관으로 명성을 이어나갔다.

---

104) 홍영철, 『부산 극장사』, 앞의 책, 107쪽.

[자료 31]은 1916년 10월 개축공사 전前의 보래관의 정면 모습이다.

[자료 31] ≪부산일보≫ 1916년 1월 29일
('부산일보 애독자 우대 보래관')[105] 정면 모습

보래관이 활동사진 상설관으로 개관하기 전 1915년 1월 1일부터 새해 첫날 극장가의 분위기는 욱관만 활동사진 상영을 독점하고 나머지 연극장 모두는 개장에 들어가 여아女兒들도 춘의春衣를 입고 구경하러 오기를 바란다는 선전을 하고 있었다. 그리고 각 극장의 새해 첫 프로그램을 선보였는데, "보래관은 구극舊劇인 동경 만담파 <라쿠고 음곡(落語音曲)>으로 관객에게 웃음거리를 주었고, 부산좌는 <수삼번 스카웃 암투(壽三番引拔暗鬪)>와 실록實錄 <천대추(千代萩)> 등을, 행좌와 변천좌는 <나니와부시(浪花

---

105) ≪부산일보≫, 1916. 1. 29. 「보래관 정면 모습」.

節)> 공연"106)을 각각 제공했다.

1915년 1월 31일의 보래관의 공연 프로그램에는 "<청원화접
(淸原花蝶)>"107)이 있었다. "2월 9일에는 만담극인 <동경 라쿠고
(東京落語)>, <곡예(曲藝)>가 일본 현지에서 활동하던 연극 단체
에 의해 공연되었으며 <상박(相撲), 스모> 대회가 열리기도 했
다."108) 1915년 2월 11일에는 "아마추어 이다 대회素人義太大會"109)
가 개최되었고 2월 12일, "천하일품인 <동경 라쿠고>와 체량 32
관(120킬로)의 스모경기"110)가 있었다.

"1915년 2월 15일부터 24일까지 스모경기"111), 27일까지는
"일본 전통 연극 공연인 동경 라쿠고"112)를 끝으로 보래관은 연
극장으로써의 막을 내리고 "활동사진 상설관 개관 준비"113)에
들어갔다. 활동사진 상설관 이전 1908년~1915년 사이 조선에서
가장 많이 공연한 일본의 흥행 공연은 "나니와부시, 가부키, 라
쿠고, 기다유義太夫 순으로 가부키 공연이 총 271회"114)로 가장 많
았다. 가부키 공연은 입장권 유로화로 활동사진 상설관 시대 이
후에도 부산좌, 국제관, 태평관 등에서 계속 공연되었다.

보래관의 변화는 욱관이 활동사진을 독점 상영하여 많은 수익

---

106) ≪부산일보≫, 1915. 1. 1. 「연극과 기석」.

107) ≪조선시보≫, 1915. 2. 2. 「1월 31일 재 개연」.

108) ≪조선시보≫, 1915. 2. 9. 「연예의 소문이야(演藝の噂さ)」.

109) ≪조선시보≫, 1915. 2. 11. 「아마추어 이다 대회(素人義太大會) : 조루리(淨瑠璃)의 한 파(派)」.

110) ≪조선시보≫, 1915. 2. 12. 「2월 7일부터 동경 라쿠고(東京落語, 만담) 3류파(三遊派)」.

111) ≪부산일보≫, 1915. 2. 24. 「광고」, 천하일품(天下一品) 포장용(布裝踊): 체량 32관목(體量三十二貫目).

112) ≪조선시보≫, 1915. 2. 27. 「광고」, 2월 7일부터 동경 라쿠고(東京落語, 만담).

113) 보래관 1915년 2월 25일~3월 9일까지 활동상설관 개관 준비에 들어간 것으로 본다.

114) 편용우, 「식민지 조선의 일본 예능 공연」, 『일본어 교육』 제91호, 2020, 168쪽.

창출에 이르자 경쟁의식에서 시작되었다. 보래관은 활동사진관 개관 준비를 마치고 마침내 1915년 3월 9일 개막을 알렸다. [자료 32]는 1915년 3월 9일 활동사진 상설 보래관의 개관을 알리는 광고이다.

[자료 32] ≪조선시보≫ 1915년 3월 7일 「보래관 개관」[115)

보래관이 개관에 따른 개봉작은 서양 정극 <비밀서류(秘密書類)> 전 2권과 골계(희극) <결혼의 밤(結婚の夜)>, 구극 <아키시노 이야기(秋篠物語)>, 신파 활비극 <생명의 대상(命の的)> 전 3권이 있었으며, 그 외 <청도공격>과 골계(희극)물 다수를 제공했다.

보래관은 호소미즈 군細水 君의 경영 참여로 활동사진관 시대 개막을 알리면서 되살아났다. 이러한 성과는 "일본 현지에서 활동하던 변사 다나카 미호츠田中迷骨 등 12명"[116)으로 구성된 변사진의 역할이 컸다. 특히 보래관이 개막 번외番外 작으로 내건 실

---

115) ≪조선시보≫, 1915. 3. 7. 「활동사진 상설 보래관」.
116) ≪부산일보≫, 1915. 10. 3. 「활동과 변사(活動と辯士)」, 「욱관과 보래관 12인」.

사 "<청도공격(靑島攻擊)>"117)은 "천활사가 제공한 것으로서, 일본이 중국 청도靑島 노산만勞山灣에 상륙해 비행기를 내습하는 과정 중에 일본군인 카미오神尾 장군의 활동을 실물 그대로 촬영한 것이다. 변사들의 활기찬 설명과 상영한 사진들은 모두 티가 없이 볼 수 있는 좋은 사진 때문에 보래관은 첫날부터 초입 대성황"118)을 이루었다. 이 사건은 그 동안 활동사진 상영을 독점해 온 욱관의 개관 1주년 기념행사에 큰 타격을 주었다.

이로써 보래관은 욱관에 이어 부산에서 두 번째로 일본인이 경영하는 상영관에 오르게 되었다. 보래관의 활동사진이 대성황을 거두자 주변의 극장들은 영업 환경 변화에 긴장하지 않을 수 없었다. 보래관은 이후 활동사진 경쟁에서 계속 흥행 주도권을 차지하게 되었고, 이를 적극 활용하여 1915년 8월 배급사 경쟁에서도 단판 승부를 냈다. 보래관은 욱관의 퇴진 이후 1916년 10월 상생관이 개관하기 이전까지 약 1년간, 1915년 12월 12일에 개관한 행관과 흥행 각축전을 벌였다.

나. 운영 방식

보래관이 활동사진 상설관으로 개관하면서 이웃한 욱관과의 흥행 경쟁은 피할 수 없었다. 이는 보래관의 개관일 선정을 통해서도 드러난다. 보래관이 욱관의 개관 1주년 기념일인 3월 12일보다 3일 빠른 3월 9일을 개관일로 잡은 것은 양 관兩館이 활동

---

117) 이때 상영한 실사 <청도공격>은 욱관에서도 '1주년 기념' 활동사진으로 제공했다. 이는 일본이 활동사진 상설관에 대한 통제권을 앞세워 부산에 거주하는 자국민에게 식민국의 자긍 의지도 함께 식민지 통치 강화를 내세우면서 정치 선전용으로 활동상설관에 순회 제공한 것이다.

118) ≪조선시보≫, 1915. 3. 11. 「연예계」, - 보래관의 활동사진.

사진 흥행의 주도권을 놓고 벌이는 경쟁이 매우 치열했음을 보여준다. 욱관은 1914년부터 활동사진 흥행을 독점해온 극장이었지만 보래관의 개관으로 인해 영업에 치명적인 타격을 입게 되었다. 이와 같은 상황을 타개하기 위하여 욱관은 흥행부를 신설하고 관객들에게 선심성 선물을 제공했으며, 정치적인 기부행사까지 참여하는 등 우위를 선점하기 위해 총력을 기울였다.

보래관은 "천활사의 하야카와 연예부早川演藝部와 아라이新井의 공동 체제를 출범시키면서 경영 실무를 아라이의 대리인 호소미즈군"119)에게 맡겼다. "1915년 8월 31일 보래관은 경영권 다툼의 "분요紛擾를 끝내고 재개관"120)하면서 경영을 지역 유지였던 아라이荒井"121)에게 맡기게 되었다. 그리고 "1916년 10월 20일 이후 개축에 들어가 1916년 12월 30일 '신축 낙성식'을 거행했다."122)

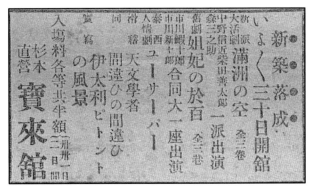

[자료 33] ≪부산일보≫ 1916년 12월 30일 보래관 「신축 낙성」

---

119) ≪조선시보≫, 1915. 3. 11. 「연예계」, - 보래관의 활동사진.

120) ≪조선시보≫, 1915. 9. 2. 「연예계」, - 보래관 31일부터 개관.

121) ≪부산일보≫, 1915. 9. 2. 「연예소식(演藝だより) - 보래관 내부 분요…」.

122) ≪부산일보≫, 1916. 12. 30. 「연예안내 - 개관 낙성 30일 개관」.

이때 "상영 입장료는 12월 31일부터 2일간 각 등급의 반액半額"123)으로 책정하여 재개관을 홍보하였다. 개관에 따른 "영업은 주임 스기야마 유키히사杉山幸久"124)가 맡아 운영에 나섰다.

보래관의 배급사는 1915년 3월 개관 당시 "천연색활동사진주식회사(천활사, 텐카츠)의 대리점 하야카와 쇼오타로우早川增太郎의 하야카와 연예부"125)로부터 텐카츠 활동사진을 공급 받아 성업했다. 보래관의 배급사 변동 이력은 매우 다채롭다. 1915년 8월 이후부터는 일활사와 계약하여 활동사진을 공급받아 흥행에 대성황을 누리다가 1916년 12월 상생관이 개관하면서 일활사와 계약함으로써 수급에 차질을 빚자 1917년 2월 잠시 휴관을 선언했다. 이후 1917년 4월 천활사 경성 부산 일수대리점을 개설하였으며, 1923년 5월 제국키네마, 유니버설사와 특약하여 활동사진 상설관을 운영했다.

보래관은 개관 당시 "1등석 25전, 2등석 20전, 3등석 10전"126)으로 입장요금을 규정했다. 그러다가 1917년 1등석 50전, 2등석 40전, 3등석 20전으로 조정하였다. 보래관의 입장요금은 대체로 큰 변화를 주지 않았다. 특별한 경우에는 "종래 발행한 관람권은 제외한다."라는 정도로만 예외를 두었으며 평상시에는 저렴하게 관람료를 유지했다. 이런 점이 고정 관객을 늘이는 요인으

---

123) ≪부산일보≫, 1916. 12. 29.「보래관의 준공 -개관 피로 당 보래관 개축 중, 점차 준공 낙성」.

124) ≪부산일보≫, 위와 같은 신문.

125) 한상언, 앞의 책, 146~147쪽. 하야카와 연예부는 1913년 경성의 황금유원 안에 위치한 활동사진 상설관인 황금관의 운영권을 획득하고, 이어 인천의 표관(瓢舘)을 운영하게 되면서 용달에서 활동사진 상영으로 업무를 확장했다. 1914년 닛카츠에서 탈퇴한 인물들 중심으로 텐카츠가 만들어지자 하야카와는 텐카츠의 만선일수대리점의 권리를 획득하여 하야카와 연예부를 만들어 영업에 나섰다.

126) ≪부산일보≫, 1915. 3. 10.「연예안내」-활동사진 보래관 3월 9일 1등 25전, 2등 20전, 3등 10전.

로 작용하였다.

　입장권 판매방식의 개선은 1917년 4월 21일 재개관하면서 시
작되었다. 신문에 따르면 "부산 초량지역에서부터 부평동 지역
에 이르는 과자 상점을 중심으로 모두 21개 점포에서 표를 지정
판매한다고 변경된 내용을 알렸다. 다음 [자료 34]는 보래관 부
활로 과자 상점에서 입장권 판매를 알린 광고이다.

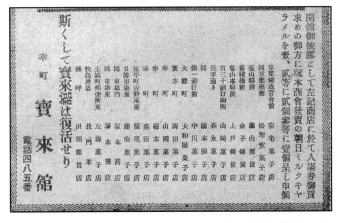

[자료 34] ≪부산일보≫ 1916년 4월 21일 보래관 과자점 입장권 구매

　여기서 입장권을 구입하는 관객에 한하여 캐러멜 1~3개를 증
정"[127]한다는 내용을 덧붙였다. 이 발표는 보래관이 "경성 부산
만선일수대리점" 개설을 알린다는 의미도 담고 있었다.

　보래관의 책임 변사는 "다나카 미호츠田中迷骨, 니시무라 아이코
오西村愛狂, 히가시토 미지오東富二夫를 비롯해 9명 정도가 활약했다.
특히 다나카의 활변은 무대를 흥청거릴 정도로 관람객들로부터

---

127) ≪부산일보≫, 1917. 4. 21. 「부활하는 보래관 -개관 피로(開館御披露)」.

큰 호응"128)을 받았다. "욱관 역시, 일본 현지에서 초빙한 오오제키 쿠마가이大關熊谷를 내세운 결과 양 관의 대항은 승부를 가리지 못할 정도로 팽팽했다."129)

보래관은 개관 이후부터 8월 전까지 하야카와와 공동경영 방식으로 천활사의 활동사진을 배급받았다. 욱관이 관객에게 선물 공세를 한 것과는 달리 보래관은 우수한 활동사진을 수급하려는 노력으로 욱관의 흥행 독점 체제를 무너뜨렸다. 그러나 보래관은 1915년 8월 하야카와와 경영 수익 배분을 놓고 분쟁을 벌이면서 일시 휴관에 들어가게 된다. 휴관 이후 보래관은 일활사와 특약을 맺음으로써 상설관 흥행은 빠른 속도로 성장하게 된다. 일본 구극보다는 서양 영화의 상영 기회를 늘이고 활변에 능력이 있는 우수 변사를 초빙하여 고정 관객층을 확보하려는 노력이 적정한 입장료 책정 정책과 어우러져 경영 상태를 호전시킨 주요인이 되었다.

다. 주요 흥행 프로그램

보래관은 1915년 8월 11일부터 아라이의 독자 경영으로 바꾸고 상설관 운영 방침에도 다음과 같은 변화를 주었다. 첫 번째, 경영권 분요 이후 "종전의 변사를 교체하고 히가시토 미지오東富二夫를 비롯해 수명의 변사를 새롭게 구성"130)했다. 두 번째, "활동사진 배급사를 천활사에서 일활사 계열의 '경성 대정관'으로

---

128) ≪부산일보≫, 1915. 7. 22. 「광고」.

129) ≪조선시보≫, 1915. 9. 18. 「독자란(讀者欄)」에 투고된 견습변사(見習辯士)의 견해(見解).

130) ≪조선시보≫, 1915. 9. 2. 「연예소식(演藝だより)」.

교체하면서 제1등第一等 서양 영화"131)를 팬들에게 제공하기로 했다. "예고한 대로 8월 31일부터 우수작으로 선별된 실사 <리히에크의 경치(リヒエクの景)>, 골계(희극) <바보 구류(簿馬鹿拘留)>, 희극 <이상한 세입자(不思議の借家人)>, 신파 비극 <백작 부인(伯爵夫人)>, 서양 대활극 <지하가(地下街)> 전 3권, 구극 <구루메 소동(久留米騷動)>과 <히고야마 캔고오리의 기록(彦山權現御利生記)>과 같은 최고의 영화를 재개관"132)의 개봉작으로 내세웠다. 그 중 "<백작 부인>과 <구루메 소동> 상영으로 개관 이래 관객들로부터 대 갈채를 받고 흥행 이익을 거두게 되었다."133) 이와 같은 결과는 "일활 전문배우와 변사들의 활동이 있었기 때문"134)이라 보도되었다.

부산일보와 조선시보에서는 "보래관 흥행이 경성 대정관과 특약하여 우수 상영 프로그램 조정으로 무장하고 재개관하여 권토중래捲土重來의 기세로 욱관에 육박하는 표 간판과 내부 설비로 개선하여 첫날 개장을 하자마자 흥행 이익에 큰 효과가 있었다는 점은 이미 역력히 고심한 흔적"135)이라고 재개관의 성과를 총평했다. 이와 함께 "욱관도 보래관의 재개관 기세에 동요하지 않고 경쟁에 크게 선전하고 있다."136)라고 선의의 경쟁 분위기를

---

131) 한상언, 앞의 책, 125쪽. 대정관은 1912년 11월 7일 개관한 일본인 전용 극장이다. 1910년 조선으로 건너온 닛다 고이치(新田耕市)가 사쿠라이정(櫻井町)에 세웠다. 닛다는 조선총대리점인 닛다 연예부를 운영했기에 닛카쓰(日活)에서 배급한 일본 활동사진과 서양 활동사진을 주로 상영한 것이다.

132) 《부산일보》, 1915. 9. 3. 「경성 대정관(京城 大正舘)과 특약(特約) 일활회사(日活會社)의 만선(滿鮮)에 있어서의 제1등(第一等) 특별사진(特別寫眞)」.

133) 《조선시보》, 1915. 9. 3. 「연예계」.

134) 《부산일보》, 1915. 9. 4. 「연예소식(演藝だより)」, - 보래관 31일 개관이래 매 야간 만원.

135) 《조선시보》, 1915. 9. 6. 「연예만어(演藝漫語)」.

136) 《조선시보》, 1915. 9. 6. 「연예만어」.

전했다.

보래관은 성황을 이룬 <구루메 소동> 다음 프로그램으로 9월 7일 야간부터 13일까지 "신新 활동사진 실사 <노고가색의 경치(露頷高加索の景)>, 희극 <새로운 바보 다리스마스(新馬鹿クリスス)>, 신파 군사극 <새벽의 깃발 바람(旭の旗風)> 전 3권, 서양 대활극 <용부 올가(勇婦オルガ一)> 전 3권, 구극 <갓파전(河童傳)> 상중하"137) 등을 제공했다. 그중 구극 <갓파전>은 "우중에도 불구하고 많은 관객이 입장"138)하였고 "<새벽의 깃발 바람>과 <용부 올가>의 호평으로 보래관의 경기가 좋았다"139)라는 평가를 속속 내놓았다.

이처럼 보래관은 "공동경영 체제에서 아라이의 단독 경영으로 전환하면서 내부 설비를 개선하였다. 그리고 일활사 경성 대정관과의 특약을 맺고 우수 프로그램을 공급받게 되면서 계속되는 상영작 흥행으로 매일 밤 많은 관객이 넘치는 대 갈채"140)로 성황을 이루었다. 이후에도 보래관의 흥행은 계속되었으며 "1915년 9월 18일부터는 프랑스 파테사에서 제공한 천연색 활동사진의 걸작인 서양 활극 <오해(誤解)>와 신파 희극 <쓰레기통(埃溜箱)>과 실사 <구미 근시 화보(歐米近時畫報)>, 골계(희극) <슬픈 노래(悲しき歌)>, 서양 희극 <선물은 마누라(土産は女房)> 등"141)의 작품을 차례로 상영하였다.

---

137) ≪부산일보≫, 1915. 9. 7. 「연예안내」.
138) ≪조선시보≫, 1915. 9. 9. 「연예계」.
139) ≪조선시보≫, 1915. 9. 12. 「연예계」.
140) ≪조선시보≫, 1915. 9. 18. 「연예계」.
141) 위와 같은 신문, 당시의 천연색 활동사진은 틴팅이나 토닝 작업을 거친 후 만들어진 것을 말한다.

특히 "일활사가 직접 제작한 구극 <가가도비(加賀鳶)>는 연쇄극으로써 배경과 더불어 천하일품이라고 광고하며 흥행을 이어 갔다. 연쇄극 상영 당일(9월 18일)에 보래관의 관객은 2층과 아래층에 가득하여 찜질방 같아서 들어갈 틈이 보이지 않을 정도로 많았다. 또한 프랑스佛國 파테사의 걸작인 천연색 활동사진 서양 활극 <오해>의 상영에 관해서는 흑인과 백인의 전쟁을 재료材料(소재)로 한 것인 듯하며 흑인이 하천의 중간을 말로 뒤쫓는 장면의 연출은 활동사진 제작사의 특색"142)이라 평가했다.

또한 일활사의 구극 <가가도비>는 "배우와 촬영 기술의 우수함을 가진 연극과 사진이 결합한 연쇄극으로써 관객들에게 연기력으로 통쾌함을 제공해준 사진이었다."143) 그리고 "연쇄 구극 <가가도비>는 종래의 것보다 훨씬 재미를 더했고 특히 천연색 서양 활극 <오해> 등도 재미가 있었으며 상영 기간 동안 계속 대흥행"144)을 이루었다고 연일 보도했다.

보래관은 1915년 "9월 25일부터 10월 2일까지 우수 영화로 선정한 서양 3대 활동사진 희극 <석유왕(石油王)>, 골계(희극) <신 바보 대장 미코미이(新馬鹿大將見込違)>, 서양 활비극 <등대의 비밀(燈臺の秘密)> 전 3권, 일활 관서촬영소日活關西撮影所의 대 걸작 구극 <아다치가 하라(安達ケ原)> 전 3권"145)의 작품들을 내걸고 다시 흥행을 노렸다. 그 결과 "구극 <아다치가 하라>의 인기는 대단했지만 한편으로는 변사가 준비되지 않아 상영

---

142) ≪부산일보≫, 1915. 9. 18. 「18일부터 사진 전부 교체」.
143) ≪조선시보≫, 1915. 9. 21. 「보래관을 보다, 18일 사진 교체」.
144) ≪조선시보≫, 1915. 9. 22. 「보래관은 매야 대인기 만원」.
145) ≪조선시보≫, 1915. 9. 24. 「광고」.

에 무리가 있었다. 보래관은 관객의 흥행이 더하자 2층 내부시설을 개조하여 정면 뒤쪽을 3등석으로 확장해야 할 만큼 대호황을 이루었다."146) 이처럼 보래관은 8월 천활사와 결별하고 일활 특약으로 배급선을 갈아타면서 일활사가 제작하여 내놓은 연쇄극과 서양 영화로 대흥행을 거두면서 영업 수익이 늘어났다는 평가를 받았다.

그러한 가운데 이웃 욱관과의 흥행 경쟁은 계속되었고, "용두산 입구 근처에 있던 변천좌에서도 일본 연극 공연을 위해 극장 내부 좌석을 늘이는 계획을 수립하였다. 부산좌 역시 내부 대수선을 거쳐 연중 쉬지 않고 흥행 대열에 참여하게 되었다. 행좌도 개축으로 극장의 면모를 일신하고 활동사진 상설관 흥행 경쟁에 가세하면서 부산의 활동사진 상설관은 호황을 이루었다. 그 결과 연극장과 활동사진관의 재편은 불가피해졌다."147)

라. 배급 특약 주도권 경쟁

보래관은 개관 당시 체결한 천활사와의 활동사진 배급사 계약을 해지하고 일활사와 배급 특약을 체결하면서 1915년 8월 31일 재개관했다. 그 여파로 인해 욱관은 지금껏 맺고 있던 일활사와의 계약 관계를 보래관에 넘겨주게 되었고 대신 천활사와 계약을 맺었다. 그 결과 보래관은 '일활파派'로, 욱관은 '천활파派'로 불리면서 대립하였고 활동사진 상설관들은 배급사를 대표하여 흥행을 겨룰 수밖에 없었다. 1915년 10월 15일 양 관은 곧 있을

---

146) 《부산일보》, 1915. 9. 27. 「보래관 <아다치가하라(安達ケ原)> 큰 사진 호 인기(好人氣)」.
147) 《부산일보》, 1915. 9. 30. 「부산의 연예계는 요즘 사이가 좋아 경쟁적(競爭的)」.

행좌의 개관을 대비한 흥행 각축전을 예고하듯이, 같은 날 배급
사를 내세우면서 위세를 자랑했다. 보래관은 "일활의 천하天下에
서 자랑하는 곳"[148)으로 내세웠고 욱관은 "천활의 대표적 작품代
表的 作品"[149)이라 내세우면서 흥행 경쟁에 돌입했다.

다음 [표 12]와 같이 보래관의 상영 프로그램은 일활사 제공
의 서양 실사 1편, 일본 희극 1편, 일본 선전 활동사진 <일장기
(日之丸國旗)> 1편, 골계(희극) 1편, 신파 1편, 활극 1편, 구극 1
편으로 총 7편을 선보였다. 특히 신파 <파도의 첫 부분(浪かし
ら)>은 최장척으로 나카오카센 합동 대 일좌 출연中お歌扇合同大一座出
演으로 "욕망慾望!! 연애戀愛!! 노한努恨!! 복수復讐!! 그 결과의 의미가
깊다."[150)라는 문구로 광고를 하여 영화 팬들의 관심을 고조시
켰다.

그중에서 "불가사의不可思議한 촬영법으로 천하天下에 자랑할 일
활사의 작품 구극 <괴서전(怪鼠傳)> 전 3권은 관객들에게 평판
이 좋았다."[151)라는 자평도 덧붙였다.

[표 12] 보래관과 욱관의 동시 개봉 프로그램 경쟁 비교

상설관	보래관 - "일활의 천하에서 자랑하는 곳"		욱관 - "천활의 대표적 작품"	
개봉일	1915년 10월 15일		1915년 10월 15일	
활동 사진명	실사	<파테 주 화보 (パテー週畵報)	실사	<신오이카의 풍속 (シンナイカの風)
	희극	<변호사 하네		

148) 《부산일보》, 1915. 10. 16. 「보래관 관근 발달(寶來館 關根達發)-일활(日活)」.

149) 《부산일보》, 1915. 10. 16. 「욱관, 천활사 대표적 작품」.

150) 《부산일보》, 1915. 10. 16. 「보래관 관근 발달(寶來館 關根達發)」.

151) 《부산일보》, 1915. 10. 20. 「연예소식(演藝だより)」.

상설관	보래관 - "일활의 천하에서 자랑하는 곳"		욱관 - "천활의 대표적 작품"	
	(辯護士ハ㐅子)>			
희극	<일장기(日之丸國旗)>			
골계 (희극)	<단 하루(たつた一日)>	골계(희극)	<환등회(幻燈會)>, <돈시의 운명(トンシの運命)>	
신파	<파도의 첫 부분 (浪かしら)>	신파 괴담	<에노키다이묘징 (榎大明神)>	
활극	<공중 탐정(空中探偵)>	활극	<수중왕(水中王)>	
구극	<괴서전(怪鼠傳)>			
총	7편		5편	

욱관은 "천활의 대표작"이라는 슬로건을 내세우면서 보래관 보다 2편이 적은 5편을 내보냈는데, 실사 <신오이카의 풍속>과 서양 골계(희극) 2편, 신파 괴담 1편, 서양 활극 1편이 레퍼토리 였다. 그중 "천활사의 대표작인 신파 괴담 <에노키다이묘징>의 처참한 괴담 이야기"152)를 공개하고 5일간 상영했다. 양 관이 일 활사와 천활사를 대표한 영화를 걸고 경쟁한 결과 보래관이 보 다 좋은 평판評判을 얻어 흥행의 주도권을 거머쥐었다.

이 시기에는 "부평정 1정목 근처에 있던 부산좌가 1915년 10 월 13일, 내부 개량改良을 마치고 일본 전통 연극과 필름을 덧붙 인 연쇄극 상연과 활동사진 상영"153)을 공식적으로 알리면서 경 쟁에 뛰어들었다. 하지만 배급의 주도권을 쥔 보래관의 흥행에

---

152) ≪부산일보≫, 1915. 10. 16. 「신파 괴담 <에노키다이묘징(榎大明神)>작품」.

153) ≪부산일보≫, 1915. 10. 13. 「부산좌를 개량(釜山座の改良)」하고 활동사진 연쇄극 상영은 1915년 10월 15일부터 11월 2일에 걸쳐 이뤄졌다. 활동사진은 11편 정도를 상영하고 이후부 터는 마술과 연극을 중심으로 흥행을 이어간 것으로 확인된다. ≪부산일보≫, 1915. 10. 21. 23. 25. 28. 11. 2. 관련 기사.

는 미치지 못하였고 활동사진 상영보다는 일본 연극 등 다양한 공연과 연예 활동의 다목적多目的 공연장으로 활용되었다.

보래관은 1916년 10월 20일 이후부터 개축에 들어가 12월 29일 "영업주임 스기야마 유키히사杉山幸久의 힘을 빌려 준공"154)을 알렸고 1916년 12월 30일 "신축 낙성식을 거행했다. 이때 오사카 스기모토杉本 직영直營"155) 한 "실사 이탈리아 <피톤트의 풍경(ピトントの風景)> 외 여러 편을 개봉하였고 입장료는 12월 31부터 2일간 각 등급의 요금을 반액으로 한다."156)라며 재개관했다. 이러한 일련의 이벤트는 상생관이 1916년 10월 31일 활동사진 상설관을 개관하는데 따른 대항적 조치의 일환이었다.

보래관은 1917년 2월 6일부터 2월 17일까지 일활사 특약으로 일본 신파 <협예자(俠藝者)> 전 5권과 일본 사극 <상육환(常陸丸)>, 서양 활극 <명마(名馬)> 전 3권 그리고 채플린의 골계(희극) <챔피언(チャンピヨン)>과 <기인(い人)>, 실사 <프랑스 에시테피아 풍경(佛國ヱシテビヤ風景)> 등의 상영을 마치고 "1917년 2월 18일부터 4월 20일까지 2개월 동안 활동사진 상영을 일시 중단"157)했다. 보래관은 일활사가 상생관과 배급 특약을 맺은 것을 반대하는 의미로 "1917년 4월 21일 '부활하는 보래관'이라는 슬로건을 내세우면서 그간 배급 특약을 맺었던 일활사와의 거래를 해지하고 금회今回 천연색활동주식회사 경성 부산 일수대

154) ≪부산일보≫, 1916. 12. 29. 단독 광고 「개관 피로」, 「보래관의 준공」.

155) ≪부산일보≫, 1916. 12. 29. 위와 같은 신문. 「보래관의 준공」.

156) ≪부산일보≫, 1916. 12. 29. 「개관 피로 - 당 보래관 개축 중의 점차 준공 낙성」.

157) ≪부산일보≫, 1917. 4. 13. 「갈수록 더 심한 개연(雲愈愈 開演)」. -보래관은 휴관 기간에 일본 연주극 <니다이모모나카켄쿠모에몬(二代桃中軒雲右衛門)>을 공연한 것으로 자료에서 확인된다.

리점이 되는 경성 황금관과 특약하여 재개관"158)에 나섰다. 내세운 영화는 천연색활동사진주식회사 대표적 대 걸작으로 유명한 대사진 구극 <손오공(孫悟空)>으로 신통자재神通自在 <서유기(西遊記)> 전 30권과 신파 대비극 <춘의 진기(春 辰己)> 전 3권, 서양 대활극 <금발 부인(金髮 婦人)>을 제공했다. 다음은 부활하는 보래관이 내세운 <서유기> 외 상영작의 광고이다.

[자료 35] ≪부산일보≫ 1916년 4월 21일 「부활하는 보래관」

보래관의 배급 주도권 경쟁은 1917년 2월에 시작되어 4월 21일경 정리되었다.

부산의 각 활동사진 상설관 배급권 경쟁은 1915년 8월과 1917년 4월, 두 번에 걸쳐 보래관을 중심으로 시작되었고 우여곡절 끝에 마무리되었다. 이를 표로 정리하면 다음과 같다.

---

158) ≪부산일보≫, 1917. 4. 21. 「부활하는 보래관(復活したる 寶來館)」.

[표 13] 1915년 3월~1917년 4월, 활동사진 상설관 배급 특약 변동 사항

년\상영관	욱관	보래관	행관	상생관	변동 사유
1915. 3.	일활사	천활사			
1915. 8.	천활사	일활사			보래관-천활과 경영권 다툼
1915. 12.		일활사	천활사		욱관의 휴관, 행관의 개관
1917. 4.		천활사 경성 부산 일수 대리점	-고바야시 상회 만선일수대리점 -유니버설 특약 -하야카와 연예 부 직영	일활사 경성 대정관 특약	1916. 10. 상생관 개관

　[표 13]과 같이 1915년 3월 욱관은 1주년 기념행사를 일활사와 특약하여 흥행을 이어갔다. 보래관도 욱관의 개관을 앞둔 시점에 천활사와 특약하였다. 1915년 8월에 보래관의 천활사와 경영권 다툼으로 배급사가 변동되었다. 그리고 1916년 10월 상생관이 개관하고 일활사가 이중으로 특약하면서 발생했는데, 1917년 4월경 보래관은 천활사의 '경성 부산 일수대리점' 개설로 이 문제를 해결하기도 했다. 상생관은 일활사의 '경성 대정관' 직영으로 활동사진을 공급했고, 행관은 합자회사 동경 고바야시 상회 만선일수대리점과 미국 유니버설사와 특약한 하야카와 연예부 직영으로 배급사를 교체하면서 흥행에 나섰다. 배급 주도권 경쟁은 1917년 4월 21일~22일 종료되었고 각 활동사진 상설관 경영은 이후 정상화되었다.

마. 하야카와(早川) 연예부와 경영권 충돌로 폭력사태 발생

보래관은 일본 현지 극장에서 흥행한 다양한 서양 활동사진을 부산으로 수입하여 영화 팬들의 관심을 끌었고 욱관과의 경쟁에서 점차 우위를 보이며 성공적인 경영을 전개해 나갔다. 보래관은 1915년 4월 23일부터 '상설 보래관常設寶來舘'이라는 슬로건을 내세우면서 서양 수입 활동사진 실사 <코펜하겐(コペン―ゲン) 실황>, 골계(희극) <카발트노 사랑 이야기(カバルトノ戀物語)> 등을 제공했다.

그리고 1915년 5월 30일 "임시 특별 대흥행의 타이틀을 내걸고 천활사 하야카와 연극부와 교섭하여 단 하루만 상영"159)한 <명마(名馬)> 전 5권은 "기상천외한 탐정 대활극으로 밤마다 입추의 여지 없이 대호평을 받았다."160) 또한 "근래 보기 드문 큰 사진으로

[자료 36] ≪부산일보≫ 1915년 5월 30일 <명마> 광고

보지 않은 사람은 활동사진을 말할 자격이 없다."161)라는 논평에 힘입어 보래관은 많은 경영 수익을 올리게 되었다. 1915년 7월 18일부터 21일까지 전개된 '특별 대흥행'에는 일본 동경의 제국극장에서 만원사례를 기록한 신 활동사진 신파 대활극 <초앵(初櫻)> 전 3권을 수입했다. 이때 변사 다나카田中를 초청했고 "와서 보아라? 한 번의 관람의 가치가 있다."162)라며 광고한 결과 "무대가 흥청거릴"163) 정도의 큰 호응을 얻었다. 보래관은 주목할 만한 이벤트를 지속적으로 기획하여 큰 수익을 올렸다.

보래관은 다나카의 활변 연행으로 흥행의 기세를 돋우려 했지만 위 프로그램 상영을 마무리하고 '휴관'을 발표했다. 그 이유를 처음에는 "기계 고장이라 둘러댔지만 휴관 사유는 경영자의 기계 고장(경영권 문제)이고 공동경영이 견고하지 못하여 발생"164)한 분쟁이라 추후 알려지게 되었다. 보래관의 휴관 사태에 대해 언론은 "현재 어떤 사정을 밝히지 않고 휴관 중이므로 가까운 시일 내에 활동상설관으로써 개관할 것"165)으로만 예측했다. 이후 한 달이 지나 구체적인 휴관 사유가 밝혀졌다. 그 내용은 다음과 같다. "하야카와 연예부의 대리인 야나기 에이이리柳榮入郞와 아라이의 대리인 호소미즈가 공동경영을 해왔으나 일정 기간 동안 수익의 원활한 배분이 이루어지지 않았고 이에 활

159) ≪부산일보≫, 1915. 6. 1. 「연예안내」.

160) ≪부산일보≫, 1915. 5. 30. 「임시 특별 대흥행(大興行)」.

161) ≪부산일보≫, 1915. 5. 30. 「명마(名馬)와 만담(落語) 연장(日延)」.

162) ≪부산일보≫, 1915. 7. 20. 「광고」.

163) ≪부산일보≫, 1915. 7. 22. 「광고」.

164) ≪조선시보≫, 1915. 8. 16. 「연예수어(演藝粹語)」.

165) ≪부산일보≫, 1915. 8. 26. 「연예소식(演藝だより)」.

동사진 공급에 차질이 발생했다. 이에 따라 대리인 사이에 충돌이 일어났고 손익 결산 때 아라이가 분개한 나머지 하야카와 연예부 대리인 야나기를 강타하여 부상을 입게 했다. 야나기는 곧바로 아라이를 고소하여 지금 우도궁병원宇都宮病院에 입원 치료 중이다. 야나기는 아직 회복되지 않았고 경찰은 관계자를 소환해서 조사를 벌이게 되었다."166)

자세한 사건의 내막이 알려지면서 보래관의 휴관 사정이 세간의 주목을 받게 되었다. 이후 보래관은 천활사 경성 하야카와 연예부와 부산의 아라이 흥행부의 공동경영 체제에서 "하야카와 연예부와 제휴를 끊고 아라이 독자 경영체제로 마무리 지었다. 하야카와 연예부 측에서는 보래관이 일활과 특약 변경한 사실을 감추려고 예민한 반응을 보인다"167)라고 말하기도 했다. 보래관의 특약 변경 여파로 "욱관도 경영진 2～3명의 교체"168)했고, 보래관이 휴관 중임을 틈타 활동사진 "<독탐(獨探)> 상영으로 흥행을 독점"169)하기도 했다. 곧 개관을 앞둔 행좌는 준공 후 천활사에서 활동사진을 대여하여 경영할 것을 약속했다고 전하면서 특약 경쟁을 벌이고 있는 보래관의 우위를 지지했다. 그 결과 행관은 천활사와 욱관의 계약을 해체하면서 단독으로 공급계약을 체결했다.

보래관은 여러 사태를 겪은 후 재기의 의지를 다지며 "화려한

---

166) ≪조선시보≫, 1915. 8. 28. 「보래관의 활극(活劇) 사건」.

167) ≪조선시보≫, 1915. 8. 29. 「보래관의 점차(漸) 개관(開舘)」.

168) ≪조선시보≫, 1915. 8. 11. 「목하(目下) 휴관 중(休館中)」.

169) ≪부산일보≫, 1915. 8. 26. 「연예」, 욱관 목하 독점(目下獨占), ≪조선시보≫, 1915. 8. 30. 「대호평」.

실내 장식과 표 간판을 새롭게 하여 1915년 8월 30일부터 재개관"170)했다. 이후 보래관은 욱관과의 흥행 경쟁보다는 1915년 12월 개관을 앞둔 행관과의 흥행 경쟁을 준비해 나갔다.

4. 1915년 행관의 활동사진관 개관과 흥행

가. 개관 흥행

행관은 같은 자리에서 1915년 7~8월 개축공사에 들어가 1915년 12월 12일 완공하였으며 이후 부산 중심가에서 활동사진 모범 상설관으로 자리를 잡아 나갔다. 행관은 활발한 흥행 활동으로 성황을 이루면서도 때로는 휴·폐장을 거듭했다. 행관은 1930년 화재로 소실되기 전까지 보래관, 상생관과 더불어 부산의 대표적인 3대 상영관으로 꼽혔으며, 영화흥행 산업의 주축을 이루었다.

1901년 부산 일본 거류지역 도시개정 계획이 시행되면서 1903년 연극장 '행좌'가 개관했는데 행관은 그 후신이라고 할 수 있다. 특이하게도 행좌는 "상설관 욱관에 대항하기 위해 개축하여 매일 진보"171)한다는 목표를 공개적으로 표방했다. 이는 욱관이 1912년 9월, 연극장 운영에 나선 이래로 1914년 3월에는 활동사진 상영관으로 가장 먼저 전환하여 다양한 공연 프로그램과 활동사진 상영으로 흥행 수익을 독점하는 지배적 시장 상황에 제

---

170) ≪조선시보≫, 1915. 8. 30. 「연예계」, 보래관은 내부(內部) 정리(整理) 종료(終).

171) ≪부산일보≫, 1915. 8. 7. 「상설(常設) 4개는 과다(過多), 행좌(幸座) 순극장(純劇場) 개축(改築)」.

동을 걸기 위해 선언한 목표라 하겠다. 결국 행관의 목표 설정
이 실현되어 욱관은 행관의 개관과 동시에 배급사 경쟁에서 탈
락하여 폐관의 수순을 밟게 되었다.

1915년 10월 15일 행좌는 "개축공사 도중에 곧 원元 극장이 행
정幸町 지역에 소재하고 '개축공사'로 '모범적 활동사진 상설관模
範的活動寫眞常設館'으로 개관을 할 것"172)이라고 예고하고 나섰다. 다
음은 행좌의 개축공사와 관련한 기사이다.

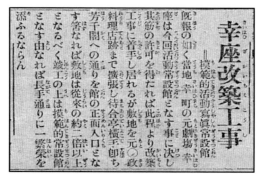

[자료 37] ≪부산일보≫ 1915년 10월 15일 「행좌 개축공사」173)

「행좌 개축공사」에 관한 기사를 통해, 행정의 원元 극장 행좌
를 금회 활동상설관으로 정하여 허가를 득했다는 사실을 보도했
으며, 대합정待合亭 옆에서 방천각芳天閣 정면 입구까지의 부지에
종래의 약 2배 이상 크기로 준공될 모범적 상설관이라고 그 규
모를 자랑했다. 행좌의 개축 단행은 연극 공연과 함께 활동사진
프로그램을 추가하여 상설관 흥행 사업으로 영업 수익을 늘이겠

---

172) ≪부산일보≫, 1915. 10. 15. 「행좌개축공사(幸座改築工事) -模範的 活動寫眞 常設館」.

173) ≪부산일보≫, 1915. 10. 15. 「행좌개축공사」.

다는 상업적인 전략이라 하겠다.

10월 24일에는 다음 [자료 38]에서 보는 바와 같이 '상설관常設
舘 정면正面 설계도設計圖'를 공개하기도 했다. 개항장 극장 건립 편
에서 전술하였듯이 1903년 건립한 행좌는 애초에 매우 협소했는
데, 행관으로 증축하면서 기존보다 두 배 이상의 크기로 짓겠다
고 공표했다.

[자료 38] ≪부산일보≫ 1915년 10월 24일 「활동 상설
행관의 설계도」 (정면)

1916년 4월 28일 욱관이 화재로 인해 재건축 허가를 받을 때,
신청 요건에 "행관의 97여 평"174)을 언급한 것을 참고해보면, 증
축 이전 행좌는 50평 미만이었을 것이라 추정된다. 이처럼 행관
은 세심한 준비를 거쳐 14년간의 '좌座'로서의 경영을 마감하고
시류에 따라 활동사진 상설관 위주로 신축 개조에 나섰다. 행관
의 변모에 자극받은 기존 일본 연극장 중심의 극장들도 서둘러
내부시설 개선에 착수하기도 했다. 이로 인해 부산의 극장가는

---

174) ≪부산일보≫, 1916. 4. 28.「욱관의 재건축」.

일본 연극과 활동사진 상영관으로 새롭게 재편되었다. 다음은 1915년 12월 12일 거행한 개관 낙성식 기사이다.

[자료 39] ◀12일 행정 원 극장 행좌는 상설 활동사진관으로 개축 낙성

"12월 12일 행정幸町에 있던 전 극장 행좌幸座는 개축공사를 마치고 상설 활동사진관으로서 낙성落成에 부쳐지는 행사에 관민 100여 명을 초대해 성대히 개관식을 거행했다."175)며 부산일보는 휴간 중에 일어난 중요한 사건들을 모아 10일이 지난 22일 자에 행관의 개관 기사와 개관 상영작 광고를 「연예안내」편에 내놓았다. 행관의 영화 상영은 1915년 12월 19일부터 '신축新築…낙성落成…개관開舘'이라 내걸고 특별 대사진으로 흥행을 시작했다.

---

175) ≪부산일보≫, 1915. 12. 22. 3면, 「휴간 중에 겹친 일(本紙休刊中の 重なる出來事)」 12월 12일 원극장(元劇場) 행좌는 상설 활동사진관」으로서 개축하고 개관식을 거행했다.

[자료 40] ≪부산일보≫ 1915년 12월 12일 낙성, 12월 19일 「신축 낙성 개관」176)

　행관의 활동사진은 '천연색활동사진주식회사 만선일수대리점 하야카와 연예부 직영' 체제와의 특약으로 제공받았다. 개관 입장료는 1등 상층계단階上 30전, 2등 20전, 3등 10전, 군인, 학생, 소공小供(아동) 반액과 회수권 발행 등으로 세분화했다. 개봉 특별 대사진은 실사 <백군 군견의 실황(白軍軍犬の實況)>, 골계(희극) <반일호텔(半日ホテル)>, 골계(희극) <루니의 인명구조(ルニーの人命救助)>, 일본 배우들이 합동 출연하는 구극 <신다 기쭈네(信田狐)> 전 4권 그리고 서양 정극 <술의 죄(酒の罪)> 전 3권이 상영되었다. 변사는 유모토 쿄바고湯本狂波高, 하시코모 모다카橋小桃高, 오카흐셍岡風仙이 맡았는데 일본과 서양에서 호평 받은 대 활동사진이라 소개했다.

　상영은 날씨에 구애 받지 않고 매일 오후 6시 반에 시작하고 그 외 일요일과 휴일은 주야 2회 상영한다고 규정했다. 관람석은 신발을 벗지 않아도 되는 의자로 바꾸었고, 큰 난로가 구비

---

176) ≪부산일보≫, 1915. 12. 22. 「신축…낙성…개관 -천연색활동사진주식회사 만선일수대리점 하야카와 연예부 직영」, 전화 760번 행관 12월 19일 착체(着替, 개봉) 특별 대사진….

되어 관람자의 불편을 해소했다고 선전했다. 행관은 편의 시설 보강과 상영에 따른 철저한 준비를 마친 후 흥행을 시작했다. 개막작 상영 기간은 1915년 12월 23일까지 5일 동안 진행되었으며 행관의 존재감을 드러낼 수 있는 프로그램으로 손색이 없었다. 개관 후, 두 번째로 기획한 망년 특별 대흥행 상영 프로그램은 12월 24일부터 시작되었는데, 대활극 <사흘간의 죽음(三日間の死)>과 구극 <오오카쿠 히데요시토(大閤秀吉と)>, <이시카와 고에몬(石川五右衛門)> 전 63장 등을 1915년 12월 29일까지 제공했다.

행관의 개관 프로그램은 "실내 의자와 난방시설을 완전히 갖추고 다수의 변사들이 열심히 설명하여 매 야간에 대인기를 끌었다. 아울러 전속 변사들의 설명은 아리무라 아이잔有村愛山과 이마이今井, 타카오카高岡, 코로 하나우라古樓花浦가 전담"[177]하여 개봉 첫날부터 흥행 큰 호응을 얻었다고 자평했다. 1916년 새해 첫날에도 "매일 야간에 대인기를 얻고 제공되는 사진에 관객들이 입추 여지없이 입장"[178]하여 성황을 이루었다.

행관은 개관 당시 상영 프로그램과 연이은 이벤트로 주목을 끌었지만 과열 경쟁의 도화선이 되기도 했다. 행관 개관 이전에도 욱관과 보래관이 경쟁 관계에 있었지만 여기에 행관까지 가세하게 되면서 흥행업은 이전보다 훨씬 "치열한 흥행 세력 경쟁 양상을 띠게 되었다."[179] 이러한 상황으로 인해 욱관은 "내부 대수선의 명분으로 휴관"[180]을 결정하기에 이르렀다.

---

177) ≪부산일보≫, 1915. 12. 26. 「연예소식」.

178) ≪부산일보≫, 1916. 1. 3. 「행관, 작년 12월 12일 개관이래 매 야간 대인기」.

179) ≪부산일보≫, 1916. 1. 13. 「연예소식」.

반면, 보래관은 "1915년 12월 26일부터 실사 <독일군의 브라츠셀 입성의 광경(獨軍ブラッセル入城の光景)>, 골계(희극) <월리의 발자취(ウイリーの足跡)> 외 1편과 서양 활극 <수중 복마전(水中伏魔展)>, 신파 비극 <홍화 일기(紅華日記)>"[181] 등 주로 서양 영화를 상영함으로써 구극을 위주로 선보였던 행관과 차별화를 시도하였다.

행관이 개관 후 얼마간 호황을 누렸지만 대체로 일본 구극과 신파극 위주의 프로그램을 상영하면서 주도권 경쟁에서 보래관에 뒤처졌고, 지나친 경쟁의식으로 휴·폐장을 거듭하게 되면서 수익이 기대에 미치지 못했다. 이로 인해 임대료 지불에도 고전을 면치 못하는 지경에 이르게 되었다. 행관은 1930년 11월 10일 남항정南港町 대화재로 인해 소실되기 전까지 보래관, 상생관과의 선의의 경쟁을 펼쳤다. 이 시기 개관한 활동사진 상설 3관의 흥행 활동은 여러모로 부산 영화사에서 중요한 위치를 점하고 있다.

나. 운영 방식

행관의 활동상설관 운영은 날씨에 구애 받지 않았고 매일 오후 6시 반경 상영을 원칙으로 삼았다. 내부시설은 개축하면서 의자에 앉아 관람할 수 있도록 했고 큰 난로를 설치하여 추위로 인한 관람객의 불편을 해소했다. 활동사진 상영 기간은 6일간

---

180) ≪부산일보≫, 1915. 12. 26. 「욱관 26일 마침내(旭館は廿六日迄)」 휴관.

181) ≪부산일보≫, 1915. 12. 26. 「교체는 다름이 아니라 겹치는 사진은(着換へる苦なるが重なる 寫眞は)」.

정도에서 프로그램을 교체할 수 있도록 천활사와 특약했다. 입장요금은 1등석에 30전~60전, 2등석 20전~40전, 3등석 10전~20전으로 군인과 학생은 반액으로 하고 상황에 따라 할인권이나 초대권 발행으로 요금을 조정해 나갔다. <맥베스(マクベス)>의 경우 1등석에 2원까지 받았다. 1916년 4월에는 전화로 좌석 신청을 받는 제도를 만들었다. 경영주는 확인되지 않으나 1923년 5월 행관의 지배인은 사쿠라바 후지오櫻庭藤夫가 맡았다.

1917년 경영의 어려움으로 임대료 지불이 어려웠다는 점을 고려할 때 상설관 건물을 임대하여 운영한 것으로 짐작할 수 있다.

행관은 1915년 12월 개관 당시 천활사 만선일수대리점 하야카와 연예부와 직영으로 체결했다. 이후 보래관의 변동 요인에 1917년 4월, 동경 고바야시 상회 만선일수대리점과 미국 유니버설 특약, 하야카와 연예부 직영 체제 아래에 놓이게 되었다. 1923년 5월에는 일활사 직영으로 특약하고 구극을 전담하여 상영했다. 1924년 9월에 동아東亞키네마와 마키노マキノ프로덕션의 영화를 제공받아 합동흥행合同興行을 시작했다. 1925년 3월, 파테사 번외 특별 대희활극 <거인정복(巨人征服)> 상영으로 인기를 모았다. 다음 사진 [자료 41]을 통해 행관의 내부와 상영 중인 스크린 위의 장면을 볼 수 있다(1925년 11월 5일 녹정 유곽추계위안회綠町遊廓秋季慰安會 개최 영화 상영 장면이다).

[자료 41] ≪부산일보≫ 1925년 11월 7일 <행관>의 내부[182]

행관의 전속 변사는 1915년 개관 당시에 아리무라 아이잔 외 4명이 전담했다. 1916년에는 오노에 마츠노스케尾上松之助를 전담 변사로 초빙했다. 그러나 행관의 활변 능력은 썩 좋은 편은 아니었다. "상생관과의 경쟁에서 이기기 위해 좋은 설명으로 활동사진을 끌고 있지만 상생관의 변사보다 열의가 부족하다는 지적이 나왔다. 이 와중에 다행히 유모토 교하 군湯本狂波 君이 행관을 위하여 만장의 열의를 다 했다."[183] 그런데도 그의 활변 능력은 관객의 기대에는 미치지 못했다. 이러한 상황은 1923년경에 가야 비로소 개선되는데, "구극에 11명의 변사들이 예술품을 보여주듯이 무대 위에서 열성을 다해 활약을 했다고 한다. 특히 주임 변사인 나카타中田 군과 변사 모두가 진검승부를 하듯이 활약상을 나타내면서 신 영화와 구극 영화 모두 흥행을 내세우고 있다."[184]라는 평가를 받았다. 이처럼 "위축감 없는 변사의 설명으

182) ≪부산일보≫, 1925. 11. 7. <행관> -녹정추계위안회 영화 상영
183) ≪부산일보≫, 1917. 2. 5. 「행관, 매일 상생관과 경쟁하고」.

로 활동상설관 무대를 약동시킨 것은 행관이 영업 개선에 고심한 흔적"185)이라 보도되었다.

특히 행관의 영업 방식 중 '제1차~3차' 또는 '특별'이나 '춘계春季'라는 수사를 광고 첫머리에 내세웠다는 점에 주목할 필요가 있다. "제1차 특별 대흥행"186)은 1916년 1월 16일부터 시작되었으며 서양 신비 탐정극 <저주의 9시(呪の九時)[원명, 이상한 여자(原名, 不思の女)]를 대표작으로 내세웠다. "제2차 특별 대흥행"187)은 1월 21일부터 1월 27일까지였으며, 특별작은 천활사가 제작한 하네 요리카 선생羽様荷香 先生의 서양 탐정 대활극 <만지야(マンジヤ)>(원명, 괴미인)라고 선전했다. "특별 대사진 제공"188)은 1916년 1월 28일에 실시되었는데, 이때 선보인 신규 특별 대사진으로는 <호리베 야수베에 일대기(堀部安兵衛一代記)>의 작품과 서양 대모험 대활극 <철도 아가씨(鐵道娘)>, 신파 희극 <신노자키 마을(新野崎村)> 등이 있었다. 전속 비파사專屬琵琶師 아지마 아사히스兒島旭洲의 연주彈奏를 막간에 들려주면서 활동사진 상영에 변화를 주기도 했다. "제3차 특별 대흥행"189)은 1916년 2월 25일부터 천활사가 직접 제작한 신파 가정극 <두 마음(ふたおもて)>과 <요츠야 괴담(四谷怪談)>을 대대적으로 선전하였으며 관람객 200명에 한해 선물을 제공하기도 했다.

---

184) ≪조선시보≫, 1923. 5. 12. 「조금(小)의 인간미(人間美)」.

185) ≪조선시보≫, 1923. 5. 12. 「진검미 활약상을 나타냄(眞劍味活躍振りを示)」.

186) ≪부산일보≫, 1916. 1. 16. 「제1차 특별흥행」.

187) ≪부산일보≫, 1916. 1. 21. 「1월 21일 제2차 특별 대흥행」.

188) ≪부산일보≫, 1916. 1. 28. 「연예안내(演藝案內)」.

189) ≪부산일보≫, 1916. 2. 25. 「천활회사 일수대리점 하야카와 연예부 직영」, <두 마음>은 오사카 신문에 연재된 소설의 원작으로 한 신파 가정극을 천활사가 큰 비용으로 제작한 역량 있는 작품이다.

행관의 특별 이벤트는 "대사진 <호리베 야수베에 일대기>가 대호평"190)을 받았으며 다른 기획들 역시 대체로 긍정적인 효과를 거둔 것으로 평가받았다. "첫날 이후 만원을 이어갔는데도 불구하고 3일간만 구극의 진가眞價를 소개하는 데는 유감"191)이라는 반응이 나오자 행관은 "1916년 2월 3일까지 특별 대사진전을 연장하여 흥행을 이어갔다."192) 한편 3차 특별 대흥행에서 선보인 "<요츠야 괴담>은 유령에 관한 이야기로 관객들에게 평판이 좋았으며 <두 마음> 등도 재미있었다."193)라는 평가를 받았다. 작년 보래관에 있던 하나우라 군花浦 君이 최근 행관의 무대에서 활변과"194) 아지마 아사히스 씨兒島旭州 氏의 "비파극琵琶劇에서도 관객들에게 땀을 쥐게 하는 연주로 만장의 대 갈채"195)를 받았다. 행관은 매주 금요일을 사진 교체일로 정하는 새로운 운영 방식을 선보였는데, 할인권과 초대권은 발행하지 않고도 좋은 영업 성과를 올려서 다른 극장의 주목을 받았다.

1917년 9월, 행관은 재개관 하면서 새로운 운영 방침을 발표했다. 그 내용은 "첫 번째, 실내를 청결히 하고 관객들에게 친절할 것. 두 번째, 선명한 필름으로 우수 활동사진을 선택할 것. 세 번째, 매주 금요일 필름 교체와 유능한 변사를 초빙하여 활동사진 상설관을 운영할 것"196)으로 요약할 수 있다. 이 방침은 대중

---

190) 《부산일보》, 1916. 1. 31. 「연예소식(演藝だより)」.

191) 《부산일보》, 1916. 2. 2. 「단독 광고 -초일 이래 만원」.

192) 《부산일보》, 1916. 2. 4. 「연예안내」.

193) 《부산일보》, 1916. 2. 28. 「연예소식」.

194) 《부산일보》, 1916. 2. 2. 「연예소식 -보래관에 있던 하나우라 군이 최근 행관의 무대…」.

195) 《부산일보》, 1916. 2. 20. 「연예소식 -아지마 아사히슈 씨(兒島旭州氏) 비파 탄주(彈奏) 대 갈채」.

들의 지지를 받았으며 행관의 이미지를 제고하는 데 큰 도움이
되었다.

다. 주요 흥행 프로그램

1915년 12월 개관 당시 행관은 천활사 만선일수대리점 하야카
와 연예부 직영으로 활동사진을 공급 받아 1916년 2월부터 3월
까지 1차~3차 특별 대흥행 프로그램을 내세워 관객들에게 호응
을 받았다. 하지만 행관의 일본 구극 상영 프로그램으로는 보래
관의 흥행 선점을 극복하지 못했다. 행관이 제공한 흥행 프로그
램 중 가장 관심을 모은 것은 1916년 시행된 "춘계 특별 대흥
행"197)이었다. 당해 년 4월 4일부터 4월 17일까지 제공한 활동
사진에는 제1차 세계 대전 실사인 <다다올스 해협 프랑스 함대
연습(ダーダオルズ海峽 佛國艦隊演習)>과 서양 골계(희극) <자
동차(自動車)>, 숨겨진 비극 신파 대비극 <수마의 원망스러운 파
도(須摩の仇浪)> 전 4권 등이 있었다. 그중 <수마의 원망스러운
파도>는 관객에게 큰 인기를 얻었던 행관의 대표적인 활동사진
이었다. 이 작품은 "소설보다 강한 사실극으로서 조선에서 두
번 볼 수 없는 기회"라는 문구로 '단독 광고'까지 내면서 상영을
시작했다. 그 결과 매일 야간 7시에 개봉하여 "연일 만원 성원에
눈물, 깊이 감사를 드린다."198)라는 사례 광고까지 내놓을 정도
로 성황을 이루었다. 더불어 비극 <수마의 원망스러운 파도>의

---

196) ≪부산일보≫, 1917. 7. 27. 「혁신(革新)으로 다시 일으킬 수 있는(再興) 행관(幸舘)」.

197) ≪부산일보≫, 1916. 4. 5. 「연예안내」.

198) ≪부산일보≫, 1916. 4. 9. 「첫날 이후로 계속 매일 저녁 7시 만원」.

'속편'에도 매일 오후 6시부터 관람객이 몰려들었다. <수마의 원망스러운 파도>는 워낙 인기 좋아 전화로 좌석 신청하던 제도를 잠시 유예하면서 현장에서 표를 발매했다. 그런데도 관객 수요를 따라가지 못해 "일요일과 공휴일에 주야 할인 회수권 발매"[199]를 해야 할 정도였다. 1916년 4월 26일 "실록 <30간당 대들보의 유래(30間堂棟木の由來)>"[200]는 천활사가 촬영, 제작한 것으로 "매일 6시 개장 이전부터 회수 관람권이 발매되었다. 활동사진이 상장 이래로 대환영을 받아 매 야간마다 만원으로 혼잡하였으며 4월 29일까지만 상영하겠다는 유감의 공지"[201]를 내놓았지만 "성황은 계속되었다."[202]

"천활사가 일수 흥행 권리부—手興行 權利附를 두면서 독특하고 선명한 활동사진 직수입 배급으로 활동사진 상설관의 견인차"[203] 역할을 했다. 행관은 천활사와의 협조 아래 <수마의 원망스러운 파도> 전편과 속편 상영으로 그 동안 입었던 경영손실을 일부 회복하기도 했다.

행관의 흥행 성업을 좌우했던 또 다른 프로그램은 서양 영화 <명금>(1916년 7월 9일～10월 20일 상영)으로서 관객들로부터 대단한 인기를 얻었다. "1917년 4월에는 미국 유니버설 회사와의 특약으로 예술사진 특별 권리부가 자랑하고 민부敏夫의 애정을 담은 근래의 신파 가정 대비극 <유리코(百合子)> 전 5권"[204]

199) ≪부산일보≫, 1916. 4. 11. 「계속 특별 대흥행」.

200) ≪부산일보≫, 1916. 4. 26. 「연예안내」.

201) ≪부산일보≫, 1916. 4. 28. 「행관」.

202) ≪부산일보≫, 1916. 4. 28. 「연예소식」.

203) ≪부산일보≫, 1916. 4. 26. 「연예안내」.

204) ≪부산일보≫, 1917. 4. 21. 「연예안내」.

을 제공받아 좋은 성과를 얻었다. 반면 1917년 7월 8일부터 9일까지 전대미문의 대사진破天荒の大寫眞 사극 <맥베스(マクベス)> 상영으로 기대를 모았지만 예상과는 달리 수지선 미달로 경영 위기에 몰려 1개월 정도 폐장하게 되었다.

행관은 1917년 9월 26일 재개관하면서 운영 방식 변경을 알렸다. "설비와 활동사진을 개선하고 변사는 일본 현지에서 초빙했다. 그리고 오후 10시 이후의 입장료는 보통 요금의 반액인 5전으로 정했다. 5분간의 막간을 이용하여 피아노, 바이올린 등의 연주를 선보여 관객의 인기"205)를 얻는 개선안을 내놓기도 했다. 새로운 운영 방식으로 인해 행관은 보다 "발전한 상영관으로 나아가게 될 것이라는 기대"206)를 한 몸에 받게 되었다.

1917년 10월 13일 상영된 신파 실연 연쇄극實演連鎖劇 <으스름 밤(朧夜)> 전 3권은 새로운 개선안이 적용된 첫 번째 활동사진이었다. 행관은 이 작품을 내걸면서 "타관에서 볼 수 없고 행관에서만 볼 수 있으며 입장료는 보통으로 하니 와서 관람하라."207)라고 선전했다. 이에 부산일보는 "행관의 연쇄극 흥행 결정은 부산에서 예측하기 어려운 큰 사건"208)이라며 행관에 대한 기대를 대변하기도 했다. 두 번째 연쇄극은 1917년 10월 19일부터 10월 25일까지 7일간 "추계 특별 대흥행에서 상영한 <아키바야마나카의 노타메(秋葉山中の塲)>"209)였다. 관객들의 관심을

---

205) 《부산일보》, 1917. 9. 28. 「행관 부활 피로」.

206) 《부산일보》, 1917. 9. 27. 「상설 행관 부활」.

207) 《조선시보》, 1917. 10. 13. 「예측하기 어려운 -행관의 실연 연쇄극(實演連鎖劇)」.

208) 《부산일보》, 1917. 10. 13. 「연예 풍문록」.

209) 《조선시보》, 1917. 10. 19. 「광고 -행관」.

유도하기 위해 "명배우 카타오카시 여장파片岡市女藏派와 변사 쇼우루 와하 잇파小櫻麗葉一派의 열성을 관객들에게 보여 줄 것"210)이라는 광고 기사를 내면서 상영에 나섰다.

세 번째 연쇄극 프로그램은 "주연 배우의 연기 호흡과 익숙한 화면의 합치로 유명했던 <마치다 저택 차정정의 장(町田邸茶定亭の場)>과 동경 고바야시 상회 작품인 신파 연쇄극 <마도미의 꽃(糧の花)>으로서, 매일 밤 타관 못지않은 대박을 차지했다."211) 행관은 "연쇄극 성황 영업을 자랑"212)하고 그 열기를 이어서 "10월 31일 일본의 천장절 행사에는 대중들에게 연쇄극을 실연하며 연중무휴로 일본 특선사진과 세계 유니버설 사진 상영을 계획하고 있다."213)라고 선전했다. 이 모두는 영업 개선 차원에서 기획한 흥행 프로그램의 일환이었다.

1917년 8월 13일 행관의 폐장 이후 '상실 행관 부활常設幸舘復活'이라는 기치 아래 연쇄극 상영 프로그램을 집중적으로 도입하면서 흥행에는 어느 정도 효과가 있었다. 부산의 영화관에서 연쇄극의 인기는 비단 행관에 국한된 것은 아니었다. 욱관 역시 연쇄극 상영으로 큰 수익을 거두었고, 부산좌에서도 1915년 10월 개관 때 연쇄극으로 영업을 시작했다. 그러나 행관의 연쇄극 상영 계획은 일본 현지에서 성황을 이룬 프로그램을 도입하여 부진한 경영난을 타결하기 위해 일시적인 방책으로 도입한 것이다. 이는 행관이 활동사진 상영의 정상화를 이루지 못한 반증일

---

210) ≪조선시보≫, 1917. 10. 19. 「행관의 교체한 연쇄(連鎖)」.

211) ≪조선시보≫, 1917. 10. 26. 「연쇄극으로 발매한 행관의 교체 사진」.

212) ≪조선시보≫, 1917. 10. 5. 「광고 -행관」.

213) ≪조선시보≫, 1917. 10. 31. 「천장절(天長節) 광고」.

수도 있다.

라. 기록 영화 〈부산 경성의 전경〉 상영

1916년과 1917년 미국인들에 의해 제작된 선전 기록 영화 <부산의 전경>은 『부산 근대영화사』에서 언급했던 부분이다. 본고에서는 새롭게 발굴한 자료를 통해 제작 시기와 제작자를 재확인하고자 한다. 이 영화가 완성되어 부산 행관에서 상영된 시기는 1918년 2월 15일이었다. 기록 영화 <부산의 전경> 제작과 상영에 관련된 최초의 자료는 1916년 8월 27일 ≪조선시보≫에 실린 「부산의 풍경을 영화」라는 기사이다.

[자료 42] ≪부산일보≫ 1916년 8월 27일 「부산의 풍경을 영화로」

이에 따르면, "1916년 8월 25일 미국과 일본의 활동사진 회사에서 일하던 기사 밀레츠토 씨가 조선의 풍속·경치 등을 활동사진 필름에 담아 영사하면서 이 신문물을 소개하기 위해 부산에 도착했다. 부산호텔에서 1박을 하고 다음날인 8월 26일 아침 경성으로 향하다가 다시 26일 밤 기사 2명과 함께 회항했다."[214] "일행은 8월 27일 용두산 및 부근 일대와 조선은행 지점 부근을 촬영하고 아동들을 잔교棧橋에 모아 조선 풍속과 놀이를 촬영했다. 그리고 부산의 요충지와 겹치는 풍경도 수집했다. 이때 요코하마橫濱의 풍경 전문 사진기사 타마무라 씨玉村도 합류해서 훌륭한 필름이 완성"[215]되었다. 이 제작진은 "부산 촬영을 마치고 다시 경성으로 자리를 옮겨 부산에서 촬영한 500여 척이나 되는 사진과 함께 경성의 다동 조합에서 리란 양과 주학선, 윤롱월의 춤과 유명한 건축물인 명선루를 배경으로 주악과 승무·검무를 추가 촬영했다. 그리고 남대문 통의 하수도 공사에 나선 조선 인부의 노동하는 모습과 종로 본정 남대문 시장 등 약 1,000척을 촬영했다. 부산과 경성을 촬영한 사진(필름)은 요코하마에서 현상하여 미국으로 보내어 7,000 곳에 이르는 소학교 아동들에게 보일"[216] 계획이라 했다.

이 영화는 "1917년 12월에 미국 뉴욕 시에서 10불의 관람료로 받고 공개하여 성황을 이루었다"[217] 그런데 1916년에 제작된 이

214) ≪매일신보≫, 1916. 8. 27. 「부산의 풍경을 영화(釜山の風景を映畵)」, 편에서 '밀레츠토 씨'의 일본어 표기(ミレット氏). [원문] 부록 편 참조.

215) ≪조선시보≫, 1916. 8. 27. 「부산의 풍경을 영화(釜山の風景を映畵)」.

216) ≪매일신보≫, 1916. 8. 31. 「기생의 활동사진(妓生의 活動寫眞)」. [원문] 부록 편 참조.

217) ≪매일신보≫, 1916. 8. 31. 「기생의 활동사진」, 홍영철, 『부산 근대영화사』, 앞의 책, 30~31쪽.

영화는 "<부산 경성의 전경>이란 제명으로 1918년 2월 15일 행관에서 상영되었다."218)라고 『부산 근대영화사』 저자 홍영철은 주장했다. 그러나 같은 시기에 영화 한 편이 더 등장하는데 이것이 바로 1917년 제작된 <부산 경성의 전경>이다. 1917년 봄, 부산을 방문한 버튼 홈스가 용두산 주변 일대, 항만과 주요시설 그리고 풍물 등을 촬영 제작하여 1917년 10월 15일 미국 워싱턴에서 공개했고, 1918년 2월 15일 부산의 활동상설관인 행관에서 <부산의 전경>으로 개봉하려다가 제명을 변경하여 <부산 경성의 전경>으로 흥행에 부쳐 성황을 이루었다. 그러므로 행관에서 상영된 영화는 1916년 밀레츠토가 촬영했던 <부산의 전경>이 아니라 버튼 홈스가 제작한 <부산 경성의 전경>이라고 할 수 있다. [다음 자료는 1918년 1월 1일 부산일보에서 보도한 사진 자료이다. 사진에서 우측 용두산 좌우 주변과 영도(절영도, 목지도), 송도 일부와 가운데 부산항만의 전경이 펼쳐져 있다.]

[자료 43] ≪부산일보≫ 1918년 1월 1일 부산항 용두산 일대 전경219)

---

218) 홍영철, 『부산 근대영화사』, 앞의 책, 30~31쪽. "1916년 당시 부산의 모습은 어떠했을까? 부산과 경성을 찍어 전 세계 시장에 배급 상영된 기록 활동사진 <부산 경성의 전경(釜山 京城の全景)>은 부산을 무대로 처음 촬영된 활동사진이다. (중략) 행관에서 <부산 경성의 전경>은 2월 15일,"이라 기록했다.

219) ≪부산일보≫, 1918. 1. 1. 부산항 전경

앞의 [자료 43]에서 1917년 버튼 홈스가 제작한 '부산 전경'의
일부를 독자들은 이해할 수 있을 것이다. 행관에서 <부산 경성
의 전경>(제9, 10편)을 1918년 1월 13일부터 1918년 3월 17일까
지 상영한 선전영화 <일출의 나라(日出つる國)>(총 13편) 중에
포함되어 제공되었다. 행관은 애초에 "일미친선 <부산의 전경
(釜山の全景)>'이란 제명으로 1918년 2월 15일 자 부산일보에
단독 광고했다.

[자료 44] 《부산일보》 1918년 2월 15일   [자료 45] 《부산일보》 1918년 2월
<부산의 전경> 광고   17일 <부산 경성의 전경> 광고

그러나 당일 6면 광고에 2월 15일부터 임시특별대흥행에 희극
<필군의 세키가하라(ピル君の關ケ原)> 등과 일미친선 특제 <부
산 경성의 전경>으로 정정 발표했다. 2월 17일, "<부산 경성의
전경>을 포함한 4대 사진 초일 만원 대호평"220)이라 광고함으로

써 '제명 변경' 사실을 공식화했다. <부산 경성의 전경>이 1917년 봄, 버튼 홈스에 의해 촬영·제작되었다는 근거는 ≪부산일보≫ 1918년 2월 9일 자의 아래 기사에서 확인할 수 있다.

"미국에서 부산의 활동사진" 작년 봄 부산에서 찍은 조선 풍속 활동사진은 미국 여행사진기사로 유명한 버튼, 홈스 씨(バート ン, ホームス氏)가 지난해 봄, 내지의 명승고적 활동사진을 찍으면서 조선을 거쳐 만주로 가려 할 때 부산 철도호텔에 묵었다. 그때 부산에서 대청정과 용미산의 아침 경치를 찍었다. 여기에는 달구지를 끌고 가는 아침 노동자나 쌀 사러 가는 흰옷 입은 조선 여자가 보인다. 관리나 중상 등이 섞여 하루의 일을 하는 일터로 나가는 장면과 목섬을 앞에 둔 부산항 내의 경치가 찍혀 있는 것이 1권으로서 조선 각지의 풍경이라든가 풍속이 필름에 담겨 있다.
이것이 작년 10월 15일부터 그 촬영자 홈스 씨 감독 하에 미국의 화성돈(워싱턴)에서 열람되고 있는 것이며, 미국의 '활동사진 세계'라는 잡지의 12월호에 실려 있다.
그리고 이 밖에 상영된 것이 수부과경(首府果京, 일본 수도), 눈의 햇빛(雪の日光), 나비 부인의 나라(お蝶夫人の國), 후지의 주원(富士の周園) 등이다. 혜기와 그의 나라의 신사 숙녀의 입에서 탄미와 동경과 감동의 소리가 나오고 있는 그 조선 사진은 우리 일본의 신판도 단시일 사이에 이토록 동화의 열매를 올린 것일까 하고 경이로운 눈으로 볼 만큼 그들 미국인 사이에서 영접을 받았다.[221]

위의 기사를 토대로 유추해보면 <부산 경성의 전경>은 '작년 봄(1917년 봄)' 버튼 홈스가 만주로 갈 때 부산 철도호텔에 묵으면서 촬영된 것으로 확인된다. 따라서 1916년 밀레츠토와 일본인 타마무라가 촬영한 시기와 확연히 구분된다. 버튼 홈스의 <부산

京城の全景)> 대호평 행관.
221) ≪부산일보≫, 1918. 2. 9.「미국에서 부산의 활동」. [원문] 부록 편 참조.

경성의 전경>의 내용은 부산 용두산 일대의 대청정과 용미산의 아침 경치, 달구지를 끌고 가는 노동자와 쌀 사러 가는 조선 여자, 길을 걷는 관리 그리고 일반 노동자들이 섞여 일터로 나가는 장면과 목섬(영도)을 앞에 둔 부산항 내의 경치가 찍혀 있다.

[자료 46] ≪부산일보≫ 1916년 2월 9일
「미국에서 부산의 활동」

<부산 경성의 전경> 필름을 공급 받아 행관이 상영을 택한 시점은 조선 음력 새해 설날(양 1918. 2. 11.)을 맞이한 즈음이었다. 조선인 부락에서는 신춘의 기쁨을 구가謳歌하고, 그리고 각 부락에서 시가지에 흘러드는 조선인들은 모두 적청백록赤青白綠 등의 극채색의 청복晴衣으로 보기에도 기분도 좋게 장수통은 각 활동사진관에서 새어 나오는 유장한 악대 소리에 빨려가는 것도 많으며 낮에 각 상설관 모두 만원의 성황222)을 이루고 있었다. 행

관은 1918년 2월 15일 4대 사진四大寫眞에 포함하여 <부산 경성의
전경>을 광고했는데 "미국인 촬영기사가 부산항의 전경, 조선
풍속, 경성 전경을 담은 것"223)이라고 소개했다. 이 영화를 관람
한 관객의 반응을 ≪부산일보≫가 2월 17일 자 기사에 내놓았는
데 이는 앞서 인용된 1918년 2월 9일 자의 후속 기사이며 버튼
홈스가 <부산 경성의 전경>을 제작했다는 사실을 재확인 시켜
주는 사료로서의 가치를 지닌다. 아래는 2월 17일 자 부산일보
기사이다.

> '부산의 실경'은 행관이 개봉한 것으로 작년 미국의 활동기사가
> 부산에 와서 용두산, 수산회사, 잔교와 기타 명소를 촬영한 것
> 이다. 지금 연속 활동사진화로서 행관이 상장 중에 있다. 활동
> 사진을 <일출의 나라(日出の國)> 안에 넣어 두었는데 부산에서
> 경성까지의 실경이 드러나 있다. 어제부터 행관에서 상장하고
> 있는데 매일 밤 큰 인기를 끌고 있다.224)

앞의 신문기사 내용을 종합하면, 행관은 보래관과 상생관의
흥행 경쟁에서 우위를 점하기 위해, 차별화된 방안을 기획했는
데, <일출의 나라>에 포함한 <부산 경성의 전경>은 그 일환이었
다. 1918년 2월 17일 자 부산일보 단독 광고에 의하면, <부산의
전경>은 일미친선 <부산 경성의 전경>으로 제명이 변경되어 공
식적으로 상영되었다. 제명 변경의 가장 큰 이유는 앞 인용문에
서도 확인되다시피 '부산과 경성의 실경'을 담고 있었기 때문이

---

222) ≪부산일보≫, 1918. 2. 13, 「華やかをる 朝鮮正月(화려한 조선 정월)」. [원문] 부록 편 참조.
223) ≪부산일보≫, 1918. 2. 15. 「광고」, 행관 2월 15일 4대 사진 행관 <부산의 전경(釜山の全
    景)> : 미국인의 촬영, 부산항의 전경, 부산시 주요 처 및 조선 풍속, 경성 전경, 일출의 나
    라 종편.
224) ≪부산일보≫, 1918. 2. 17. 「부산의 실경(釜山の實景)」.

다. 그리고 버튼 홈스가 이 영화를 제작한 사실은 앞 기사에서 "부산의 실경實景은 행관이 개봉한 것으로 작년 미국 활동기사가 부산에 와서(이하 생략)…."라는 부분을 참고하면 짐작할 수 있다. 이 기사에 등장하는 '작년'이란 버튼 홈스가 부산을 방문하여 촬영한 '1917년 봄'을 가리킨다. 그러므로 부산일보 '2월 9일' 자 기사와 '2월 17일' 기사를 통해 종합적으로 판단해보면, <부산 경성의 전경>의 제작자는 1917년 봄, 부산 촬영에 나선 버튼 홈스로 규명된다.

미국인들이 부산을 중심으로 촬영한 작품은 1916년과 1917년 총 2회에 걸쳐 제작되어 미국의 뉴욕과 워싱턴에서 공개되었다. 그러나 밀레츠토와 일본인 타마무라가 1916년에 제작한 작품이 부산에서 공개되었는지 여부는 알 길이 없다. 분명한 것은 행관에서 1918년에 개봉한 작품은 버튼 홈스가 제작한 활동사진이라는 점이다. 이 기록 영화는 1918년 2월 9일 신문기사에서 거론하였듯이 "조선 사진은…(중략) 미국인 사이에 영접을 받았다." 라고 표현한 것으로 미루어 보아, 일본이 조선 식민지를 짧은 시일 내 건설했다는 내용을 선전하는 데 이용된 것으로 볼 수 있다. 행관은 <부산 경성의 전경>과 <일출의 나라>를 1918년 1월 13일부터 3월 17일까지 2개월간 상영을 성황리에 마치고 또 한 번 폐장閉場했다.

마. 경영 극복방안 제시

행관은 타관과의 치열한 경쟁으로 인해 경영에 어려움이 뒤따라 휴장과 폐장을 반복했다. 수요와 공급의 불일치에 따른 이 문제는 행관뿐만 아니라 상설 3관 전부에 해당하는 것으로서 근원적인 개선안의 필요성이 제기되었다. 대책의 일환으로 행관이 먼저 영업 개선안을 제시했고 타관은 이를 지지했다. 행관은 경영 부진의 가장 큰 원인으로 "관객의 기대에 못 미치는 활동사진, 설명 자체도 영화 내용과 일치되지 않아 흥미를 잃고 외면하는 상황"225)을 거론했다. 결국 이러한 요인들은 큰 손실로 나타나기 때문에 운영의 개선이 필요하다고 지적했다.

행관은 부산의 모든 상설관을 향하여 다음과 같이 개선 원칙을 발표했다. "여러 사람들의 심대한 동정에 진력을 다하여 각 관과의 흥행 경쟁을 위해 개선사항에 동참하도록 하자. 활동사진은 전 세계에서 으뜸가는 미국 유니버설 회사의 선명한 특선사진을 제공하고 설명은 일본 현지의 사브로=郞로부터 특별히 선정된 인격과 기능이 모두 뛰어난 자를 초빙하여 관객의 인기를 받을 수 있도록 한다. 또한 당관에서 자랑으로 여기는 음악으로 막간에 흥을 돋게 하자"226) 행관의 의도는 상생관, 보래관과의 경쟁에서 우위를 점하기 위함이었지만 동시에 경영 부진에서 벗어나 흑자 경영을 하겠다는 강력한 의지를 피력한 것이라고 할 수 있을 것이다.

행관은 1917년 9월 28일~1917년 10월 4일까지 이루어진 상영227)에서 개선안을 적극 반영했다. 이때 상영된 특선 대사진은 <유니버설 주보 42호(ユニヴァーサル週報四二號)>, 동경 고바야시의 최신 걸작 골계(희극) <다구사꼬의 염복(田吾作の艶福)> 전

225) 《부산일보》, 1917. 10. 12. 「광고」.
226) 《부산일보》, 1917. 9. 27. 「크게 보라(見大)! 혁신(革新)으로써, 다시 부흥(再興)하는 행관」.
227) 《조선시보》, 1917. 10. 5. 「광고 -행관」.

2권, <히노키야마 소동(實檜說山騷動)> 등이다. 행관은 이 작품들을 "필생의 노력을 기울인 대 필름"이라고 소개하면서 활동사진의 질적 우수함을 선전했다. 행관은 "사진의 선명함으로 고객을 만족시키고 변사의 능력도 발휘될 것임을 강조했다. 그리고 요금은 인상을 하지 않으며, 관객의 편의를 도모해 오후 10시부터 각 등(좌석)의 반액"228)이라 명시함으로써 수지 개선을 위한 공격적 경영에 나섰다.

행관의 영업 개선안 제시로 보래관과 상생관 역시 "사진 선택과 변사 선정에도 주의가 요구되는 것은 오히려 관객에게는 좋은 형편이니 1917년 9월 29일에 3관 모두가 사진을 교체"229)하게 되었다. 부산일보는 행관의 영업 개선사항을 적극 지지 하는 논평을 공시함으로써 부산에 불어 닥친 상설관 영업 개선 분위기를 전했다.

새로운 개선안에 따라 상생관은 입장요금을 '보통'으로 조정했으며, 보래관은 "전대미문의 할인 특전! 입장요금은 본 흥행에 한하여 1등 40전, 2등 30전, 3등 15전으로"230)라고 홍보하면서 즉각적인 요금 조정에 나섰다. 특히 보래관은 자관에서 상영하는 <의문의 무덤(疑問の墓)>에 대해 "천활사가 충실히 각색하고 제작하여 최근 타관에 상영한 사진으로 알기 쉬운 영화"231)라고 소개하며 광고에서도 친절한 기조를 유지함으로써 변화하는 상설관 이미지를 각인시키기 위해 노력했다. 한편 "영화 배급사 경쟁은 일본 현지에서처럼 3파로 나뉘어, 일활사(경성 대정관)는

228) 《부산일보》, 1917. 9. 28, 29. 「광고 -행관」.
229) 《부산일보》, 1917. 9. 30. 「연예계 -행관 부활(幸舘復活)」.
230) 《부산일보》, 1917. 9. 28. 「보래관 추계(秋季) 특별 대흥행」.
231) 《부산일보》, 1917. 9. 29. 「연예안내」.

상생관을, 천활사는 보래관을, 고바야시는 행관을 맡아 어느 한 곳도 우위에 있다고 볼 수 없는 백중 간"232)에 있었다.

행관이 제시한 영업 개선안은 행관뿐만 아니라 부산 영화계 전체에 해당하는 사항으로서 각 상설관의 경영주들은 실내 청결 유지와 더불어 친절한 영업 활동에 나설 것을 결의했고, 특약된 배급사엔 선명하고 새로운 활동사진을 요구하면서 이미지 제고를 위해 노력했다. 또한 변사의 역량을 보완하여 관객들의 요구에 부응할 것을 천명하기도 했다. 각 관은 동시다발적으로 요금 조정을 시작했으며 변사의 설명을 조선어로 하는 등 영업 개선 의지를 적극 반영하는 경영 기조를 만들어 나갔다.

5. 1916년 상생관의 활동사진관 개관과 흥행

가. 일활사 특약 개관 흥행

상생관은 본정 1정목(광복동)의 "기석 연극장 변천좌를 활동사진 상설 상생관으로 개칭改稱하여 1개월간 개축공사 중에 있다. 내부 설비는 행관의 장점을 채집採集하여 개량에 추가했다. 수용 관객은 800여 명을 예정하고 전부 좌석을 설치하게 된다. 대공수大工手간의 문제도 곧 해결되어 공사가 완성 단계에 가까워져 있다. 활동사진 상설관에서 활동하게 될 소속 변사는 일본 동경에서 초빙한 3명이 이미 부산에 도착해 있고 또한 역량 있는 가이柯れ 변사도 합류하게 된다. 개관식은 10월 31일 축일 택하여

---

232) ≪부산일보≫, 1917. 10. 5. 「연예 풍문록(演藝風聞ろく)」.

성대히 거행"233)하고 영화 상영관으로 출발을 알렸다.

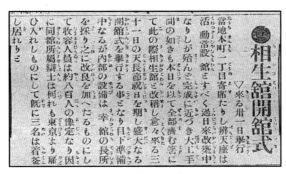

[자료 47] ≪부산일보≫ 1916년 10월 25일 「상생관 개관식, 31일 거행」234)

이로써 욱관의 퇴장 이후 보래관, 행관 다음으로 부산의 네 번째 활동사진 상설관이 탄생하여 제2의 삼두체제로 흥행 경쟁을 벌이게 되었다. 상생관은 1945년 광복 후에 부민관府民舘으로, 1953년에는 시민관市民舘으로 개칭한 끝에 1976년, "시설 노후화로 폐관"235)되었다. 상생관은 일제강점기에 설립되어 보래관과 함께 1970년대까지 존속하여 부산의 영화관 흥행을 이끈 한 축으로 부산 영화사에 기록되었다.

상생관의 개관식은 예정보다 미뤄져 1916년 11월 3일 거행할 것이라며 흥행 준비를 위해 10월 30일 당국으로부터 낮에는 개축 준공 검사檢査를 받고 야간에는 활동사진 영사影寫 시험試驗을 거쳤다.

233) ≪부산일보≫, 1916. 10. 25. 「상생관 개관식」.
234) ≪부산일보≫, 1916. 10. 25. 「상생관 개관식」.
235) 홍영철, 『부산 극장사』, 앞의 책, 135쪽.

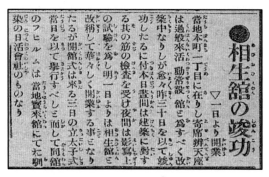

[자료 48] ≪부산일보≫ 1916년 10월 31일 「상생관의 준공, 1일부터 개업」236)

[자료 48] 기사에서 "11월 1일부터 기석 연극장을 상생관으로 개칭하여 화려하게 개업하게 되었는데 활동상설관 상생관에 제공되는 필름은 보래관과 친숙하게 특약을 맺고 있는 일활회사의 영화를 제공받아 영업할 것"237)이라 개업 준비과정을 밝혔다.

상생관에 제공되는 영화는 일활사와 물약物約을 맺으면서 배급되었다. 이로써 상생관은 보래관과 함께 일활파에, 행관은 천활파에 속하게 되었다. 즉 흥행 경쟁 구도가 활동사진 배급사 별로 갈라져 일활파와 천활파 대항전으로 전개된 것이다. 상생관은 1917년 4월 전까지 같은 배급사에서 활동사진을 공급받던 보래관보다는 천활사와 특약한 행관과의 흥행 경쟁에 집중하였다.

상생관의 첫 활동사진 상영은 개관일보다 늦은 1916년 12월 1일 시작된 것으로 파악된다. 개봉 프로그램은 "일활사와 특약한 비장한 2대 사진으로 사계斯界를 풍미風靡하는 구주歐洲 대전란大戰亂 군사 활극의 군비 확장에 최신식 힘을 발휘할 수 있는 공중 대

236) ≪부산일보≫, 1916. 10. 31. 「상생관의 준공」.
237) ≪부산일보≫, 1916. 10. 31. 「상생관의 준공」.

격전 <교전(交戰)> 전 5권, 칸사이關西 촬영소에서 근래 대작한 괴담 <아사마가타케(淺間ケ嶽)> 전 3권 그리고 신파 비극 <죄의 명(罪の命)> 전 3권을 준비했으며 관객들의 사랑을 받는 본정 1정목의 일활 물약 상생관"238)에서 상영한다고 선전했다.

1916년 12월 14일부터 일활사에서 추천한 망년忘年 특별 대흥행의 신新비극 <공포(恐怖)> 전 3권에 대해서는 "무서운 인디언, 아름다운 꽃과 같은 미인, 신토의 신シントーの神의 외침"239)이 등장한다며 관객의 흥미를 돋우었다. 1916년 12월 28일부터는 일활의 신작新作 희극 <아버지 일을 돕다(父の仕事)>, 활극 <나마(裸馬), 안장이 없는 말> 그리고 신작 <츠노의 마타히라(吃の又平)> 상중하 3권, 서양 기담 <치명적인 키스(致命接吻)> 상하 4,000척, 신파 비극 <노(怒)> 전 3권 등 모두 6권을 제공하고 "내부 모양을 바꾸기 위해 휴관"240)에 들어갔다.

상생관의 휴관은 1개월 정도에서 그치고 1917년 1월 29일부터 영업을 재개했다. 2월 3일까지 일활사의 3대 사진 <독일의 풍경(獨逸の風景)>, 구극 <구혼(求婚)>, 탐정 대활극 <밤의 세계(夜の世界)> 전 3권, 오노에 마츠노스케尾上松之助 일행一座이 출연하는 구극 <미노와 정사(箕輪心中)> 전 4권을 비롯해 특별히 찰리 채플린Charles Chaplin의 <쌍방의 처벌(兩成敗)> 전 2권, 신파 대비극 <철 잃은 꽃(返り咲き)> 전 4권 등 총 6편을 제공하여 흥행을 이뤄냈다. 상생관은 1917년 2월 6일부터 활동사진 흥행을 재개하

238) ≪부산일보≫, 1916. 12. 1. 「사계를 풍미(風靡)한 서양극과 일활회사 비장의 2대 사진 상생관」.

239) ≪부산일보≫, 1916. 12. 15. 「가공할 만한 인디언과 여염화 같은 미인 신토의 신(恐る可きインデアンと麗艶花 の如き美人シントーの神)」, 저주의 외침(呪ひの叫び).

240) ≪부산일보≫, 1916. 12. 30. 「상생관, 일활(日活) 물약(物約)」.

면서 "행관과 보래관보다 더 우수한 사진의 선명도와 여女 변사의 활약을 내세워 관객의 흥미를 압도"241)해 나갔다.

나. 운영 방식

상생관은 개관 당시 800여 명이 동시에 관람할 수 있는 시설로 건축되었으며, 위치는 보래관과 행관과는 약간의 거리를 둔 부산 시내 중심의 길목인 본정 1정목(오늘날 광복동 입구)에 자리를 차지하고 있었다. 상생관의 영업 방침은 "타관他館과 비교하여 청람淸覽하기를 바란다."242)라고 공표할 정도로 자신감에 차 있었다.

[자료 49] 1930년 「조선 남부중 부산부 직업별 상세도」243) 활동 상생관의 위치

또한 상생관은 타관처럼 관객들에게 선물을 제공하기보다는

---

241) ≪부산일보≫, 1917. 2. 5. 「상생관 영화(映畵)도 선명(鮮明)」.

242) ≪부산일보≫, 1917. 4. 29. 「연예안내」.

243) 1930년 「조선 남부중 부산부 직업별 상세도」, (부산대학교 도서관 영인본).

합리적인 입장료 책정, 우수한 활동사진 배급에 매진한다는 영업 방침을 내세웠다.

상생관의 영화 배급은 일활사로 시작하여 1917년 4월 일활 경성 대정관의 직영 체제로 변경하였으며 첫 번째 활동사진으로 "신파 활극 <용감한 성격(勇み肌)> 전 3권과 구극 <야마나카 시카노스케(山中鹿之助)>를 상영하여 연일 만원의 성황"244)을 이루어냈다. 상생관은 1923년 5월에는 "아라이 코오키치新井幸吉가 경영을 맡아 쇼치쿠松竹 사와 제휴로 우수 활동사진을 공급 받아 흥행에 나섰다. 클로즈업 촬영을 선보인 쇼치쿠의 새로운 문예적 영화"245)를 수입하여 상생관 팬들의 흥미를 끌어냈다. 또한 쇼치쿠 특유의 막간 바이올린 연주를 지원한다며 이를 자랑으로 내세우기도 했다. 상생관은 신파新派 활동사진을 특색特色으로 삼아 고정 팬을 확보해 나갔다.

1924년 1월, 상생관은 쇼치쿠와 공동경영共營 제3주년 기념을 맞아 쇼치쿠 일대장관!의 초대특작 현대영화 <금색야차(金色夜叉)> 전 11권을 제공했다. 당해 년 10월 1일부터는 쇼치쿠와 일활의 양사兩社와 특약하여 우수특선영화 제공하겠다며 상생관 관주가 직접 언론에 급고急告했다. 1925년 8월, 절대적인 후원을 받아 오던 양사 특약을 개정하고 가마타蒲田 스튜디오의 시대 영화로 경영의 혁신을 시도했다.

---

244) ≪부산일보≫, 1917. 4. 22.「부활이 있을 보래관, 경성 대정관」.

245) ≪조선시보≫, 1923. 5. 18.「민중예술(民衆藝術) 부산 키네마 3관」, 상생관의 신파가 좋다(新派が好い).

[자료 50] ≪부산일보≫ 1925년 11월 15일 「상생관 개축 개관」246)

상생관은 일본 동경에서 활변 역량이 있는 것으로 자자했던 가이柯れ 외 3명을 전담 변사로 기용했다. 그중 여 변사의 활약은 흥행에 첨병 역할을 해냈다. 1923년 5월 상생관에서 활동하던 변사는 총 9명이었다. 상생관의 변사들의 활변 능력은 "서양 영화를 전담하는 변사 키노시타 스이무 군木下醉夢 君이 6개 국어 해설로 관객의 흥미를 돋우려 했으나 여러 나라말을 동시에 사용하다 보니 설명은 뒤떨어졌다."247)라는 평가를 받기도 했다.

상생관의 입장요금은 개관 당시 반액으로 했지만 그 이후로는 통상, 1등석 50전~40전, 2등석 40전~25전, 3등석 20~15전으로 조정되었다. 상생관은 타관보다 저렴한 입장료를 책정하여 관객들을 불러 모았다. 이에 비해, 행관은 1등석 60전, 2등석 40전, 3등석 20전 정도로 타관보다 입장료가 다소 높았다. 상생관의 직

---

246) ≪부산일보≫, 1925. 11. 15.
247) ≪조선시보≫, 1923. 5. 18. 「변사 제군들 모두(辯士諸郡た何れも)」.

접적인 경쟁 상대는 보래관보다 행관이었는데, 한 치의 양보 없이 흥행 전쟁을 벌여, 결국 행관을 경영 위기로 내몰기도 했다.

다. 주요 흥행 프로그램

상생관은 보래관, 행관 개관 이후 1년이나 늦게 활동사진 상설관으로 흥행 경쟁에 가세했다. 그러나 1917년 7월 행관과 흥행 경쟁 이후부터는 타관과의 경쟁보다는 독자적이면서 실속 있는 경영 방식을 택했다. 상생관의 흥행에서 가장 많은 영향을 끼친 주요 작품은 1917년 7월 상영한 <시빌리제이션(シビリゼーション, civilization)>으로서, 이 영화는 상생관이 내놓은 여러 프로그램 중에 가장 대표적인 작품이다(이와 관련된 부분은 다음 장의 흥행 주도권 경쟁 편에서 좀 더 자세히 다룰 것이다). 그다음 거론할 수 있는 작품은 "1923년 5월 12일부터 5월 18일 쇼치쿠松竹사가 문예 활동사진으로 제공한 신파 대비극 <생명의 꽃(生命の花)>이다. 이 작품은 한 사람이 삶을 위해 칼을 들고 인생을 싸움터로 만든다는 이야기로서 많은 영화 팬을 기쁘게"[248] 한 흥행 프로그램이었다. 이처럼 신파 영화들로 이룬 성과는 후일 상생관이 "신파 영화 특색 전담 상설관"[249]으로 자리 잡게 하는 요인이 된다.

특히 상생관의 주요 프로그램 중에서 주목할 만한 것은 "세계적인 연속 대 탐정 프랑스 파테회사의 미국지사 특별작품 제3

---

248) ≪조선시보≫, 1923. 5. 18. 「부산으로서는 자진해서(釜山としては進んで)」.

249) ≪조선시보≫, 1923. 5. 18. 「부산 키네마 3관, 상생관」-1923년 들어서 쇼치쿠사가 문예적인 영화 제작하여 영화관 공급되었다.

<레드 서클(レッドサ—クル)>과 구극 <춘우중삼(春雨重三)> 전 3권, 그중 함께 제공한 조선어 해설판 신파 비극 <미혹의 꿈(迷の蒙)> 전 4권"250)이라고 할 수 있을 것이다. <미몽(迷蒙)>은 "조선인 관객들의 만족에 부흥_興하기 위하여, 1917년 추석 명절인 10월 1일, 2일(음 8월 16, 17일) 낮 12시부터 경성에서 활동 중인 서상호_{徐相浩}변사를 초빙_{招聘}하여 조선어로 제공했다."251) 상생관은 활동사진의 조선어 해설 이벤트로 성황을 이루었기 때문이다.

[자료 51] 《부산일보》 1917년 9월 30일. 「추석과 상생관, 변사 서상호 군 초빙」

상생관은 한국인 관객의 취향을 간파하여 타관에 비해 가장 먼저 조선어 해설로 흥행에 이용하였고 부산 활동사진 상설관의 한 주역으로 자리매김하게 되었다.

250) 《부산일보》, 1917. 9. 29. 「연예안내 -상생관」, 신파 비극 <미혹의 꿈(迷の夢)>전 4권으로 남편은 타락하고 방탕한 모(母)는 악인으로 독을 다스리는 무고한 난제를 받아들여 양모는 미몽이 깨고 비부에게 효풍추위(曉風寒)라는 내용으로 '추석 영화'로 상영했다.

251) 《부산일보》, 1917. 9. 30. 「추석과 상생관」.

6. 활동사진 상설관의 흥행 주도권 경쟁과 흥행 성과

1914년 3월 12일 부산에서 처음으로 욱관이 연극장에서 활동사진 상설관으로 전환하여 흥행을 독점하다시피 했다. 그러나 개관 1주년이 되던 1915년 3월 12일 욱관의 독점은 보래관의 개관으로 무너졌다. 그리고 1915년 12월 행관이 '좌座의 시대'를 마감하고 활동사진 상설관으로 변모해 흥행에 가세하면서 욱관은 큰 타격을 입고 결국 퇴진에 이르게 된다. 이후 보래관과 행관, 상생관이 활동사진 흥행을 놓고 흥망성쇠의 혈전을 벌이게 되는데 이 장에서는 상영 작품을 중심으로 경쟁 양상을 실증적으로 살펴보고자 한다.

가. 행관과 보래관의 특별 대사진 흥행 경쟁

행관과 보래관의 경쟁이 본격화 된 시점은 1916년 4월 이후부터이다. 욱관의 퇴진으로 행관은 천활사와 배급 특약으로 인해 흥행에 성황을 이루고 있었고, 보래관도 일활사의 특약으로 흥행에 성과를 내고 있었다. 행관이 1916년 1월 초부터 1차, 2차, 3차 대 특별흥행 사진이 흥행에 성공했고 춘계 특별 대흥행 기간 중 전화로 좌석을 예약 받을 정도로 대성황을 이루자 양 관兩舘의 본격적인 영업 경쟁이 시작되었다.

행관은 또 다른 이벤트를 준비하면서 "춘계 제4차 특별 대사진"252)이라고 타이틀을 내걸었다. 보래관은 행관의 흥행 타이틀

---

252) ≪부산일보≫, 1916. 4. 30. 「광고 -행관의 특별 대사진」.

에 반문하듯 "대사진이 오는 것인가"[253]라는 문구를 내세워 행관의 계획에 시비를 걸었으며 한편으로는 일활사 경성 대정관 특약의 활동사진을 제공받아 '임시 특별 대흥행'이라 이름 붙여 행관의 흥행을 견제하고 나섰다.

[표 14] 행관과 보래관의 특별 대사진 흥행 경쟁 비교

행관			보래관	
개봉일	1916. 4. 30.		개봉일	1916. 4. 29.
타이틀	춘계 제4차 특별 대 사진		타이틀	임시 특별 대흥행 - 대사진은 오는가?
배급 및 제작사	배급·제작-천활사		배급사	일활사
영화명	태서 활비극	<애국의 피(愛國の血)> 최대장척 - 동경 본사전속 명배우 출연	영화명	근왕미담비파사극	<타카야마 히코쿠로우(高山彦九郞)> 전 3권, 미국 루빈회사 대걸작, 명수의 비파연주
	신파 비극	<황파(荒波)> 제작 - 천활사(서양최신식 촬영법)		대모험 대활극	<대지진(大地震)> 오사카 매일 신문 연재소설로 일본 흥행권 독점
	비파극	<석동환(石童丸)>, <아자 마아사히스(兒島旭洲)>의 비파 연주(명배우 출연)		공 전 (空前) 가정극	<속세(うき世)>전 4권, 30막
	그 외 구극	<아카가키겐조오(赤垣源藏)> 최장척(천활의 최근대 촬영작)		그 외	실사 <프랑스 로브의 경치(佛國ローブの風景)>
		협객 <금간판심구랑(金看板甚九郞)>			희극 <용궁(龍宮)>
입장권	내용 없음		입장권	대흥행 중 종래의 특종 입장권과 초대권은 사절
개관시간	오후 6시 30분 일요일 주·야 개관		개관시간	오후 6시

보래관은 일활의 대모험활극 <대지진(大地震)>과 가정극 <속세(うき世)> 전 4권(30막)을 제공했다. 특히 <속세>는 가정극 비

---

253) ≪부산일보≫, 1916. 4. 29. 「광고 -大寫眞來る?」.

파계의 명수 무라카미 카츠라아키村上桂秋의 작품으로서, 딸을 둔 부모의 가슴 아픈 이야기라며 관객들에게 "형도 동생도 누이도 그리고 이 세상 모든 병든 자도 꼭 보아야 한다."254)라고 선전했다. 행관은 이에 뒤질세라, 천활사가 "서양 최신식 촬영 기술을 적용하여 제작한 신파 비극 <황파(荒波)>와 <아카가키 겐조오(赤垣源藏)>를 천하일품 대사진"255)이라 자랑하며 제공했다. 상영에는 "아지마 아사히스兒島旭洲의 숙련된 비파연주"256)를 곁들여 보래관과의 경쟁에서 우위를 점하려 했다. 일본 전통 비파 고수를 출연시켜 막간에 연주하게 한 방식은 이후 양관 모두가 채택하게 되면서 점차 흔한 공식이 되어갔다. 흥행의 성패가 아무래도 질 좋은 활동사진의 확보에 있다는 사실을 깨달은 양 관은 이를 달성하기 위해 다각적으로 노력을 기울였다.

나. 보래관 〈하트 3(ハートの3)〉과 행관 〈명금(名金)〉의 흥행 경쟁

양 관의 두 번째 흥행 격돌은 1916년 7월 8일과 9일 양일간 보래관은 <하트 3(ハートの3)>으로 행관은 <명금(名金, The Broken Coin)>을 선보이면서 막이 올랐다.

다음 [자료 52]는 보래관이 미국 아틀란틱사의 특별 대흥행 타이틀로 내세운 미증유 대모험 걸작 활극 <하트 3>의 광고이며, [자료 53]은 행관이 미국 유니버설사 대 작품 모험활극 <명

---

254) ≪부산일보≫, 1916. 4. 30. 「연예안내 - 보래관」.

255) ≪부산일보≫, 1916. 4. 30. 「행관의 특별 대사진 <아카가키 겐조오(赤垣源藏)>」.

256) ≪부산일보≫, 1916. 4. 30. 「연예안내 - 행관」.

금>의 광고이다.

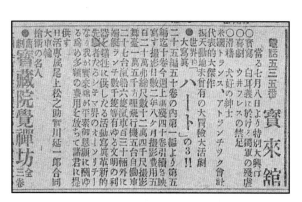

[자료 52] ≪조선시보≫ 1916년 7월 8일부터 흥행 <하트>의 3!!257)

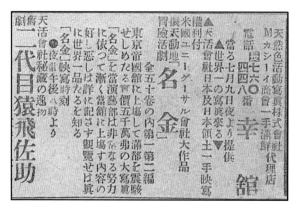

[자료 53] ≪조선시보≫ 1916년 7월 9일부터 제공 <명금>258)

257) ≪조선시보≫, 1916. 7. 8. 「광고 -보래관 -특별 대흥행 하트의 3!!」.
258) ≪조선시보≫, 1916. 7. 9. 「광고 -행관 <명금(名金)>」.

[표 15] 보래관의 <하트 3>과 행관의 <명금> 흥행 경쟁 비교

구분	보래관	행관
활동 사진 명	<하트 3>	<명금>
상영 기간	1916년 7월 8일~8월 9일, 1개월	1916년 7월 9일~10월 20일, 총 12회 상영
배급 및 제작사	일활-제작 미국의 트란스 아틀란틱 (トランス、アトランチツク)사 제작비 520만 불(비행기 5대, 자동차 27대, 기차130량, 선박 6척과 기차 외 보트 수천 척이 출전)	천활-M카시이(Mカシーイ)상회 일수만선 (一手滿鮮) 권리부에서 수입, 제작 - 미국 유니버설(米國ユニーグーサル)사 제작비 5천만 불
입장료 변동 사항	1등 50전, 2등 30전, 3등 15전, 군인 · 학생 · 소인 등은 반액	일본 동경 제국관 상영
		개봉 - 1등 50전, 2등 40전, 3등 30전, 1916년 9월 18일 전까지 1등 40전, 2등 30전, 3등 20전 1916년 9월 18일~22일까지 10전 인하 1등 30전, 2등 20전, 3등 10전, 소아 반액 조정 1916년 10월 14일부터 10전이 오른 1등에 40전, 2등 30전, 3등 15전, 군인 · 학생은 반액
필름 길이	22만 4천 척 25편 50권	15만 2천 척 50권

　보래관은 "세계적인 대사진으로 진천동지振天動地의 대모험 대활극, 미증유未曾有의 <하트 3>"라는 현란한 수사를 동원하여 선전하면서 새로운 기대작을 흥행에 내걸었다. 필름의 길이는 22만 4천 척에 25편 50권이나 되고 제작에는 비행기 5대, 자동차 27대, 기차 130량, 선박 6척과 기차 외 보트 수천 척이 투입되었는데 총 제작비는 520만 불이나 되었다. 이 영화는 "평소 많은 성원을 보내준 관객에게 보답"259)하고자 상영한 영화라 부연했다. 상영 기간은 1916년 7월 8일에 시작하여 8월 9일 종편 상영까지 1개월 정도 상영했다.

---

259) ≪조선시보≫, 1916. 7. 8. 「기사 -●보래관의 하트(寶來舘 ハート)」.

행관의 걸작 <명금>은 전 50권으로 필름 길이는 15만 2천 척에 이르렀다. 미국 유니버설 사가 5천만 불의 비용을 들여 제작했다. 1916년 7월 9일부터 상영을 시작하여 최종 편은 1916년 10월 20일 종영했다. 총 12회 상영했으며, 석 달 가까이 롱런했을 정도로 인기가 있었다. 배급은 천활의 M카시이ᄆ카シ-ㅣ 상회 일수만선-手滿鮮의 활동사진 권리부에서 맡았다. 행관은 <명금>이 "미증유의 대작으로 일본 동경 제국관에서 상영하여 관람객을 놀라게 한 전력이 있다"라고 소개했다. 영화는 "변화무쌍하고 신기하며 상상하기 힘든 기교가 담겨 있다. 금화金貨 쟁탈을 두고 벌어지는 사건이 중첩되면서 놀라운 모험 이야기로 관객을 사로잡았다."[260]라고 선전했다.

양 관의 흥행 경쟁을 두고 "일각-角에서는 활동사진의 걸작도 아니면서 과대한 감동을 강요하여 관객들을 실망시키고 불평을 주는 점에 대해서 경영자는 주의해야 할 것"[261]이라는 유감의 변을 내놓기도 했다. 또 한편에서는 "행관과 보래관의 경쟁은 언제나 대단하다. <명금>과 <하트 3> 승패는 예측하기 어렵지만 변사의 활변 능력"[262]에 따라 결정될 것이라 말하기도 했다. 행관 역시 변사의 활변 능력의 중요성을 인지하여, 1916년 9월 11일 <명금> 제13~14편 상영 시 보래관에서 활변을 맡았던 "일활사의 전속 변사 오노에 마츠노스케를 초빙"[263]하여 관람객의 흥미를 끌려고 했다. 양 관의 흥행 경쟁은 1916년 8월 9일 보래관

260) ≪조선시보≫, 1916. 7. 8. 「기사 -●행관(幸舘)의 걸작(傑作) <명금(名金)>」.

261) ≪조선시보≫, 1916. 7. 10. 「포스트(ポスト) 우체통」.

262) ≪부산일보≫, 1916. 7. 25. 「연예 풍문록(演藝風聞ろく)」.

263) ≪부산일보≫, 1916. 9. 11. 「연예안내」.

의 <하트 3> 상영이 먼저 마감함에 따라 일단락되었다.

행관은 그 이후에도 <명금>의 상영을 이어갔고, 보래관은 1916년 9월 18일부터 임시 특별 대흥행을 내세우며 군사 활동사진 <전화(戰禍)> 등을 상영하였다. 이때 "입장료는 1등 50전, 2등 30전, 3등 15전으로 군인과 학생 그리고 소인 등은 반액으로 책정하였고 종래 발행한 입장권과 초대권을 일절 사절한다는 조정 내역"264)을 알렸다. 이에 자극받은 행관도 <명금>에 대한 입장료를 재 책정해 "1등 40전, 2등 30전, 3등 20전으로 하고 대신 특종 입장 회수 초대권은 본 흥행 중에는 일절 거절한다."265)라고 공표했다. <명금>이 큰 호평과 갈채를 받자, 행관은 "관객들이 보여준 평소의 사랑에 보답하기 위해 1916년 9월 18일부터 22일에 한하여 등급마다 10전을 내린 1등 30전, 2등 20전, 3등 10전, 소아는 반액으로 하는 요금 대혁신을 단행한다."266)라고 선언했다.

하지만 <명금> 상영이 종편에 이르자 1916년 10월 14일부터 입장요금을 원래대로 "1등에 40전, 2등 30전, 3등 15전으로 환원한다."267)라는 조정 내역을 다시 공개했다. 그러므로 행관의 입장료 조정은 치열한 경쟁 국면 상태에서 보래관의 요금 정책을 의식하여 내놓은 임시변통이었던 셈이다. 한편, <명금> 상영이 대호평을 받자 '조선시보'에서는 1916년 7월 22일부터 '신문 연재(1)'268)를 시작했다.

---

264) ≪부산일보≫, 1916. 9. 18.「보래관 임시 특별 대흥행」.

265) ≪부산일보≫, 1916. 9. 9.「행관 본 흥행 중 입장료」.

266) ≪부산일보≫, 1916. 9. 18.「대호평 대갈채(喝采) -행관」.

267) ≪부산일보≫, 1916. 9. 18.「연예안내 -행관」.

행관은 3개월여간 이어온 <명금>의 흥행을 마무리 짓고, 1916
년 10월 21일부터는 <소년의 차부(少年の車夫)>, <비밀탐정 마
르소우 성(秘密探偵 マルソウ城)>, <나베시마의 고양이 소동(鍋
島猫騷動)>을 제공했다.

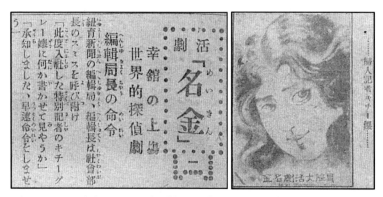

[자료 54] 《조선시보》 1916년 7월 22일 활극 명금(1), 행관의 상장 세계적 탐
정극, 연재 담당 편입 기자 키치 그레이 양(キチーグレー孃),~1916년 8월 31일
총 40회 연재

보래관의 <하트 3>와 행관의 <명금> 간 흥행 경쟁은 어느 한
편이 우세하다고 말하기 어려울 정도로 대호평을 받으면서 3개
월 동안의 경쟁 체제를 끝마쳤다. 양 관에서 상영한 서양 영화
의 흥행이 성황을 이루자 "부산의 활동사진 상설관 흥행 업주는
미국의 입장료 수입과 배우와의 계약 문제 그리고 50만 불 이상
이 필요한 영화 촬영장, 필름의 생산과정 등 미국 활동사진 제

268) 《조선시보》, 1916. 7. 22. 「활극(活劇) <명금(名金)>, 행관의 상장(개봉)」, 조선시보 편집국
장이 특별기자인 '키치 그레이 양(キチーグレー孃)'에게 맡겨 활극 <명금>으로 연재되어 행관
의 상장 중인 세계적 탐정극이라 소개하고 1916년 8월 31일까지 총 40회에 걸쳐 조선시보에
연재되었다.

작 시스템에 적극적인 관심을 보였다."269)

[자료 55] ≪조선시보≫ 1916년 8월 17일 미국의 활동사진

[자료 55] 기사에서 볼 수 있듯이 흥행이 지속적으로 성공하자, 업주들은 더 큰 꿈을 꾸면서 활동사진 제작과 영화 시장 확대에 대한 열의를 과감히 드러냈다.

다. 상생관 〈시빌리제이션(シビリゼーシヨン, Civilization)〉과 행관 〈맥베스(マクベス, Macbeth)〉의 흥행 대경쟁

1917년 4월 배급사 특약 변동 사태 이후 상설 3관의 경쟁은 좀체 진정되지 않았고 각각 세계 대명화라는 타이틀을 걸고 자신들의 영화가 우수하다고 선전하며 흥행 경쟁을 지속했다. 상생관은 일활과 직영直營하니 타관의 영화와 "비교하여 관람하기 바란다." 행관은 "세간世間의 풍평風評에 현혹되어 있는 것 같다."라며 상생관과 보래관의 광고를 겨냥했다. 보래관은 자신들의 우수 프로그램에 "주목해주길 바란다."라는 타이틀을 내세웠다.

---

269) ≪조선시보≫, 1916. 8. 17. 「미국의 활동사진 입장료 총액 6억 불」.

이때 정리된 배급사는 상생관은 '일활 경성 대정관의 직영'으로 되었고, 행관은 미국의 유니버설사와의 특약과 합자회사 동경 고바야시 상회東京小林商會 만선일수대리점滿鮮一手代理店, 동경 코마츠 상회 특약東京小松商會特約 하야카와 연예부 직영으로 하는 여러 배급사와의 특약을 맺었다. 보래관은 천연색활동사진회사의 경성 부산 일수 대리점과의 특약이라 공표했다.

[표 16] 1917년 4월 상설 3관의 신문광고 타이틀 경쟁

일자	구분	상생관	행관	보래관
1917. 4. 27.	광고 내용	"타관과 비교 청람"270)	"세간의 풍평에 현혹되어 있는 것 같다"271)	"주목해주시길 바래"272) 경품 밀크 캐러멜 증정273)
	특약	경성 대정관274)	-합자회사 동경 고바야시상회, 만선일수 대리점 -미국 유니버설 회사 특약 -도쿄 코마츠 상회 특약 -하야카와 연예부 직영	천연색활동사진주식회사 경성부산 일수 대리점

그런 가운데 부산 영화사의 가장 중요한 순간 중의 하나인 '상생관과 행관의 흥행 경쟁'이 1917년 7월 5일 시작되었다. 이 경쟁으로 패배한 행관은 경영 악화로 인해 폐장 위기를 맞게 되

---

270) ≪부산일보≫, 1917. 4. 29. 「연예안내」, 상생관, 最近他館に於て本寫眞と類似の者 上場せしが日活會社が如何なる苦心努力に依て撮影せしか比較御淸覽を乞ふ.

271) ≪부산일보≫, 1917. 4. 27. 3면, ◎世間の妙な風評に迷され賜ふな.

272) ≪부산일보≫, 1917. 4. 27. 「연예안내」, 보래관, "御注目願上候" 寶來舘の活躍を第二回特選寫眞提供.

273) ≪부산일보≫, 1917. 4. 27. 「연예안내」, 보래관.

274) ≪부산일보≫, 1917. 4. 27. 「연예안내」, 상생관.

고, 반면 상생관은 대성황에 이르게 되었다. 상생관은 7월 6일부터 7일 양일간 "특별흥행 일활 특약 상생관"275)이라는 타이틀을 내걸고 일본 현지의 제국극장에서 1주일간 매절賣切한, 전대미문의 대사진 <시빌리제이션>을 내놓았다.

[자료 56] ≪조선시보≫ 1917년 7월 5일 상생관 <시빌리제이션>276)

이 영화는 1여 년의 제작 기간에 촬영비 2백만 원, 참가 인마人馬와 장비는 출연자 4만 명, 마필 6천 마리, 항공대, 군함 1함대, 잠항정 1개 정대에 달했다. 그리고 촬영 중에 사상자 2,800여 명이 발생한 미증유의 활동사진이라고 소개되었다. 특이하게 미국 대통령 윌슨ウィルソン 閣下이 직접 출연하였고 신작 악보를 사용한 오케스트라 연주 음악이라는 점을 강조했다. 또한 미국 해군이 함대를 파견하여 새롭게 건조된 시가市街를 파괴하는 광경은 상상할 수도 없는 장면이라는 논평이 뒤따랐다. 이 장면으로 인해

275) ≪조선시보≫, 1917. 7. 5.「광고」, -제국극장에서 1주일 매절(賣切), 특별흥행 일활 특약 상생관.
276) ≪조선시보≫, 1917. 7. 5.「광고」.

진실로 영화의 역사를 만들 수 있는 것이라고 예견되며, 신문 지상에 제작에 관한 전반적인 내용이 공개되기도 했다.

상생관은 이 영화의 입장요금을 1등 50전, 2등 40전, 3등 20전으로 책정하고, 종래 발행의 입장권 및 초대권은 무효로 한다고 공표했다. ≪조선시보≫는 영화에 대한 호평을 다음과 같이 전하였다. "평화냐! 전쟁이냐! 근래의 대사진을 제공하여 일반의 인기를 얻고 있는 <시빌리제이션>이 다시금 오늘 일요일까지 하루 연기하여, 상영 결정할 수 있지만 어쨌든 2백만 원을 들여 대대적으로 촬영했기 때문에 사진이 선명하고 정교한 것은 물론 장면에 비치는 사물은 모두 상찬賞讚을 받고 있다. 특히 제6권까지는 매우 흥미를 끌었다는 평가와 함께 희극 대활극 <뚱보 군의 대해일(デブ君ト大海瀟)> 3권은 포복절례抱腹絶例하여 1일 연장 상영했다. 이 활동사진이 그 방면의 전문가들이 격찬하고 있을 정도가 되면 과연 일반의 환영을 받지 않겠느냐."277)

<시빌리제이션>의 작품성을 신문이 이례적으로 보도하자, 이에 대해 상생관은 "만원어례滿員御禮의 성황, 전대미문의 대사진이 활동사진 관객의 성원에 따라 8일까지 하루 더 연장하여 야간에도 2회 상영한다."278)라며 호응했다. 이처럼 상생관이 제공한 <시빌리제이션>은 대성황을 이루었고 "1917년 7월 9일부터는 실사 <싱가포르의 풍경(シンガポールの風俗)>, 희극 <카르타의 광비(カルタ氣狂ひ)>, <새로운 청결법(新安淸潔法)> 외 2편의 신사진을 제공"279)했다.

---

277) ≪조선시보≫, 1917. 7. 8. 「상생관의 호평(好評)」.
278) ≪조선시보≫, 1917. 7. 8. 「만원어례 전대미문(破天荒)의 대사진」.
279) ≪부산일보≫, 1917. 7. 10. 「연예안내」.

행관은 이에 맞서 1917년 7월 8일부터 대사극 <맥베스> 상영을 예고하면서 이 영화가 1917년 2월 26일~28일 3일간을 일본 현지 제국극장에서 상영된 전대미문의 대사진으로서 동경 고바야시 상회 만선일수대리점과 미국 유니버설과 특약한 하야카와 연예부 직영으로 배급된 작품이라고 신문에 전면 광고를 냈다.

[자료 57] ≪조선시보≫ 1917년 7월 8일 행관 대사극 <맥베스>280)

그러면서 1914년 이탈리아 지오반니 파스트로네Giovanni Pastrone 감독의 활동사진 "<카비리아(カビリア, Cabiria)> 이상의 대사진이 온다!"281)라는 문구를 내세워 <맥베스>에 대한 기대감을 키웠다.

행관에서 상영 중인 "<맥베스>는 작년(1916년) 8월 미국의 에머슨エマーソン 씨의 촬영으로 완성한 세계 제일의 문화 예술극 대사진이며 영국 명배우 허버트 트리 경이 출연英國名優ハバートツリー卿出演한 대사극으로 전 9권, 1만 척에 달하고 5천여 장면 중에 맥베스의 성城을 한밤중에 공격하는 출연 배우의 광경은 가장 볼거리이다. 배우의 의상과 동작 등은 대체로 영국에서의 '맥베스

---

280) ≪조선시보≫, 1917. 7. 8.「광고 -대사극(大史劇) 단독」.

281) ≪조선시보≫, 1917. 7. 8.「대사진이 온다! 대사극(大史劇 大寫眞來)」.

극'을 참조한 것으로 하나도 비난할 곳 없다"라는 평가를 받았다. 특히 "극 중에는 2,000원이나 하는 견大을 사용한 이 유명한 사진에 대해, 경성보다 부산에서 먼저 상영하는 것이 잘 맞아떨어졌다."282)라는 일본 현지의 평가를 덧붙이기도 했다. 그러면서 하야카와 연예부는 이번에 상영된 활동사진의 권리를 획득해 가까운 시일에 경성에서 공개할 것이라 설명했다.

행관은 1917년 7월 8일, <맥베스> 상영 1회 차를 낮 12시, 2회 차 상영은 오후 7시, 7월 9일 1회 차는 오후 7시부터 시작하여 2일간 제공한다고 알렸다. 요금은 유럽에서는 10불이었지만 일본 현지의 제국극장에서는 5원을 받았다고 했다. 행관에서는 이보다 낮게 책정하여 1등석 2원, 2등석 1원, 3등석 50전이며 단, 군인과 학생, 소아는 40전, 25전, 15전으로 차등한다고 알렸다. 요금 혜택은 "조선시보를 신청하고 할인권을 소지한 사람에게는 1매 2부로 5명까지 반액의 특전이 있으니 '빠뜨리지 마라!'라는 당부를 담아 공표했다."283) 평소보다 2~3배 이상의 비싼 요금에도 불구하고 서양 장편 영화를 보려는 관객들로 인해 부산 영화가映畵街는 흥청거렸다. 변사는 권위 있는 동경의 고바야시 상회의 변사장長인 쿠로사와 마츠나리黑澤松聲가 맡았다. 다음 표는 상생관의 <시빌리제이션>과 행관의 <맥베스>가 흥행 경쟁한 내용을 정리한 것이다.

282) ≪부산일보≫, 1917. 7. 8. 「행관의 맥베스(マクベス)」.
283) ≪부산일보≫, 1917. 7. 9. 「광고」.

[표 17] 상생관의 <시빌리제이션>과 행관의 <맥베스> 흥행 경쟁 비교

구분	상생관	행관
영화명	<시빌리제이션>	<맥베스>
상영기간	1917년 7월 6일~7일	1917년 7월 8일~9일 부산에서 상영
배급 특약	일활사 경성 대정관 특약	동경 소림 상회 일수 대리점, 미국 유니버설 특약, 하야카와 연예부 직영
입장료, 특전	1등 50전, 2등 40전, 3등 20전, 종래 발행의 입장권 및 초대권은 무효	-1등석 2원, 2등석 1원, 3등석 50전, 군인, 학생, 소아 40전, 25전, 15전. -입장료 혜택은 조선시보 신청자 할인권 1매 2부로 5명까지 반액의 특전

　상생관의 <시빌리제이션>과 행관의 <맥베스> 상영을 두고 양
관 모두, 성황을 이루었다고 자평했다. 하지만 상생관과 행관의
경쟁에서 상생관은 확실한 우위를 차지했다. "행관은 수지선을
맞추지 못한 관계로 임대료家貸(전세금) 지불이 어려워 1917년 8
월 13일부터 3개월 간 폐장閉場에 들어갔다."284) 전술한 바와 같
이 행관은 연쇄극 흥행을 통해 경영 부진을 일시적으로나마 해
소했었지만 다른 극장과의 경쟁에서 좋은 결과를 도출하지 못한
관계로 단속적으로 휴관에 들어갔다.

　행관의 재기는 1917년 11월 30부터 시작되었다. "아메리칸 필
름회사アメリカンフ井ルム會社의 특제 연속 사진, 미국 상항美國 桑港(샌프
란시스코) 크로니클 지クロニクル 紙 외 120여 종의 신문에 연속 걸
작인 세계적 간첩의 가경한 암중 비약으로 세계 대추격전 <잠항
정의 비밀(潛航艇の秘密)> 전 15편 30권"285)을 내걸고 흥행에

---

284) ≪조선시보≫, 1917. 8. 14. 「13일부터 행관 드디어 폐장(幸舘 遂 閉場)」. 1917. 8. 23. 「행관의 재흥설」. 大大的に營業を繼續すると云つて居るが何しろ家貸が他の兩常設館に比べて法外に高いのだからうまく行かぬか疑問であると(대대적으로 영업을 계속한다고 하지만 어쨌든 전세금이 다른 양 상설관에 비해 턱없이 비싸기 때문에 잘되지 않을지 의문이라고).

나섰다.

이에 질세라 "보래관도 12월 1일부터 '임시 특별 대흥행'의 타이틀을 걸고 일본 현지 신문사인 오사카 마이니치每日신문 연재 중의 고스기 천외小杉天外 선생의 걸작 신파 가정 대비극 <칠색산호(七色珊瑚)> 전 4권 162편"286)을 내놓았다. 뒤따라 "상생관도 보래관보다 하루 뒤 '임시 특별 대흥행'의 타이틀로 일본 현지 신문사인 오사카 아사히大阪朝日신문 연재소설을 각색, 제작한 신파 가정비극 <공작초(孔雀草)> 전 5권 188막"287)을 내걸었다. 3 관의 흥행 경쟁은 1917년 연말연시를 시작으로 재점화되었다. 이 시기 3관이 흥행 경쟁으로 제시한 입장요금은 다음과 같다.

[표 18] 1917년 연말연시 활동사진 상설 3관의 입장료

상설관	1등석	2등석	3등석	그 외 사항	특이사항
행관	60전	40전	20전	종래 발행한 관람권은 거절	수입 일본 동양 일수의 흥행권리 득합, 오후 6시 상영
보래관	50전	40전	20전	위와 동일	마이니치 신문구독자에게 전대미문의 특전. 오후 5시 30분 상영, 단독 광고
상생관	40전	25전	25전		아사히신문 애독자대 할인 적용. 인기 변사 : 와나이타쿠로(花井卓朗) 열변 예상

"상생관의 입장료는 1등석 기준으로 하여 행관보다 20전이 적고 보래관보다는 10전이 적은 40전에, 2등 25전, 3등 15전으로 정하고, 변사는 봄부터 당 지역에서 많은 사랑 보살핌으로 활동

---

285) ≪부산일보≫, 1917. 11. 30. 「광고」, 행관 <잠항정의 비밀>.

286) ≪부산일보≫, 1917. 12. 1. 「광고」, 「보래관 -임시특별대흥행」.

287) ≪부산일보≫, 1917. 12. 2. 「상생관 -임시특별대흥행」.

중인 인기 변사 와나이 타쿠로花井卓朗가 나타나서 독특한 열변을 토하고 있다"라고 소개하였다. 그러다가 1917년 "12월 28일부터 30일까지 3일간은 특별 망년 흥행으로 행관, 보래관, 상생관 모두 입장료를 반값 정도로 관객을 맞을 것을 공표했다."[288] 이 같은 경쟁은 행관이 재개관에서 연쇄극 흥행이 성황을 이루자 그 영향에 보래관과 상생관도 대 분발하여 흥행 대열에 가담했다고 신문은 분석하였다. 이렇게 되면서 상설관 모두가 대 사진 필름 경쟁과 변사의 선택에 경쟁이 더 가열되면서 "부산 키네마 계釜山 キネマ界는 관객을 위한 선명한 화질의 활동사진과 새로운 영화 수입과 초빙한 변사의 열변이 일본 현지보다 초월하게 되었다."[289]

행관의 재기를 위한 노력은 멈추지 않고 1918년 1월 13일부터 "일미친선日米親善의 목적으로 제작한 기록 영화 <일출의 나라(日出つる國)> 상영을 기획했다. 영화는 일본 현지의 풍경과 인정 풍속을 영화에 넣어 외국에 소개하는 것이 주목적이었다. 촬영지 배경은 요코하마橫浜시의 전경과 후지산 절경, 육아의 방법, 여인의 체육 등이 촬영되어 내용뿐만 아니라 화면 전체가 너무나도 맑은 기분이 드는 교육적인 것이라"[290] 소개했다.

---

288) ≪부산일보≫, 1917. 12. 25. 「연예」, 「활동사진 새해 조조(루루) 영화로 착환」.

289) ≪부산일보≫, 1917. 12. 2, 「상설관 대경쟁」.

290) ≪부산일보≫, 1918. 1. 16. 「연쇄극을 보다」. <일출의 나라>.

라. 1915년~1916년 부산의 활동사진관 흥행 성과

육관은 가장 먼저 활동사진 상설관으로 변경하여 1914년 3월 12일부터 활동사진 상영관 시대를 연 주역이었다. 1915년부터 1916년 사이 부산에서 활동사진 상설관으로 전환한 극장은 모두 3곳이었다. 보래관이 1915년 3월 9일 활동사진관으로, 행관 역시 행좌에서 개축하여 1915년 12월 12일 활동사진관으로 전환했다. 변천좌도 1916년 10월 31일 영화 상영에 맞게 개축하여 800여 석의 관람석을 확보하면서 상생관이라는 이름으로 변모하였다. 1915년부터 활동사진 상영 시대로 풍토가 조성되면서 7개의 극장 중 4곳의 극장이 새롭게 영화상영관으로 재편되었다.

활동사진 상설 4관 사이에 벌어진 흥행 경쟁의 견인차 역할은 배급사인 일활사와 천활사가 맡았다. 일활사는 육관에 활동사진을 배급하면서 일활파로 불렸다. 천활사 역시 보래관에 영화를 배급하면서 천활파로 불리게 되었다. 이후 육관은 보래관의 변동 사유 발생으로 인해 천활사와 특약을 맺었다. 보래관도 일활사와 특약을 맺게 되었다. 행관은 배급 특약 경쟁을 벌여 육관을 제치고 천활사와 특약으로 개관했다. 상생관은 일활사 경성 대정관과 배급 계약을 맺고 흥행에 나섰다. 활동사진 상설 4관이 3관으로 재편되는 동안 각 상영관은 배급사와 맺은 계약을 앞세워 흥행에서 우위를 차지하기 위해 치열한 경쟁을 펼쳤다. 상설관들이 경쟁하는 가운데 관객들은 더 좋은 활동사진을 관람하기 위해 부산의 영화관 주변으로 몰려 늦은 밤까지 흥청거렸다. 활동사진 상설 4관에 배급된 영화는 서양의 활극, 신파, 골계, 구극, 가정극, 채플린 시리즈 등이 주를 이뤘으나 구주 전쟁 실사, 외국 도시, 자연 풍경, 스포츠 경기, 국가 행사 선전영화 등도 상영되었다.

1915년부터 1916년에 이르는 2년 동안 욱관과 보래관, 행관, 상생관의 치열한 흥행 경쟁으로 인한 파급력은 매우 컸다. 1915년 활동사진 상영 흥행은 욱관과 보래관이 주축이 되었고 그해 10월에는 부산좌도 거들었다. 1915년 12월 행관의 개관으로 인해 4곳 상설관의 합계 흥행일 수는 총 661일이었으며 입장 인원은 180,903명으로 집계되어 대호황을 누린 것으로 평가되었다. 이때 일본 거류 인구수는 29,890명 정도였는데 조선인을 제외한다 하더라도 1인당 연간 3~4번 이상은 영화관을 찾아 관람한 것으로 추정할 수 있을 것이다. 가부키 극은 부산좌와 변천좌 등에서 115일 동안 24,721명, 신파극은 113일에 25,360명, 나니와부시(샤미센三味線 악기 연주에 곡을 붙인 일본 전통 노래)는 226일에 21,005명이 관람했다. 그 외 흥행물, 즉 강담, 만담, 조루리, 씨름 등을 합쳐 1,332일에 입장 인원은 187,441명에 달했다. 이 모두를 합쳐도 활동사진의 흥행에는 미치지 못했다. 다음의 통계 자료에서는 이를 구체적으로 확인할 수 있다.

[표 19] 1915년~1916년 활동사진 흥행과 연예계의 제흥행 성과

1915년 흥행[291]			1916년 흥행[292]		
제흥행업	흥행일수	입장인원	제흥행업	흥행일수	입장인원
가무연극 (歌舞伎芝居)	115	24,721	구극 (舊劇)	283	70,184
신파극 (新派劇)	113	25,360	신파 (新派)	79	13,637
나니와부시	226	21,005	나니와부시	64	6,589

1915년 흥행[291]			1916년 흥행[292]		
(浪花節)			(浪花節)		
활동사진 (活動寫眞)	661	180,903	조루리 (淨瑠璃)	26	4,444
			미세모노 (見世物)	32	5,045
			일본씨름 (相撲)	3	2,828
			기술(奇術)	38	5,289
그 외 조루리, 만담, 씨름 포함	1,332	187,441	그 외 비파연주 등	1,143	3,539
			활동사진 (活動寫眞)	590	243,657

[표 19]에서도 나타나 있지만 1916년의 활동사진 흥행 성과는 "욱관, 보래관, 행관 그리고 연말에 상생관이 일부 가세한 결과 총 590일에 243,657명이 관람하여 1일 평균 관객이 500명 이상에 이른다. 지난해보다 62,754명의 증가세를 보였다. 연극 공연물의 흥행 성과는 총 525일에 연 인원 115,737명이 관람했다. 활동사진 입장 관객은 전체 2/3 이상을 차지하고 있고 이를 전부 3등 손님으로 보아도 24,365원 70전의 입장료 수익을 냈다."[293] 이처럼 영화 상설관 시대로 전환된 후 2년 남짓한 기간에 부산 활동사진 상영관은 초호황 시대로 돌입했다.

1916년도 수익 증가의 요인은 여러 가지가 있겠으나 일본 전통극 가부키와 신파, 구극 등의 인기가 시들해지면서 점차 그 자리를 활동사진이 차지하게 된 것이 가장 큰 이유일 것이다.

---

291) ≪부산일보≫, 1916. 1. 25. 「흥행 할합(割合, 비율)」.

292) ≪부산일보≫, 1917. 2. 18. 「활동입장료 2만 5천 원」.

293) ≪부산일보≫, 1917. 2. 18. 「24만 인의 활동 관객」.

1915년 12월 말부터 1916년 초 행관의 1~4차 춘계 특별행사로 선택된 <두 마음>, <요츠야 괴담>, <수마의 원망스러운 파도> 전, 속편이 인기를 끌면서 관객들이 전화로 좌석을 신청할 수 있는 방안을 강구할 정도로 활동사진은 완연한 호황세로 접어들었다. 특히 1916년 7월 보래관의 <하트 3>와 행관의 <명금>의 흥행 경쟁은 활동사진 시대로 가속하는 결과를 야기했다. 공전의 흥행을 기록한 두 작품으로 인해, 극장주들은 미국 영화제작 시스템에도 지극한 관심을 보였다. 일본 구극보다는 상설관에서 활동사진을 흥행하는 것이 경영 흑자에 도달할 가능성이 더 크다는 사실을 깨달은 극장주들은 공연이나 연희의 비중을 줄이면서 그 여분을 활동사진 흥행에 할애했다. 당시 활동사진이 인기를 끈 데에는 미국의 시리얼 영화serial film가 견인차 역할을 했지만 실사實寫라고 불린 다큐멘터리, 골계극, 역사극, 연쇄극 등도 한 몫을 단단히 했다. 1916년 12월 28일 상생관의 개관작인 <아버지 일을 돕다>와 4,000척에 이르는 서양 괴담 <치명적 키스> 상하 2권 역시 이러한 흐름에 편승하여 주목할 만한 흥행 성과를 거두었다.

1915년~1916년은 "활동사진의 전성기로서 1916년 정월부터 모든 활동사진관이 관객들로 만원 성황"294)을 이루었는데, 그 여파로 다른 제 흥행은 큰 곤경에 처하게 되었다. 이런 흐름이 가능하게 된 또 다른 이유는 경성에만 사무실을 두고 있었던 일활사와 천활사가 경영 확장의 일환으로 부산뿐만 아니라 각 지방에 대리점을 두면서 원활한 필름 공급이 가능해졌기 때문이

---

294) ≪부산일보≫, 1916. 1. 25. 「전성을 달하는 활동사진(全盛を極むる活動寫眞)」.

다. 일본의 배급사가 부산을 주목하게 된 이유는 인구대비 상설관 숫자가 적음에도 불구하고 흥행 열기는 일본의 여느 도시 못지않았기 때문이다. 활동사진이 본격적으로 흥행에 뛰어든 1914년 이후 3년 차에 접어든 1917년 초부터 부산의 활동사진 "상설 3관은 우수 활동사진 수입과 더불어 흥행에 매우 중요한 역할을 담당하는 활변 능력을 갖춘 변사의 초빙에 몰두하게 되었다. 동시에 보다 상설관 홍보 간판 정비와 안락한 관람 환경을 제공하기 위하여 내부 편의 시설을 갖추는 데 심혈을 기울였다. 이처럼 활동사진 상설 3관은 흥행 부진"295)을 겪을 때조차 필름 배급 주도권을 놓고 한 치도 양보 없는 치열한 경쟁을 펼쳤다. 그 과정에서 관객들의 영화 선택의 폭이 훨씬 넓어졌다. 일본 거류지라는 지리적 특성으로 인해 조선의 여느 도시보다 먼저 활동사진 관람 문화가 형성된 부산은 영화가 대중예술의 정점에 올라서는 데 일조를 했을 뿐만 아니라 중요한 문화산업으로 재편되는 데도 큰 역할을 담당했다.

---

295) ≪부산일보≫, 1916. 10. 6. 「연예 풍문록(演藝風聞ろく)」.

제4장

1920년대 활동사진 상설관의 경영상 변화

1. 활동사진 상설관의 흥행 경영상 변화

1. 활동사진 상설관의 흥행 경영상 변화

활동사진 흥행 3년 차였던 부산의 상설 3관은 관객들의 영화에 대한 열기로 인해 초호황의 시대를 맞았다. 그러나 활동사진이 모방 범죄를 일으키는 온상이 된다는 여론이 형성되자 부산의 상설관은 경영상 큰 변화에 휩쓸렸다. 그리고 같은 시기 미국의 배일 정책의 대항 차원에서 미국 영화 수입억제와 미국 영화 안 보기 운동이 펼쳐지면서 부산의 활동사진 상설관은 큰 타격을 받았다. 일본 정부가 내놓은 활동사진 신취체법 제정 또한 직접적인 영향을 주었다. 따라서 본 장에서는 1917년부터 1923년까지 부산의 상설관 영업 손실의 주범이었던 배일 정책에 따른 서양 영화 필름 검열 강화정책과 선전영화 상영 그리고 영업 손실을 극복하기 위한 방안을 중점적으로 살펴보고자 한다.

가. 활동사진의 신취체법 발안 제정

1917년 후반부터 1923년에 이르는 동안, 부산의 활동사진 상설관은 흥행 경쟁과 경영수지 개선을 위한 영업 환경조성 등 여러 현실적 상황 변화에 대처해야 했다. 상설관들이 맞이한 첫 번째 시련은 "부산의 상설관 활동사진이 아동들에게 악영향이 미친다."[1]라는 여론으로 인해 활동사진 흥행에 제동이 걸린 사태였다. 이 여론은 1916년 초부터 형성되기 시작했는데, 급기야 "아동들에게 활동사진을 안 보여 주기와 아동 전용 활동사진관 설치 제안"[2]으로 이어졌다.

이 같은 여론은 일본 정부의 정책에 반영되어 신취체 규칙이 제정되었고 각 상설관은 영화 상영의 교육적 기능을 고려해야 했으며 필름 검열이 강화되는 조치에도 순응해야 했다.

활동사진 상영에 대한 부정적인 여론은 법적 장치를 요구하는 흐름을 만들면서 공식적으로 "활동사진 새로운 단속법과 선용할 방침"[3]이 제정되었다. 곧이어 이에 따른 시행령이 발효되었다. 언론에서는 이에 발맞추어 "활동사진의 폐해를 해소하고 사회적 혁신의 시대로 나아가기 위해 최대 급선무는 교육적 영화의 선택만이 그 해결책"[4]이라는 기사를 내보내기도 했다. 다음은 일본이 1918년 3월 10일 제정 발표한 활동사진 신취체법 선용 방침을 보도한 신문 자료인데 그 주요 내용을 살펴보고자 한다.

---

1) ≪부산일보≫, 1918. 1. 24. 「어린이 매식과 활동사진」, -부산의 일본 불교 지은사(智恩寺)의 카이가키 마아가(稻垣眞我)가 작성한 활동사진 여론 조성 기사는 총 7편으로 이루어져 있다. 1편 「아이들의 군것질과 활동사진(子供の買食と活動寫眞)」(1월 24일), 2편 「종교 안에서 본 활동사진 세력(宗教眼より見た活動寫眞勢力)」(1월 25일), 3편 「활동사진과 풍기, 청년 범죄자의 증가(活動寫眞と風紀, 靑年犯罪者の增加)」(1월 26일), 4편 「활동사진 세력, '지고마'와 유사한 영화(活動寫眞の勢力, ジゴマに類似の映畵)」(1월 27일), 5편 「활동사진과 교육, 사회국가에 공헌시키고 싶다(活動寫眞と敎育, 社會國家に貢献させたい)」(1월 28일), 6편 「활동과 교육의 지식을 늘리는 일(活動と敎育, 活た智識を增す事)」(1월 29일), 7편은 「활동사진과 인생, 진의를 철저히 해라(活動と人生, 眞意を徹底せしめよ)」(1월 30일)로 이어졌다.

2) ≪부산일보≫, 1916. 2. 29. 「생각에 잠김(思ひ思ひ)」.

3) ≪조선시보≫, 1918. 3. 10. 「활동사진 신 단속법, 선용(善用)할 방침(方針)」.

4) ≪조선시보≫, 1918. 3. 28. 「활동사진의 대 폐해(弊害)」.

[자료 58] ≪조선시보≫ 1918년 3월 10일 「활동사진의 신취체법」

　[자료 58]의 주요 내용은 다음과 같다. 첫 번째, 단속법의 발안자는 "오바타 토요하루小幡豊治이며 법 시행은 반세半歲(1917년 9월) 전부터 시작되어 활동사진을 아동 위생을 위한 교육재료로 활용한다. 단속법은 취지에 맞는 성과를 거두었다."5) 그러나 그 성과를 종합적으로 취합하여 풍교風教 상 및 아동 교육상에 어떤 공헌을 했는지 다시 검토하겠다고 밝히고 있다. 두 번째, 아카사카赤坂 경찰서에서 발생한 불량소년의 범죄 행각은 영화 <철의 발톱(鐵の爪)>을 모방한 것으로 판명되었다. 이에 대해 신新 단속령을 적용하여 아동의 관람을 금지한다. 세 번째, 68개 학교에서 아동의 위생 상태를 점검하였으며 단속령 시행 이후 아동의 교육 및 위생 상태는 명확하게 개선되었다. 네 번째, 활동사진 중 국민 교육상 큰 효과가 있는 것을 교육재료로 활용한다면 아동 교육은 권태를 느끼지 않을 것이다. 그런 차원에서 초등학교 아동들에게 활동사진 열람 금지하는 혁신이 있어야 한다는 방침을 설명했다.

---

5) ≪조선시보≫, 1918. 3. 10. 「활동사진의 신취체법(活動寫眞の新取締法)」. [원문] 부록 편 참조.

이러한 조치를 단행한 근본적인 이유는 "일본 국민의 희생정신 함양과 청년들이 악영향에 물들지 않겠다는 각오가 국난 극복 이어지기 때문"6)이라고 밝히고 있다. 그러므로 일본 정부가 정한 방침에 따라 부산 활동사진관은 상영 프로그램 조정이 불가피했다. 보래관이 가장 먼저 시대적 상황 변화에 따랐다. 1918년 3월 9일부터 3월 15일까지 교육적 사실극인 '효녀의 미담美談'을 다룬 <대정의 효녀(大正の孝女)>를 제공했다. 3월 23일에도 신규 작품으로 '정신 교훈극' <노기 타이쇼오(乃木大將)>를 1918년 4월 5일까지 제공했다. "이 영화는 메이지 시대의 유명 장군인 노기 마레스케乃木元希典에 관한 이야기로서 일본은 물론 해외에까지 위명을 떨칠 수 있는 대인물의 위훈을 전하는 선명한 활동사진"7)이며, 또한 "이 영화가 부산에서 처음으로 공개되면 많은 학생들에게 교육적인 감화感化"8)를 줄 것이라 설명했다.

보래관은 이후에도 일본 정부 시책을 잘 따랐다. 1918년 4월 30일부터 '명예 특별 대사진 교훈 사극'이라는 부제가 붙은, <니찌렌 쇼닝 일대기(日蓮上人御一代記)>를 제공하여 아동들에게 인기를 끌었다. 활동사진 상설관의 교훈적 영화 상영은 "중상류층이 앞으로 나아가는 시대적 선택의 당연한 조치이고 사회 교제에 일조"9)할 수 있을 것이라며 일본 정부는 신취체법 시행을 거듭 강조했다. 특히 부산 활동상설관 중 "보래관이 법 개정의

6) 《부산일보》, 1918. 1. 8. 「국난에 순 각오(國難に殉覺悟)」.

7) 《조선시보》, 1918. 3. 23. 「군신 노기 다이쇼오 -보래관(軍神乃木大將 -寶來舘)」.

8) 《조선시보》, 1918. 3. 23. 「광고 -보래관」, 신규 대 작품 임시공개 대흥행 장절비극(新規大作品臨示公開大興行壯絶悲劇).

9) 《조선시보》, 1918. 3. 31. 「사대람 -보래관(賜台覽 -寶來舘)」.

취지에 맞게 교육적 영화 상영에 발 빠르게 동참한 사실은 당지當地의 동업자 간에도 점차 각성의 분위기를 가져올 수 있는 사례로서 기뻐해야 할 현상"[10]이라고 추켜올리면서 나머지 부산의 활동사진 상영관들이 적극 동참해 줄 것을 주문했다.

신취체법에 따라 강력한 단속이 시행되면서 서양의 모험 대활극 또는 탐정 비극 장르의 영화 수입과 상영은 위축되었다. 교육적 영화에 대해서는 "반액 입장권 제공과 장기적일 경우 상설관의 흥행 수익을 보전補塡"[11]하는 대책도 내놓았다. 1920년부터 부산부 경찰서는 활동사진의 폐해를 막는다는 명분을 내세워 신취체 규칙에 의거한 전담 필름 검열 반을 설치하여 '엄중한 검열'을 펴나갔다. 당국은 검열을 거치지 않고 상영하는 필름에 대해서는 매우 엄격한 조치에 나서겠다고 엄포했다. 더 나아가 부산의 활동관 내의 풍기風紀를 단속하고 임검臨檢을 실시하여 불건전한 장면을 직접 제거하겠다고 공표하기도 했다.

활동사진 신취체 규칙제정 이후 부산에 상영될 활동사진에 대한 검열 실적은 현대극 59권 4만 7천여 척과 사극 65권 5만 2천여 척, 양극 57권 4만 4천여 척, 희극 14권 1만여 척에 달했다. 경찰서에서는 주로 여자를 부둥켜안는 순간 넓적다리太腿가 드러나거나 육체의 곡선미를 강조하는 장면 등 미풍양속을 해치는 장면을 주로 단속했다. 이중 필름 착색(틴팅이나 토닝)을 통해 성 충동을 일으키는 장면 등이 문제가 된 실사 16권 1만여 척을 포함한 총 211권 16만 6천여 척의 필름에 대해서는 장면을 제거

---

10) ≪조선시보≫, 1918. 3. 28. 「활동사진의 대폐해(活動寫眞の大弊害)」.

11) ≪부산일보≫, 1918. 4. 5. 「반액 권 인쇄(半額卷刷込み)」.

하거나 수정을 요구했다. 단속반인 부산부 경찰서 스기노 경부杉
野警部는 "부산에서 상영되는 활동사진의 권수는 많아지고 있지만
단속 규칙에 따라 불건전한 장면은 사용되지 못하게 삭제되어
있으므로 누가 봐도 결코 나쁜 영향은 없다는 것을 보증할 수
있을 정도로 검열에 엄중함을 기했다"12)라고 설명했다.

[자료 59] ≪조선시보≫ 1924년 2월 16일 「활동관 내의 풍기 필름 검열」

1924년 6월 부산부 경찰서는 단속을 원활하게 하기 위해 신축
청사에 필름 검열실 설치했다. "청사는 부산역 앞 부근에 지어 3
층 규모의 본관에는 보안, 위생, 교통 등의 사무실을 두고 별관
에는 필름 검열실과 사진실의 시설을 갖추었다. 낙성식은 9일에
거행하고"13) 부산 활동상설관에 상영되는 모든 필름을 사전에
검열해 나갔다.

---

12) ≪조선시보≫, 1924. 2. 16. 「활동관 내(活動館內)의 풍기(風紀)와 필름의 검열(檢閱)을 독행(勵
行)해 불건전(不健全)한 것을 제거(除去)」.

13) ≪조선시보≫, 1924. 6. 8. 「신청사(新廳舍)의 신설비(新設備) 각층(各階)의 완성설비(完成設備)」.

[자료 60] ≪조선시보≫ 1924년 6월 8일 「신청사의 신설비」

1917년 6월, 상설관의 활동사진 폐해 여론을 앞세워 제정된 활동사진 신취체법 시행부터 1924년 6월 부산 경찰서 필름 검열실 설치에 이르기까지 활동사진 흥행 및 필름 검열 규칙개정의 일람을 정리하면 다음과 같다.

[표 20] 부산 활동상설관의 흥행 및 취체 규칙개정 일람

개정일	개정 규칙 명	시행일	주요 내용	자료 출처
1917. 6.	활동사진 신취체법	1917. 9.	활동사진 선용 방침제정	1918. 3. 10. 조선시보
1923. 6.	흥행취체 규칙개정 (부산이사청)	예고	1910년 개정의 필요성 강조	1923. 6. 23. 위 신문
1924. 1.	흥행 및 흥행취체 규칙(부산경찰서)	1924. 1.	미풍양속을 해치는 불건전한 장면과 성적충동을 일으키는 장면 제거	1924. 2. 16. 위 신문
1924. 6.	필름 검열실 설치		부산 경찰서 신청사 필름 검열실 설치	1924. 6. 8. 위 신문

[표 20]에서 볼 수 있듯이 1917년 제정된 활동사진 신취체법

의 본래의 취지는 활동사진으로 인해 아동들에게 폐해가 발생할 수 있으므로 이를 선용할 수 있는 방침을 모색하려는 의도에서 출발한 것이다. 그러나 1923년에 접어들면서 본래의 법규를 '興行規則을 改正_{흥행규칙 개정}'14)하였고 이에 따라 부산부 경찰서에서는 필름 검열을 강화했다. 이때부터 규칙은 활동사진이 아동들에게 미치는 폐해를 단속한 것에서 확대되어 사회 전반의 미풍양속을 해치는 불건전한 장면과 성적 충동을 자극하는 장면을 제거하는 방향으로 변화되었다.

나. 미국 활동사진의 수입억제와 검열 강화

부산 상설관의 활동사진 '필름 검열' 강화를 단행하게 된 또 다른 원인은 "1924년 미국 상·하 양 의원에서 일본인 이민법_{移民法}에 관한 배일안_{排日案}이 통과되어 미국 활동사진을 기피"15)하는 분위기가 조성되었기 때문이었다.

[자료 61] ≪조선시보≫ 1924년 5월 2일 「배일안 통과와 키네마 계」

---

14) ≪조선시보≫, 1923. 6. 23. 「興行規則改正」. [원문] 부록 편 참조.

15) ≪조선시보≫, 1924. 5. 2. 「배일안 통과(排日案通過)와 키네마 계(とキネマ界)」.

일본 영화계는 이를 계기로 자국 영화 발전의 토대를 강화하려고 했다. "최근 수입하는 영화의 95%가 미국 영화이고 그 액수가 1년에 300만 원을 초과하고 있다. 일본의 지진 사태 이후에도 미국의 영화사가 일본에 지사를 두면서 영화 1권을 1주일간 4~5천 원 내지 1만 원의 비싼 권리금을 받고 각 상설관과 계약하여 배급하고 있다."16)라고 현황을 설명했다.

이민법 통과로 인해 일본 영화 팬들은 "미국에 대한 분만憤懣의 정을 가지게 되면서 점차 미국 영화를 기피한다는 목소리를 냈다. 나고야名古屋에서 미국 영화를 배척하는 목소리가 높아졌고 도쿄에서도 팬들이 배급사에 투서를 보내기도 했다. 이와 관련하여 쇼치쿠의 지배인堤은 만약 팬들이 미국 영화를 보지 않길 원한다면 상당한 아픔이지만 일본 활동사진 개발에는 절호의 기회가 될 것이라고 말했다.

일본 영화 팬들은 예술에는 국경이 없다고는 하지만 금년도에는 미국 영화를 거부하고 자국 영화흥행을 만회"17)하자고 목소리를 드높였다. 이러한 분위기에 편승해 일본 정부는 재빠르게 흥행 취체 규칙을 시행하면서 수입 영화의 필름 검열을 강화하여 자국 영화 보호에 적극 나섰다.

언론에서도 "서양 영화 배척으로 일본 영화의 대전환기大轉換機를 마련해야 한다."18)라는 자국 영화 보호 여론을 퍼트렸다. 일

---

16) 《조선시보》, 1924. 6. 6. 「일본은 미국 영화회사의 큰 관객(日本は米國映畫會社の大觀客)」, 미국에는 약 5,600의 영화회사가 있다. 그중 가장 일본과 거래가 많은 영화사는 파테(バテー, Pathe), 파라마운트(バラマウント, Paramount), 유니버설 픽쳐스(ユニバサールビクチヤース, Universal Pictures) 등이다.

17) 《조선시보》, 1924. 5. 2. 「미국 상하 양원 통과된 배일(排日) 이민법(移民法)안」.

18) 《조선시보》, 1924. 6. 6. 「배일과 키네마(排日とキネマ) -민중 오락의 전환기(民衆娛樂の轉換機)」.

본 정부도 이에 화답해 "한 해 동안 미국에서 수입되는 활동사진 한 편의 권리만으로도 1~2만 원인 경우가 있기 때문에 대미 무역의 불균형을 해소할 수 있는 방어책防禦策"[19] 마련에 부심하고 있다고 토로했다. "부산의 일부 영화 팬들도 매달 드라마만 적어도 20편 이상을 개봉하는 마당에 배일 문제에 대해서는 그 누구랄 것도 없이 미국 영화는 안 보기로 하자."[20]라는 여론을 지지했다.

하지만 그러한 약속은 활동사진 광들에게는 빗나갔다. 이들은 "배일 문제로 인해 미국 영화가 제외하면 그 다음으로 독일·프랑스·이탈리아·영국 영화가 주요 수입 금지 대상이 될 것이다"[21]라고 주장했다. 그러한 예측에 편승하여 "미국 영화가 민중 오락으로 받아들여지고 있는 실정에서 새로운 민중 운동이라도 일어나지 않는 한, 그리고 일본 영화가 예술적으로나 과학적으로나 미국 영화보다 더욱 더 우수하게 제작되지 않는 이상 극장을 찾는 사람들은 여전히 미국 영화는 맞이할 것"[22]이라는 의견도 부산 영화 팬들 사이에 팽배했다.

이처럼 미국의 배일 문제에 대항하여 일본 정부가 미국 영화 수입억제 조치를 강행할 경우 "10여 년 이상 미국식 오락에 길든 활동사진 광팬들의 욕구를 과연 일본 영화제작사들이 충족시켜 줄 수 있는가?"라는 의문이 제기되었다. 일본 정부 역시 이 문제가 딜레마였다. 결국 미풍양속을 저해하는 불건전한 내용이

19) 《조선시보》, 1924. 6. 6. 「그 중 파테, 파라마운트가 상품…」.

20) 《조선시보》, 1924. 6. 6. 「그래도 일반의 요구(それでも一般の要求)」.

21) 《조선시보》, 1924. 6. 6. 「정부 당국(政府當局)으로서 대미(對米) 방침(方針)을 합필(合必)」.

22) 《조선시보》, 1924. 6. 6. 「일반회사 측(一般會社側)에서는 민중오락(民衆娛樂)」.

나 성적 충동을 느낄 수 있는 장면은 사전에 필름 검열을 실시하여 해당 장면을 제거한다는 방침을 내세우면서 수입을 허가했다.

다. 활동사진 상설 3관의 내선융화 선전영화 상영

일본은 "병합 후 10년이 경과하고 시정施政 제2기 시대"[23])에 접어들면서 "영화를 식민정책의 정당화나 근대적 계몽 수단으로 이용하기 위한 조선 총독부의 움직임이 본격화"[24])되기 시작했다. 총독부는 일본 정부의 시책에 맞게 식민지 내선융화內鮮融和를 다룬 선전영화를 제작하여 부산 상설관 3관과 태평관太平舘, 국제관國際舘에서 상영하고 동래, 영도, 송도, 그리고 부산 인근 중소도시 지역에서 이를 순회 상영하는 정책을 폈다.

1921년 4월 6일부터 5일간 "행관과 상생관은 일활사가 특별 제작한 구라파 여행 실황 <동궁전하(東宮殿下)>를 합동으로 특별 광고"[25])하고 신파비극 <수수께끼의 여자(謎の女)>, 미국 영화 <전 프라이스(電プライス)> 등을, 상생관은 신파 <소나무 꼭대기(松の操)>, 파테사의 <청흑의 비밀(晴黒の秘密)> 외 구극을 함께 상영했다. 특별 번외의 선전영화 <동궁전하>를 부산에 거주하는 일본 자국민과 식민지 한국인들에게 제공하기 시작했다.

---

23) ≪조선시보≫, 1921. 5. 7. 「문화통치(文化統治)의 모순(矛盾)」.

24) 김동호 외, 앞의 책, 22쪽.

25) ≪조선시보≫, 1921. 4. 6. 「미증유(未曾有)의 성대한 의식(御盛儀)」.

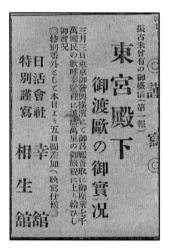

[자료 62] ≪조선시보≫ 1921년 4월 6일
<동궁전하(東宮殿下)> 행관·상생관 상영 광고

"조선총독부는 1921년 4월 16일부터 각도_{各道}의 도지사 이하 간부를 출동시켜 일제히 시정선전개시_{施政宣傳開始}를 지시했다."26) "대구를 시작으로 재무부장이 활동사진반을 이끌고 16일 밀양과 김해를, 내무부장은 16일 함양과 17일 거창, 경찰부장은 16일 마산, 17일 함안을, 도지사는 16일 진주, 18일 의령"27)에 직접 나섰다. 동래와 각 군구는 물론 산간벽지에까지 활동사진 순회 영사에 나섰으며 한편으로는 "식민 문화통치_{文化統治} 친화의 수단으로 부를 노래 가사도 모집"28)하기도 했다.

1921년 10월 13일, 일본은 민간단체인 경성 대동동지회_{大東同志會}

---

26) ≪매일신보≫, 1921. 4. 13. 「시정선전」.

27) ≪조선시보≫, 1921. 4. 15. 「시정선전개시(施政宣傳開始)」.

28) ≪조선시보≫, 1921. 10. 20. 「조선총독부 현상부 내지(內地)의 노래(歌)를 모집(募集), 내선융화(內鮮融和)의 수단(手段)으로」.

를 통해 활동사진 제작과 시사試寫에 나서면서 "조선의 유식자有識者가 아무리 일본과 조선의 융화를 도모해도 일파一派의 불온분자가 여전히 그 흔적이 끊이지 않기 때문에 내선의 정신적 결합을 도모하고 일반 조선인에게 이를 선전하기 위한 활동사진을 조제하여 조선에 직접 가져가 상영할 것"[29])이라 천명했다.

1921년 10월 23일 보래관은 "일본 문부성 검정을 마친 <국난(國難)>은 시네마 계의 경이적인 영화이다. 10월 24일 오전 9시 부산부 내 학교 직원을 초대하여 시사회를 개최할 것이다."[30])라고 공표했고, 1921년 10월 29일 부산 국제관에서는 사회교육 부분에 기유우 호오코오義勇奉公의 <송본훈도(宋本訓導)>, <사회개선(社會改善)>, <교통안전(交通安全)>, <교통안전 선전 대 행례(行禮)>, 소방안전消防安全에 관한 <유단대적(油斷大敵)> 그리고 구주(歐洲) 전쟁에 관한 실사 <독연(毒煙)> 전 5권의 선전영화를 상영했다. 상생관도 10월 25일부터 "선전영화 시사회를 개최하여 관람대상을 학생으로 한정하고 요금은 15전으로 균일하게 입장시켰다."[31]) 이때 부산부의 일본인 학생 3,100여 명과 한국인 학생 7,200여 명 등 총 재학생 10,300여 명 모두가 동원되었다.

1922년 12월 24일을 기점으로 일본에서 제작한 선전영화 15편을 부산에 들여와 총 6회에 걸쳐 단독 광고와 기사를 함께 실었다. 먼저 순회 상영을 나선 곳은 경남의 진주 극장이며 1923년 1월 25일부터 28일까지 4일간, 25일과 26일은 학생을 대상으로, 27일과 28일은 일본인을 대상으로 상영했는데, 그 중 27일에는

29) ≪조선시보≫, 1921. 10. 13. 「대동동지회(大東同志會)가 시사회를 개최(試寫會 開催)」.

30) ≪조선시보≫, 1921. 10. 23. 「키네마 계의 경이(キネマ界の驚異)」.

31) ≪조선시보≫, 1921. 10. 25. 「활동사진 <국난(國難)> 시사회」.

학생단체와 일반 조선인을 대상에 포함하기도 했다. 1923년 1월 17일부터는 조선 총독부가 민간단체와 조선시보의 후원을 받아 선전영화 순회 상영을 공식화했다. "선전영화는 화방火防, 교통交通, 교육敎育에 관한 내용이며, 상영에는 이시모토 활동사진협회石本活動寫眞協會가 부산을 포함하여 경상남도의 진주, 마산, 진해, 통영, 울산, 동래지역을 순회 상영하였다."32)

[자료 63] ≪조선시보≫ 1923년 1월 17일 조선총독부 후원(朝鮮總督府後援) 순회활동사진회(巡廻活動寫眞會)

[자료 64] ≪조선시보≫ 1923년 2월 23일 화방, 교통, 교육 동사진회 동래·태평관 상영

그리고 "1923년 2월 1일부터는 마산의 서좌西座에서 상영하였고, 2월 2일 경남의 진해극장, 2월 3일 구 마산극장과 신 마산극장, 2월 8일 통영, 2월 13일 사천, 2월 21일 부산 송도의 연무장에서 상영했다. 활동사진 선전대는 2월 22일과 23일 부산·동래에서 학생과 일반에게 선전영화를 제공했다. 24일과 25일 야간

---

32) ≪조선시보≫, 1923. 1. 17.「순회 활동사진회」.

에 부산의 태평관에서 제공되었다."33) "부산 경찰서가 주관한 위생에 관한 선전영화는 여름철 전염병 예방에 관한 내용을 담고 있었으며 부산 도심과 동래지역을 배경 삼아 촬영 제작되었다. 선전영화 상영은 부산과 경상남도 지역 전역으로 확대하여 1923년 4월 7일 진해에서도 개봉되었다."34) 부산의 활동사진관 "보래관에서 5월 4일 오후 1시에 상영하고, 부산진의 유락관遊樂館에서는 5월 5일 오후 7시 무료 상영"35)했다. 그리고 "오사카大阪 매일 신문은 부산에 활동사진반을 파견하여 1923년 4월 15일 부산 대정공원大正公園에서 상영하였고, 다음날 4월 16일에는 목지도牧之島(영도) 융마굴薩摩堀 광장에서, 17일에는 초량 소학교에서 위생衛生 선전영화를 상영했다. 일반인에게 공개한 선전영화는 <위생 선전>과 <소비절약(消費節約) 선전>, <이 왕세자 전하 귀선(李王世子殿下御歸鮮)>"36) 등을 상영했다.

조선식산은행에서 "3년간 월 저금"37)을 주제로 제작하여 "1923년 7월 28일과 29일 7시부터 국제관에서 상영했다. 7월 30일은 유락관에서, 31일에는 동래보통학교東萊普通學校에서 선전영화를 상영"38)했다. 1923년 10월 "행관에서는 총독부 전신국이 제작하고 부산 우편국이 주최한 저금 사상과 통신사업에 관한 선전영화를 10월 19일과 20일 양일간 야간에 상영했는데, 19일은 내지인內地人

---

33) ≪조선시보≫, 1923. 2. 23.「사회개선의 활동 태평관에서 공개」.

34) ≪조선시보≫, 1923. 5. 6.「부산 동래 방면을 배경으로 한 촬영(釜山東來方面を背景として影寫)」.

35) ≪조선시보≫, 1923. 5. 3.「위생(衛生) 활동사진 개최」.

36) ≪조선시보≫, 1923. 4. 15.「대매(大每) 활동사진(活動寫眞)」.

37) ≪조선시보≫, 1923. 7. 20.「저금(貯金) 선전 활동사진」.

38) ≪조선시보≫, 1923. 7. 29.「저금선전 활동사진」.

(일본인), 20일은 조선인을 대상으로 상영했다. 입장요금은 무료이며 사진 내용은 취미趣味와 관련한 내용도 있다."39)라고 덧붙이기도 했다.

[자료 65] ≪조선시보≫ 1924년 1월 30일 조선시보 주최 <성혼> 영화 관람 학생 (행관)

1924년 1월 28일부터 4일간 행관이 조선시보사의 후원을 받아 부산 소재 학교의 1만여 학생 아동들에게 <성혼(成婚)>을 제공한 사실은 [자료 65]에서 확인할 수 있다. 이 사진에서는 선전영화 관람에 많은 학생들을 동원한 사실과 함께 행관의 내부 모습, 무대 단상에 설치된 장치들과 스크린 규모 그리고 흑백 영상을 보면서 관계자가 설명하는 모습도 확인할 수 있다. 이처럼 조선 총독부는 1921년부터 지속적으로 선전영화제작과 상영을

39) ≪조선시보≫, 1923. 10. 19. 「저금선전 활동사진 -부산 우편국」.

통해 식민 통치 이데올로기를 강화해 나갔다. 선전영화의 제작 주체는 조선 총독부 산하 기관인 조선식산은행 그리고 부산 경찰서와 우편 전신국이었으며 부산과 경남의 관청에서 주관했다.

선전영화는 일본인의 정신함양, 소방, 교통, 교육, 위생, 저금, 취미 생활에 관한 내용을 담고 있었다. 부산의 활동사진 상설관 이었던, 보래관과 행관, 상생관은 선전영화 상영과 본 영화 프로그램 상영을 병행하였다. 이들 3관은 교육영화, 선전영화 상영에 동원되면서 경영 수지가 악화하였고 배일 문제로 발생한 서양 영화 검열 강화로 인해 흥행 영업 활동이 위축되어 이를 되살리기 위한 자구책 마련에 부심했다. 각 상설관은 각각 서양의 대활극 영화, 일본 전통 구극, 신파 희비극 영화로 구분 지어 특색 있는 활동사진을 상영함으로써 고정 팬을 확보하려 했으며, 영화흥행 시장의 재활성화를 모색했다.

라. 1923년 활동사진 상설 3관의 흥행 전망

1920년대 접어들어 부산 활동사진 상설관은 일본 정치 현실과 상설관과의 흥행 경쟁 상황 변화에 주시하고 대처해야 했다. 전술하였듯이 미국의 이민법에 관한 배일 문제 제기로 미국 영화 수입억제 조치가 부산의 활동사진 상설관의 흥행 영업에 가장 큰 타격을 준 사건이었다. 그에 따라 일본이 내놓은 대책은 부산 경찰서에 전담 필름 검열실을 설치하여 서양 영화 필름 사전 검열을 강화하고 나섰다. 이 조치로 부산 활동상설관 3곳의 상영 프로그램 조정이 불가피하였고 흥행 수익에도 많은 영향을 미쳤다.

부산의 활동사진 상설관인 보래관과 행관, 상생관은 경영 수익 부진을 만회하기 위해 신문광고에서부터 타이틀 문구 선정과 경영 상황 등을 면밀히 점검한 후, 상설관마다 특색 있는 영화 선택에 나섰다. 이러한 자생의 노력을 두고 일각에선 "오늘날 활동사진의 힘은 관객이 접하는 순간 일상적인 생활에서 빠져나오지 못할 정도로 힘이 세다는 사실을 보여준다. 그 동안 발전을 거듭하여 이제는 단순한 사진에서 예술의 영역으로 탈바꿈하여 예술화된 활동사진"[40] 시대로 접어들고 있다고 설명했다.

사회적 분위기는 곧 경영 개선의 전환으로 이어졌다. 경영자들은 그동안 부산의 영화 팬들이 "서양 활동사진이 보여주는 인생에 관한 심각한 이야기보다는 미국식의 엄청난 활극"[41]을 선호한다는 사실을 인식하고 이를 재빠르게 경영에 반영했다. 시대적 흐름을 파악한 부산 활동사진 3관은 각 상설관마다 그 동안 축적된 경영 방식, 활동사진 레퍼토리, 제휴 회사, 변사들의 활변 활동, 활동사진 홍보 방법 등을 내세워 흥행 전망을 정리하여 내놓았다.

먼저 "보래관은 좌장座長이 혼자 연기하는 폐단이 있는 구극보다는 서양 영화를 전면에 내세워 서양 활극活劇 영화"[42] 전담 상영관으로 내세웠다. 부산 영화계에서는 "보래관의 활극 특색 영화를 두고 민중예술을 내세우는 영화관이라 평가했다. 경영주 오카모토 쇼조 군岡本松造 君은 지속적인 활동사진 수급을 위해 제

---

40) ≪조선시보≫, 1923. 5. 11. 「민중예술(民衆藝術)의 명타(銘打)를 가진 부산의 키네마(釜山のキネマ)」.

41) ≪조선시보≫, 1923. 5. 11. 「서양물 위에서도(西洋物の上からも)」.

42) ≪조선시보≫, 1923. 5. 17. 「아라시 리토쿠 일파의 주연으로(嵐璃德一派の主演に)」.

국 키네마帝國キネマ, 미국 유니버설사와 배급 특약"43)을 맺었다. "경영주 오카모토는 관객들의 심리를 읽고 특유의 화려한 선전 방식으로 매주 수많은 관객을 모으는 능력을 지녔다. 그 결과 보래관은 부산 3관중에서 가장 돈을 많이 버는 관"44)이라 알려 지게 되었다.

1923년 3월 22일부터 5월 22일까지 상영한 "<다이아몬드 여왕 (ダイヤモンド女王)>은 제국 키네마와 유니버설사의 특약 영화 로 보래관 팬들은 가장 흥미 있는 영화라 자랑했다. 보래관의 영화 설명에는 모두 8명의 변사가 동원되었고 그중 서양 영화에 는 인기 있는 변사 코다마 미도리도오 군兒玉翠堂 君과 니시지마 텐 네무리西島天眠가 등장하여 활기찬 설명"45)으로 고정 팬들의 발을 묶는 역할을 했다. 이처럼 보래관은 서양 영화에 대한 관객의 수요가 넘치면서 충분한 흥행의 가능성을 기대하게 했다.

행관은 "1923년 5월 일활사의 직영으로 지배인支配人은 사쿠라 바 후지오 군櫻庭藤夫 君"46)이 역할을 맡았다. 행관은 1915년 12월 개관 당시부터 일본 구극 중심으로 흥행을 이어온 이력 때문에 관객들은 행관을 일본 '구극舊劇' 영화 전담 상영관으로 인식했 다. 행관은 그 동안 여러 배급사를 전전했지만 1917년부터는 '일 활'로 직영 배급 체제를 갖추었다. 그런데도 "여전히 구습舊習을 답습踏襲"47)하고 있다는 평판을 들었다. 그러나 "타관에 비해 음

---

43) ≪조선시보≫, 1923. 5. 17. 「오카모토 마츠조 군의 선전 방식(岡本松造君の宣傳振り)」.

44) ≪조선시보≫, 1923. 5. 17. 「민중예술(民衆藝術)이라고 명명(銘打)한 부산의 키네마 3관(釜山 のキネマ三館) 보래관은 활극(活劇)이 특색(特色)으로 서광은 확실(曙光 確)」.

45) ≪조선시보≫, 1923. 5. 17. 「심각한 표정 및 예술은(深刻な表情及藝術は)」.

46) ≪조선시보≫, 1923. 5. 12. 「부산의 키네마 3관 (2) 행관의 內容과 評判」. 지배인은 사쿠라바 후지오(櫻庭藤夫).

악대가 없는 대신 후지오 군은 나머지 두 개관 경영자에 비해
월등히 뛰어난 선전 방식을 동원해 매주 상당한 관객을 모아왔
다. 그러한 능력은 특유의 건실함과 웅약雄躍 그리고 화려한 경영
실력에서 비롯된 것"48)이라며 행관 경영자의 뛰어난 사업 수완
을 칭찬하는 목소리도 자주 들렸다.

행관은 화려한 경영능력에 비해 제공하는 영화는 "여러모로
저급하여 부산 관객의 기대치에 미치지는 못하였다. 그 예로 신
파 비극 <사랑보다 죽음으로(戀より死へ)> 전 5권은 일활의 향도
파向島派가 혁신을 기해 촬영한 영화로 새로운 시대에 젊은이의
기분을 증진한다는 선전으로 상영 혁신을 기하려 했다. 그러나
관객들은 약간의 예술적 소양과 새로운 촬영 기법이 꽤 진행되
고 있지만 여전히 오랫동안 전해오는 신파 냄새가 배어나는 것
은 유감"49)이라는 반응을 내놓았다. 행관에서 상영한 <사랑의
샘(愛の泉)>에 대해서도 관객들은 "촬영방법이 새롭게 개선되었
다고는 하지만 내용은 전체적으로 약간 더 저하되었다."50)라는
평가를 하기도 했다. 그런데도 행관의 변사 활변은 양 관에 비해
매우 뛰어났다. "구극에 동원된 11명의 변사들이 예술품을 보여
주듯이 무대 위에서 열성을 다해 활약을 했다. 주임 변사인 나카
타中田 군을 비롯한 변사 모두가 진검승부를 하듯이 활약했고 특
별히 서양 영화는 키요도 군木佳堂 君이 생기 있는 설명"51)으로

---

47) ≪조선시보≫, 1923. 5. 12. 「민중예술이라는 명목을 내세웠다(民衆藝術と銘打つた)」.

48) ≪조선시보≫, 1923. 5. 12. 「부산의 키네마 3관 (2) 행관의 內容과 評判」.

49) ≪조선시보≫, 1923. 5. 12. 「연예안내」.

50) ≪조선시보≫, 1923. 5. 12. 「예술적(藝術的)인 기질(稍筋)을 발견(見出)」.

51) ≪조선시보≫, 1923. 5. 12. 「조금(少) 인간미(人間味)」.

"활동상설관 무대를 약동躍動시켜 행관의 흥행 전망은 밝다."52)라고 진단했다.

상생관은 "아라이 코오키치 군新井幸吉 君이 쇼치쿠와 제휴하여 경영책임을 맡았다. 그는 특유의 견실堅實함과 기존 상생관을 지지하던 팬들을 우선 배려하여 매주每週 성황53)을 이루었다. 상생관은 오래전부터 일본 '신파新派' 영화를 전담 상영하는 상설관으로 알려져서 고정 팬 확보에 유리한 고지를 선점할 수 있었다. 상생관의 흥행 선전 방식은 매우 특이했다. "상생관은 타관의 추종을 불허하는 음악을 관객들에게 제공했다. 변사의 설명에 곁들여지는 바이올린 연주는 활동사진을 더욱 흥미롭게 만들어 확실히 새롭고 좋은 사진으로 평가 받도록 한다. 이 점은 쇼치쿠만의 특색이자 상생관의 자랑이다. 그렇기 때문에 신파 영화 고정 팬들은 서양 영화에 연주되는 음악이 신파보다 조금 뒤떨어진다."54)라고 생각하였다. 상생관이 대표적으로 내세운 영화는 "쇼치쿠가 특별히 촬영을 클로즈업 하여"55) 제공한 "신파 대비극 <생명의 꽃(生命の花)> 전 5권"56)이다. 이 영화가 등장인물의 삶을 검劍으로 표현하는 촬영 효과는 그 자체가 새로워 부산의 영화 팬들로부터 큰 호응을 얻었다.

---

52) 《조선시보》, 1923. 5. 12. 「진검미(眞劍味) 활약상을 나타냄(活躍振りを示)」.

53) 《조선시보》, 1923. 5. 18. 「민중예술(民衆藝術)이라고 명명(銘打)한 부산의 키네마(釜山のキネマ) 상생관(相生館)은 신파(新派)가 좋은 서광은 확실(曙光は確)해 보였다(見)」.

54) 《조선시보》, 1923. 5. 18. 「상생관은 쇼치쿠와 제휴한다(相生館が松竹と携へ)」.

55) 《조선시보》, 1923. 5. 18. 「상연은 매우 새롭다(上演して大いに新ら)」.

56) 《조선시보》, 1923. 5. 18. 「부산으로서는 자진해서(釜山としては進んで)」.

[표 21] 1923년 활동사진 상설 3관 특색 영화흥행

구분	보래관	행관	상생관
개관년도	1915년 3월	1915년 12월	1916년 11월
경영주	오카모토 쇼조 (岡本松造)	사쿠라바 후지오 (櫻庭藤夫) - (지배인)	아라이 코오키치 (新井幸吉)
특색 활동사진	서양 활극 활동사진	구극 활동사진	신파 활동사진
특약, 제휴사	제국 키네마, 유니버설 특약	일활 직영	쇼치쿠 제휴
음악대		음악대 없음	바이올린 연주
변사의 활동	인원 : 8명 주임 : 니시지마 텐면(西島天眠) 서양 활동사진 전담 : 아옥취당(兒玉翠堂)	인원 : 11명, 주임 : 나카타(中田) 서양 활동사진 전담 : 아라키 카도(荒木佳堂)	인원 : 9명 서양 활동사진 전담 : 기노시타취몽(木下醉夢)
흥행수단	화려한 선전력 발휘와 활기찬 변사들의 활동	음악대 대신 선전력으로 흥행을 하지만 구극에서 벗어나지 못함이 단점이다	추종을 불허하는 쇼치쿠만의 음악을 자랑, 대신 서양 활동 사진의 음악은 뒤떨어지는 단점이다 신파 활동사진 팬 확보
경영 수익	3관 중 수익 최다		

1923년 상반기, 배일 문제로 시작된 미국 영화 수입억제 조치는 활동사진 검열 강화와 맞물려 시행되면서 부산의 영화계는 흥행 부진의 어려움을 겪었다. 그러나 각 관은 새로운 기술로 제작된 특색 있는 영화와 음악대 운영, 경영 방식의 전환, 특유의 선전력 활용, 변사의 활변 능력을 점검, 고정 팬들의 수요 점검을 실시하면서 향후 전망을 총체적으로 점검하는 기회로 삼았다.

제5장

조선키네마(주) 설립과 해산

1. 조선키네마(주)[1] 설립

조선키네마(주)는 초창기 영화제작 시스템이 제대로 갖춰지지 않은 상황에서도 <해의 비곡(海の秘曲)> 외 3편을 제작함으로써 대중의 관심을 불러일으킨 부산의 유일한 영화사였다. 이 회사는 1924년 <해의 비곡>을 일본 현지에 수출하여 조선 유학생들에게 인기를 끌었고, 활동사진 애호가들이 갈망한 '제1회 대 작품 순 조선영화純朝鮮映畵'라 소개되며 서울의 단성사에서 흥행을 시작해 대성황을 이루었다. 영화사가 서울이 아닌 지방, 부산에서 설립되어 영화제작과 흥행 활동을 벌였다는 사실은 한국영화사에서도 매우 중요한 사건으로 기록되어 있다.

그러나 회사 설립 당시의 정확한 소재지의 위치, 자본금의 규모는 규명되어야 할 과제로 남아있다. 또한 조선키네마(주)는 경영부진 때문에 발생한 손실금 문제로 인해 중역들 간에 소송이 제기되어 갈등이 수면 위로 표출되었다. 이 장에서는 규명해야할 과제를 재검토하고 왕필열이 산파로 나서 재기를 모색한 정

---

1) '조선키네마 주식회사'를 이하 '조선키네마(주)'로 표기한다.

황 등을 실증적으로 분석해 보고자 한다.

가. 설립 배경

조선키네마(주)는 1924년 6월, 당시 부산에 거주하던 다카사 간조高左貫長(왕필열)와 와타나베 타츠사우渡邊辰左右 외의 인사들이 모여 가토加藤 소아과 병원에서 여러 차례 회합한 후, 무대예술연구회 소속이었던 한국인 이채전과 안종화 등 여러 배우들을 끌어들여 설립된 영화사이다. 영화 <해의 비곡>을 시작으로 1925년 11월 해산 전까지 2년여 기간 동안 총 4편의 영화를 제작하면서 대중들의 관심을 받았다.

조선키네마(주) 설립의 배경에 대해서는 여러 논의가 있었다. 그 중「조선키네마(주)의 설립 배경과 몇 가지 논쟁점에 대한 고찰」에서 문관규는 다음과 같이 주장했다. "1923년 경성에서 동아문화협회의 하야카와 코슈早川孤舟가 <춘향전>을 제작한 후 황금관에서 개봉하여 흥행에 성공하자, 이에 자극받은 단성사團成社 경영주 박승필朴承弼이 단성사 촬영부를 조직하여 <장화홍련전>(1924)을 완성하여 흥행을 이어간다. 이와 같은 자국 영화제작 붐은 관객층의 형성에 영향을 끼쳤으며 영화에 대한 식민지 관객의 열기에 일조했다."[2] 즉 자국 영화의 흥행 성공은 조선이 영화제작 시대로 나아갈 가능성을 연 동기로 작용했다고 할 수 있을 것이다.

한편 조선키네마(주) 설립에 대하여 임화는「조선 영화발달사 소사」에서 "동아문화협회에서 일본인이 제작한 <춘향전>(1923)은 대중적 장소의 스크린에서 만나는 조선의 인물과 조선 풍경

2) 문관규, 앞의 논문, 155쪽.

을 보는 친근감으로 관객의 호응을 얻어 성공했으며 이를 계기로 조선키네마(주)가 공칭 자본 20만 원에 설립하게 되었다."[3]라고 주장하였다. 그러므로 조선키네마(주)의 설립 동기를 "한국영화사에서 <춘향전>과 <장화홍련전>의 흥행 성공으로 인한 조선영화제작 분위기 조성과 산업적 가능성으로 판단하는 데 별다른 이견이 없다."[4] 조선키네마(주)에서 제작한 영화를 부산의 상설관에서 상영할 수 있는 흥행 상의 이점과 일본과 경성으로 이어지는 배급망 확대의 가능성도 빼놓을 수 없는 설립의 원인일 것이다. 조선키네마(주)의 첫 작품인 <해의 비곡>(1924)이 "부산 개봉을 미루고 일본의 오사카 키네마 연구회에 출품"[5]하여 일본 현지 흥행 시장 개척에 나선 사실은 위의 추정을 어느 정도 증명해준다. 영화제작 자본금을 회수할 수 있는 최적의 방법을 해외 영화 배급시장 개척에 두고 있었던 조선키네마(주)는 제작과 배급 그리고 흥행을 하나로 통합하는 사업 방식에 대해서도 심도 깊게 고민한 것으로 보인다.

> …. 조선 활동사진도 만들기만 하면 이익을 본다는 것은 의심 업는 사실로 나타낫스나 그러나 (중략) 촬영업 허가는 어려울 뿐 아니라 자본도 넉넉지 못하여 뒤를 이어 촬영을 하지 못하고 주저하기를 마지아니하든 중 부산에 잇는 고좌관장(高左貫長)이라는 일본인이 조선 활동사진을 만들더러도 일본에 수출만 하면 되겠다는 생각으로 주식회사 「조선키네마」를 조직하고 신파 연극배우 이삼언과 리월화를 중심으로 '해의 비곡'이라는 사진을 촬영하야 먼저 경성에서 봉절한 결과 상당한 수입을 엇

---

3) 김종욱 역, 『실록 한국 영화 총서(상)』, 국학자료원, 2002, 74쪽.

4) 문관규, 앞의 논문, 155쪽.

5) ≪조선시보≫, 1924. 10. 17. 「조선키네(朝鮮キネ) 처녀영화(處女映畵) 금명간(近日) 공개(公開)」.

고 계획대로 조선 사람의 사진이라는 일종 호기심을 잇끌어 그
사진을 일본에도 수출을 할 수가 있게 되었습니다.[6]

　인용문에서도 볼 수 있듯이, 조선키네마(주) 설립 배경에는 조
선영화를 제작하여 일본의 배급망을 통해 활로를 모색하려는 회
사의 경영 이념이 자리하고 있었다. 따라서 조선키네마(주)가 부
산에 자리하게 된 근본적 이유는 경성보다 일본에 더 가까웠기
때문이다. 그로 인해 제작된 영화가 일본 현지 배급망을 통해
수출될 가능성이 경성보다 크다고 판단했을 것이다. 또한 일본
거류지에서 발생한 활동사진 관람 문화가 부산에 이미 정착된
것도 어느 정도 고려했을 것이다. 그러므로 부산의 영화사 설립
이 현실화된 것은 부산 소재 활동사진 상설관에서의 활기찬 관
람 열기가 영화사의 흥행 수익으로 이어질 것이란 기대감이 크
게 작용했다. 여기에 더하여 부산의 지리적 이점으로 인해 기술
적, 인적 교류가 더욱 활발해질 것이라는 전망도 영화사 설립을
실현시켰던 요인들이었다.

나. 상업 및 법인등기의 본점 위치

　이 장에서는 조선키네마(주) 본점의 위치를 알려주는 지번과
임대 사용 건물에 관해 살펴볼 것이다. 이와 관련된 사항을 연
구할 수 있는 토대는 1924년 7월 17일 자 부산지방법원 등기자
료라고 할 수 있다. 본 자료를 통해 필자는 본점의 위치와 자본
금에 대해 중점적으로 규명해보고자 한다. 다음 자료는 조선키

---

6) ≪동아일보≫, 1925. 11. 20. 「부산에 조선키네마 조선 영화계의 과거와 현재…」.

네마주식회사 설립 등기 내용이다.

주식회사 설립, 상호 조선키네마(주), 본점 부산부 혼마치(本町) 5정목 18번지, 목적 1) 내선융화 및 제 종의 교육 자료 활동사진 제작판매 2) 조선 각 방면의 실사 활동사진 제작판매 등 8개 항으로 각 항과 관련된 사업. 설립 년 월 일은 대정 13년 7월 11일. 자본 금액 금 7만 5천 원, 1주의 금액 금 50원, 각주 라. 불입 금액 금 12원 50전 공고의 방법은 점두(店頭) 게시, 이사의 성명 주소 부산부 대청정 3정목 3번지 이름 나데온 이치(名出音一), 부산부 대청정 2정목 32번지 가토 세이이치(加藤淸一), 서정 2정목 13번지 다카사 간조(高左貫長), 보수정 2정목 84번지 와타나베 타츠사우(渡邊辰左右), 감사 이름 주소는 대청정 1정목 47번지 구보다 고로(窪田梧樓), 보수정 1정목 21번지 다나카 미토(田中美登), 회사 대표 및 이사 명(名) 나데온 이치(名出音一) 지배인 선임 지배인의 성명 주소는 초장정 2정목 34번지 아쿠츠 마사아키(阿久津正明) 주인의 성명 주소 부산부 본정 5정목 19번지 조선키네마(주) 지배인을 두고 있다. 장소 부산부 본정 5정목 19번지. 우(右), 대정 13년(1924년) 7월 17일 등기. 부산지방법원.

[자료 66] 『관보』 등기일 1924년 7월 17일 부산지방법원7)

---

7) 朝鮮總督府, 官報, 「商業及法人登記(상업 및 법인등기)」, 第三千五百九十八號, 大正十三年 八月

등기자료에 따르면, 조선키네마(주)의 설립일은 1924년 7월 11일, 자본금 75,000원, 본점은 부산부 '본정 5정목 18번지에' 둔다고 기록되어 있다. 설립의 주최자는 부산부에 거주하는 일본인들로 이사 겸 대표는 동아총포화약상 주인 나데온 이치名出音—가 맡았고, 감사는 대청정 1정목 47번지에 주소를 둔 구보다 고로窪田梧樓 외 1명과 그 외의 지배인을 포함하여 총 7명으로 구성했다. 7월 17일 자 부산지방법원에서 발행한 상업 및 법인등기에 위 내용이 등재되어 있고 1924년 8월 11일 조선 총독부 관보 제3598호에 이를 게재함에 따라 조선키네마(주)는 1924년 7월 11일 설립이 완료되었다. 이 자료를 근거로『부산 근대영화사』에서 오기했던 "회사 본점은 부산부 본정 5정목 19번지"[8]를 '본정 5정목 18번지'로 바로 잡는다. '19번지'는 "지배인을 두는支配人ヲ置" 장소로 등재했다. 설립 목적, 자본금의 규모, 회사 구성원에 대한 내용을 표로 정리하면 다음과 같다.

[표 22] 조선키네마(주) 설립의 상업 및 법인등기 내용

구분	주요 내용	비고
상호 및 설립일	조선키네마(주), 1924년 7월 11일	
본점 위치	부산부 본정 5정목 18번지	
설립 목적	1) 내선융화 및 제 종의 교육 자료 활동사진 제작판매 2) 조선 각 방면의 실사 활동사진 제작판매 3) 조선 풍속을 기본으로 한 순 활동 사진 제작판매 4) 일반 수요에 응하는 활동사진 촬영업 5) 활동사진 상설관 경영 및 순회 공연 6) 활동사진 상설관 경영 및 제작 사업에 대한 투자	

十一日(관보 등재 일자 -제3598호 1924년 8월 11일).

8) 홍영철,『부산 근대영화사』, 앞의 책, 35쪽.

구분		주요 내용	비고
		7) 내외 활동사진 및 촬영기 영사기 등 판매 및 대출 8) 전 각 항과 관련된 사업	
자본금 (주식 수)		금 7만 5천 원(1주당 50원), 불입금 1주당 12원 50전	
인원	이사 겸대표	나데온 이치(名出音一)	동아총포 화약상
		가토 세이치(加藤淸一)	가등병원장
		다카사 간조(高左貫長)	종교인 (왕필열)
		와타나베 타츠사우(渡邊辰左右)	
	감사	구보다 고루(窪田梧樓)	변호사
		다나카 미토(田中美登)	
	지배인	아쿠츠 마사아키(阿久津正明)	

다음은 '본정 5정목本町 五丁目'의 구역을 아래 지도를 통해 확인 해보고자 한다.

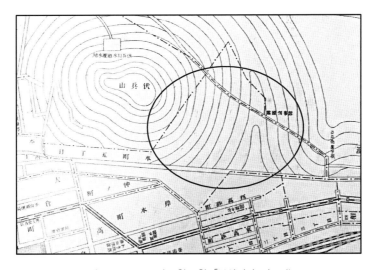

[자료 67] 1918년 7월 3월 「부산시가 전도」9)

앞의 [자료 67]에서 복병산(伏兵山)이 보이는 아래 오른쪽에 본정 5정목 구역(점선 경계) 경계에 러시아영사관(露國領事舘)이 위치한 것을 확인할 수 있다. '지번 18번지와 19번지'는 다음 [자료 68] 1933년 제작된 「부산부 시가도」에서 살펴보고자 한다.

[자료 68] 1933년 「부산부 시가도 - 진해만 요새
사령부검열제(鎭海灣要塞司令部檢閱濟)」

다음 [자료 69]에서 1924년 본점의 '18번지'와 그 외 '19번지'의 위치를 상세히 재확인할 수 있다.

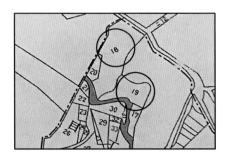

[자료 69] 18번지와 19번지 부분 표기 축척 1:5,500[10]

___

9) 「1918년 부산시가 전도」, (부산대학교 도서관 영인본).

18번지와 19번지는 아래와 위로 지번이 구분되어 있다. 오늘날 복병산 주변도인 [자료 70]을 통해서도 18번지와 19번지의 위치를 비교해 볼 수 있다.

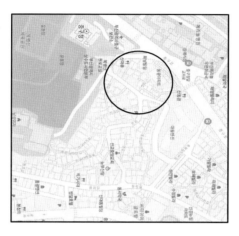

[자료 70] 2021년 3월 「복병산 주변 구역도」[11]

　1924년 회사 설립 당시 18번지와 19번지의 위치를 오늘날의 지도 [자료]에서 찾아서 비교할 수는 없지만, 현재 부산 중구 청사 입구에서~메리놀 병원 앞 도로를 중심으로 살펴보면 어느 정도 예전의 위치를 짐작할 수 있다. 1918년 부산시가지 전도와 1933년 부산부 시가도를 통해 1924년 조선키네마(주) 본점의 위치 '18번지'와 그 외 '19번지'의 위치가 구분된다는 사실을 충분히 확인할 수 있다.

　다음은 구 러시아영사관 부지舊露國領事舘敷地 내 건물을 조선키네

---

10) 「1933년 부산부 시가도」, (부산대학교 도서관 영인본).

11) 「복병산 주변 구역도」, (부산 중구청 지도, 2021. 11.).

마(주)가 임대하여 사용했다는 사실에 대해 알아보도록 하자. 러시아영사관의 위치는 1903년 부산항 시가 및 부근지도 [자료 71]에서 복병산 아래 '各國居留地(각국 거류지)' 내의 海關長 官舍(해관장 관사 ㅁ)와 그 오른쪽에 '露國領事舘敷地(러시아영사관 부지 ㅁ)' 표시로 확인된다.

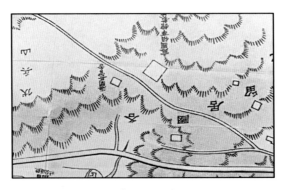

[자료 71] 1903년 「부산항 시가 및 부근지도」[12]

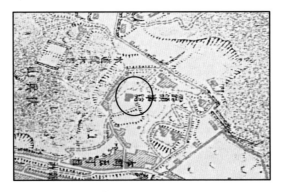

[자료 72] 1924년 6월 30일 「부산 지형도」 (아래 도로는 현 동광동 길이다)[13]

---

12) 「1903년 부산항 시가 및 부근지도」, (부산대학교 도서관 영인본).

13) 1924년 6월 30일 부산 지형도(아래 도로는 현 동광동 길이다).

앞의 [자료 72]는 1924년 6월 30일 조선 총독부 유지 측량부가 제작한 부산 지형도(1:1,000 축척)[14]이다. 이 지도는 1924년 7월 조선키네마(주) 설립 이전에 제작된 것으로서 지도 가운데에 '露領事舘_{로영사관}(러시아)'이라 표기되어 있다. 또한 바로 위에 흰색 바탕 사각형 표시는 '수도 배수지'이다. 그 하단에는 도로와 인접한 곳에 '本町 五丁目(본정 5정목)' 표시가 있다. 가운데 구불구불한 점선 길을 따라서 올라 가면 '오른쪽' 굵고 붉은 표시가 '로영사관' 위치로 확인된다.

[자료 73] ≪조선시보≫ 1925년 6월 4일 「진용(陳容)을 정(整)리한 조선키네마」.

또한 조선키네마(주)가 이곳 러시아영사관에 소재했다는 사실은 1925년 6월 4일 자 ≪조선시보≫의 위 기사, "복병산 자락의 일각一角에 우뚝 솟은 구 러시아영사관의 굉장한 건물이 조선의 유일한 영화촬영소 조선키네마"[15]에서도 확인이 가능하다.

---

14) 「1924년 조선 총독부 유지 측량부 제작 부산 지형도」, (부산대학교 도서관 영인본).

15) ≪조선시보≫, 1925. 6. 4. 「진용이 갖추어진(整) 조선키네마 최근(近)에 활동(活動)의 불을 지르리(火蓋)라」, 복병산 자락(伏兵山麓) 일각(一角)에 구 로국영사관(舊露國領事館) 굉장한(宏壯) 건물(建物)….

그러므로 조선키네마(주)는 본정 5정목 18번지를 주 건물로, 19번지는 지배인이 거처하거나 사무를 보는 부속 건물로 '구 러시아영사관'[16]을 분할해서 사용한 것으로 결론 내릴 수 있을 것이다.

지금까지 부산지방법원 상업 및 법원 등기자료와 1903년과 1916년, 1918년, 1924년, 1933년 지도 자료 그리고 조선시보 기사를 통해 조선키네마(주)의 설립일은 1924년 7월 11일임을 확인했다. 그리고 등기부상 본점은 '본정 5정목 18번지'에 위치했다는 사실도 새롭게 확인했다. 따라서 『부산 근대영화사』에서 주장한 조선키네마 본점의 주소 '19번지'는 등기자료를 미확인한 채, 『조선은행 회사요록』(1925)[17]의 내용을 그대로 인용하면서 발생한 것이다.

다. 설립 목적과 주식 배분

조선키네마(주)의 설립 목적은 조선 총독부의 영화사 설립에 따른 허가 사항을 준수하며 영화를 통해 내선융화와 교육 자료, 활동사진 제작 판매로 수익을 창출하는 데 있었다. 향후 1차 목표가 어느 정도 달성되면, 조선 풍속을 담은 활동사진 촬영업과 활동사진 상설관 경영, 순회공연 활동사진 제작, 촬영기 및 영사기 판매와 대출 등으로 점차 사업의 영업 영역을 확장해 나가는

---

16) 조선키네마(주)는 1923년 10월 폐쇄된 러시아영사관 소유 8,500여 평의 부지와 건물을 조선 총독부로부터 임대하여 사용했다. 그러다가 러시아와 일본이 1925년 5월경 국교가 회복됨에 따라 1926년 1월 러시아영사관의 복귀 전, 조선키네마(주)가 명도 이전한 것으로 추정된다.

17) 홍영철, 『부산 근대영화사』, 앞의 책, 34쪽(사진, 『조선은행 회사요록』, 동아경제시보사 1925년, 341쪽을 인용한 것이다). 이에 따르면, 본점을 본정 5정목 '19번지'로, 설립일[대정 13년 (1924년) 7월 11일]과 자본금(75,000원), 불입금과 목적, 임원의 명단을 기록했다.

계획을 하고 있었다.

조선키네마(주)는 자본금은 75,000원이었으며, 주식의 가격은 1주당 50원, 불입액 1주당 금 12원 50전으로 정하고 이를 공시했다. 자본금에 대해서는 10만 원, 20만 원, 50만 원을 제시한 여러 주장이 있다. 조희문은 논문에서 ≪경성일보≫ 1925년 2월 21일 자 자료를 참고하여 자본금은 "10만 원 규모였으며 그중 4분의 1에 해당하는 25,000원을 납입했다."[18]라고 주장했다. 이영일은 이구영과 대담에서 발췌한 "다카사가 사장이자, 20만 원짜리 주식회사입니다."[19]라는 대목을 통해 20만 원 설을 주장했다. 그리고『부산 근대영화사』에서는 '50만 원 증자'를 주장했다. 이처럼 조선키네마(주)의 자본금 출자에 관해서는 여러 의견이 제시되었다.

자본금 50만 원 증자설은 ≪조선시보≫ 1925년 6월 4일 기사에서 진위를 파악할 수 있다. 당시 조선키네마(주) 전무였던 다카사 간조는 오사카 출장 자리에서 "출장소 마련을 위해 50만 원을 증자하여 반도 키네마 계를 위해 적토(赤土)에 싹튼 조선의 예술…, 인정 풍속 풍경 등을 간단하게 소개하기 위해 대대적으로 촬영에 착수하면서"[20]라고 발언했다. 하지만 이 말은 다카사 간조가 풍경 영화를 제작하는 사업까지 확장하려는 계획에 필요한 자금으로 50만 원이 증자되면 좋겠다는 기대감에서 제시

---

18) ≪경성일보≫, 1925. 2. 21. 「영화의 나라(映畵 國) -조선키네마(朝鮮キネマ)의 대두(擡頭)할 때까지」, - '10만 원 4분의 1 불입'에 관해서는 조희문, 「일제강점기 시대 조선키네마의 설립과 영화제작 활동에 관한 연구」, 『영화연구』 제29호, 324쪽 참조.

19) 한국예술연구소, 『한국영화사를 위한 증언록 김성춘·복혜숙·이구영 편』 총서 4권, 소도, 2003, 221쪽.

20) ≪조선시보≫, 1925. 6. 4. 「진용(陣容)을 가다듬(整)은 조선키네마(朝鮮キネマ)…」.

한 금액으로 보인다. 실제로 50만 원의 증자가 성사되었더라면 이후 1925년 6월 30일 손실금 741원 19전 때문에 주주총회의 무효를 주장하는 소송까지 이르진 않았을 것이다.

등기부에 따르면 조선키네마(주)의 자본금은 총 75,000원, 출석出席 총 주식은 1,445주였다. 법정 대리인이자 대표인 나데온 이치名出音—21)가 245주, 전무를 맡은 다카사 간조(왕필열)22) 200주, 와타나베 타츠사우渡邊辰左右 220주, 가토 세이치加藤淸—23) 120주, 감사인 구보다 고루窪田梧樓 120주, 다나카 미토田中美登 120주로, 배당 주식 총계는 805주이다. 그 근거는 1925년 6월 26일 원고 와타나베 타츠사우가 대표를 상대로 부산지방법원에 "조선키네마(주) 주주총회 무효소송을 제기"24)하면서 임원 각각의 배당된 주식 내용을 명기한 기록에서 찾을 수 있다.

조선키네마(주)는 1924년 7월 11일 본정 5정목 18번지에 본점을 두고 출자금 75,000원으로 출범했다. 그 이후 증자를 통해 교육 분야뿐만 아니라 조선의 풍속과 경색景色 등을 제작하는 회사로 확장하려는 목표를 가진 영화사였던 것으로 정리할 수 있을 것이다.

---

21) ≪조선시보≫, 1923. 5. 27. 「광고」.

22) ≪조선시보≫, 1924. 5. 17. 「문화 문제 강연회(文化問題講演會)」, -17일 오후 8시부터 시내 서정 묘각사(十七日午後八時より市內西町妙覺寺) 기사에서, 그가 강연한 이력을 볼 수 있다.

23) ≪조선시보≫, 1923. 1. 27. 기사에 따르면, 가토 병원장(加藤病院長)으로 기록했다.

24) ≪부산일보≫, 1925. 6. 30. 「조선키네마 주주총회(株主總會) 무효소송(無效訴訟)을 부산법원(釜山法院)에 제기(提起)」.

2. 영화제작 흥행

첫 작품으로 <해의 비곡>을 제작하여 1924년 10월 14일부터 19일까지 일본 오사카 미츠코시三越의 키네마 연구회에 출품작으로 내놓은 이후 서울 단성사에서 조선영화로 선전 상영하여 3,000여 원의 흑자를 이뤄냈다. 이 영화에 대해 이구영은 기대에 못 미친다는 혹평을 했지만, 영화의 주인공을 맡은 안종화는 우수작품으로 손꼽을 수 있다고 회고했다.

두 번째 작품은 회사의 임원 회의에서 안종화의 추천으로 윤백남尹白南이 감독과 시나리오를 맡는 것으로 결정하고 <총희의 연(寵姬의 戀)>[일명 운영전(雲英傳)]을 제작했다. 그러나 기대와 달리 성황을 이루지 못하고 2,000여 원의 적자를 냈다. 세 번째 작품은 왕필열을 감독으로 정해 애초 <암광(闇光)>으로 출발하였으나 이후 <신의 장(神의 粧)>으로 개칭하여 1925년 4월 경성의 조선극장에서 상영했다. 네 번째 작품은 <동리(洞里)의 호걸(豪傑)>이란 작품으로서, 이 역시 왕필열 연출로 제작되어 부산의 국제관에서 상영을 예정하기도 했다. 조선키네마(주)는 1924년에 2편, 1925년 2편, 모두 4편을 제작하고 해산했다. 다음 장에서는 4편의 제작과정과 흥행 여부 등을 검토해보고자 한다.

가. 첫 영화 〈해의 비곡(海の秘曲)〉(1924) 제작

첫 작품 <해의 비곡>(전 5권)은 왕필열 감독이 3개월간의 시나리오 작업을 거쳐 촬영에 들어갔다. 무대예술연구회에서 활동하던 이채전, 박승호, 이상필, 안종화, 이경손 등이 배역을 맡았다. 1924년 4월, 제2회 무대예술연구회가 부산 공연을 마치고 불가피하게 해산을 하게 되었는데, 그즈음 영화사 창립 발기인들이 이들에게 영화계 진출을 권유하자 일원_員 중 안종화가 나서 무대예술연구회 일동을 입사시키는 조건으로 응낙했다.

제작에 필요한 기술진은 "카메라맨에 오사카 출신 사이토齊藤와 일본에서 동경파라고 일컬어지던 스토須藤 그리고 미야시다官下, 니시카와西川 등을 초빙"25)했다. 그리고 "제작에 사용된 카메라는 불란서 제품인 '발보'로서 회사 중역으로 있던 무역업자가 3,500원을 주고 사 온 것"26)이라 전한다. 촬영은 "경성에서 시작하여 대구와 제주도 촬영을 성공적으로 마치고 1924년 9월 17일 부산에 도착하여 빨리 개봉할 것"27)이라 처음 알렸다. 하지만 같은 신문에서, "조선키네마의 첫 영화 <해의 비곡>의 주역인 안종화가 한라산 폭포에서 추락 장면을 촬영하다 실수로 중상을 입고 치료 중이다. 일행은 당초보다는 늦은 24일 밤 전부의 촬영을 마치고 부산에 도착했다. 영화필름을 빠른 시일 내 현상에 착수하여 본 월중에는 개봉을 이룰 것이라고"28) 늦어진 이유를 붙여 다시 보도되었다. 다음 [자료 74]는 조선키네마의 영화 <해의 비곡>이 경성·대구·제주도 촬영을 성공적으로 완료하고 곧 17일에는 부산에 도착하여 본월 중에 개봉하겠다는 의지를 담아 ≪조선시보≫가 9월 13일 조선키네마의 영화촬영제작에

---

25) 안종화, 『한국영화측면비사』, 춘추각, 1962, 61~62쪽.

26) 안종화, 위의 책, 68쪽. 안종화는 "당시로서는 엄청나게 비싼(3,500원) 가격이었는데 그것은 한 편의 제작비에 해당하는 비싼 값이었다."라고 회고했다.

27) ≪조선시보≫, 1924. 9. 13. 「조선키네마 촬영 최근 성공…」

28) ≪조선시보≫, 1924. 9. 27. 「조선키네마 주역 부상 <해의 비곡> 곧 개봉」.

관련 소식을 처음 전한 기사이다.

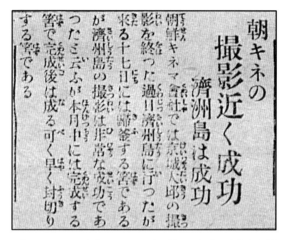

[자료 74] ≪조선시보≫ 1924년 9월 13일 「조선키네마 촬영 최근 성공 제주도는 성공」

영화의 제작진은 감독보에 이경손, 촬영은 사이토와 스토가 전·후반을 나누어 촬영했다. 스틸 사진은 니시카와 히데히로西川秀洋가 담당했으며, 출연자는 전원 한국인으로 구성되었다. 진문기와 그의 아들, 1인 2역은 안종화가 맡았고 이호영 역에 이주경李周璟이 진문기의 애인 역에 이채전李彩田, 나무꾼은 유수선兪守璿, 이월화李月華가 1인 2역으로 나무꾼의 딸과 손녀로 등장했다. 호영의 부친에 박승호朴勝浩, 섬 청년에 윤헌尹櫶, 학우 A에 주삼손朱三孫(일본인), 바보 역할은 이경손李慶孫이 맡았다.

"어느 해 여름, 남조선의 선경 제주도에 피서객으로 방문한 문기와 호영이 섬 중앙에 우뚝 솟은 한라산에 올라, 깊은 수목을 딛고 헤매다가 극도로 곤경에 빠져 산중을 방황하는 동안,

문기는 폭포에 추락하여 중상을 입고 비명횡사非命橫死 한다.

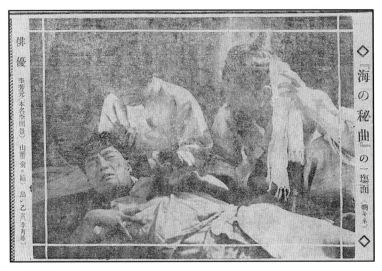

[자료 75] ≪조선시보≫ 1924년 10월 12일 「<해의 비곡(海の秘曲)>의
한 장면 조선키네마」

호영은 문기의 목에 걸린 반 조각 십자가 목걸이를 간직한다.
얼마 후 호영은 산중에서 나무꾼을 만나 그의 도움으로 극적으
로 살아난다. 나무꾼에게는 무남독녀無男獨女 외동딸이 있었으며
호영과 그녀 사이에 애정이 싹트기 시작한다."29)라는 줄거리가
신문에 공개되었다. 실제 "안종화가 한라산 폭포에서 추락하는
장면 촬영 중 실수로 중상을 입었다."30)라고 보도되기도 했다.
이후 영화 <해의 비곡>은 "수개월간 비용을 들여 제주도와 대구

---

29) ≪조선시보≫, 1924. 10. 12. 「<해의 비곡(海の秘曲)>의 한 장면 조선키네마」.
30) ≪조선시보≫, 1924. 9. 27. 「조선키네마의 주역(主役) 부상(負傷) <해의 비곡(海の秘曲)> 근래 개봉(近く封切)」.

그리고 경성에서 촬영 과정을 거쳐 완성되었다. 1924년 10월 16일 회사전무會社專務 왕필열이 휴대하여 오사카로 건너가 일본 오마이大每 신문사에서 개최하는 키네마 연구회에 출품하고 그리고 부산에서 개봉은…, 아마 본월本月(10월)이 될 것"[31]이라 예고했다.

나. 〈해의 비곡〉의 흥행 성과

기대 속에 제작된 "조선키네마(주)의 첫 영화 <해의 비곡>은 부산 개봉을 미루고 1924년 10월 14일부터 19일까지 오사카 미쓰코시三越에서 열리는 키네마 연구회 출품이 먼저 이루어졌다. 영화는 일본 4대 회사와 외국 회사에도 출품되어 이채로운 호평을 받아 곧 부산에서 개봉할 예정"[32]이었다. "일활 제작소가 <해의 비곡> 전 5권을 수입하고 향후 조선키네마(주)에서 제작될 두 번째 작품도 계속 수입하겠다."[33]라는 내용도 연이어 보도되었다. <해의 비곡>은 조선키네마(주)의 설립 취지에 맞게 영화제작에서 출품, 그리고 배급과 개봉관 상영으로 이어지는 하나의 시스템을 구축하기 위한 첫걸음을 힘차게 디디고 있었다.

<해의 비곡>은 "오마이大每의 키네마 연구회의 주목도 받으면서, 1924년 11월 18일부터 일본 도쿄의 산유칸三友舘, 니혼바시日本橋 극장에서 상영하기도 했다."[34] 이러한 성과를 두고 주연 배우 안종화는 "조선키네마(주)는 3,000원의 흑자를 보게 되었으

31) ≪조선시보≫, 1924. 10. 17. 「<해의 비곡> 조선키네마 처녀(處女) 영화 근일(近日) 공개(公開)」.
32) ≪조선시보≫, 1924. 10. 24. 「조선키네마의 출품 키네마 연구회에서 호평」.
33) 안종화, 앞의 책, 68쪽.
34) ≪키네마 순보≫, 1924. 12. 1. 33쪽.

며 이를 계기로 중역 회의를 개최하고 다음 영화제작에 윤백남을 감독과 시나리오 라이터를 전속시키기로 결정했다."35)라고 회고했다.

영화 <해의 비곡>은 일본 출품 상영 후, 경성의 단성사에서 1924년 11월 12일부터 15일까지 제공되었다. 다음은 1924년 11월 13일 단성사에서 <해의 비곡>을 광고한 자료이다.

[자료 76] ≪매일신보≫ 1924년 11월 13일, 1면, 「연예안내」

단성사가 내놓은 광고에 따르면 <해의 비곡>은 '조선키네마 회사 제1회 대작품'이며, 각색과 감독에 왕필열 씨, 명화名花 이월화 양, 명우名優 안종화 씨가 맡았다. "조선 애활 <해의 비곡>은 오랫동안 만천하滿天下 영화 애호가들이 갈망하시는 순 조선 영화극純朝鮮映畵!! 제주도를 배경 한 청춘남녀에 이러나는 아름다운 애화哀話는 일어나랴 한다…. 기회를 잃지 마시고…, 꼭… 관람을 바란다."라는 내용으로 광고가 마무리된다. <해의 비곡>과 함께 선보인 작품은 미국 영화 <파묻힌 황금(黃金)> 전 5권, <낙뢰(落

---

35) 안종화, 앞의 책, 68쪽.

雷) 할 때> 전 7권이었다.

"부산에서 태어난 지 몇 개월 되지 않은 조선키네마가 향토 예술을 세상에 소개하기 위해 제작된 <해의 비곡>의 홍행은 여배우의 연기가 사랑의 표적은 예술인가 여자배우인가 할 정도로 관객들에게 주목받았다. 일본 현지에서도 진기한 조선인 여배우의 연기로 인해 도쿄나 오사카에 있는 조선인 유학생 사이에서 매우 큰 인기를 끌었다."[36] 이와 같은 국내외 관객들의 성원에 힘입어 흥행은 흑자를 보게 되었다. 부산의 상설관에서 상영하지 않은 이유를 묻자 "개봉관을 얻지 못해 서울로 올라온 것"[37]이라고 이구영이 증언했다.

반면 <해의 비곡>의 성황이 있었던 후 1925년 1월 1일 이구영은 ≪매일신보≫의 기고문을 통해 "순 조선 영화제작은 4편의 활동사진이 적다고 할망정 참된 의미로 몹시도 기쁘다. 시나리오 부분에서는 내용과 제명 모두가 좋았다. 다만 저속한 취미로써 값싼 센티멘털리즘을 가지고 있다. 출연 배우의 액션이나 표정은 감독의 힘이 조금 미치지 못하였고, 카메라맨은 정확한 촬영 기술이 미숙했다. 또한 자막에서는 서투른 문구가 있고, 편집은 장면의 연결성이 떨어졌다."[38]라고 하면서 영화 전반에 걸쳐 조목조목 장단점을 지적했다. 그러면서 조선키네마(주)의 <총희의 연>(운영전) 흥행에 기대를 건다는 말로 글을 마무리했다. 첫번째 영화 <해의 비곡>의 성공으로 인해 두 번째 작품, <총희의

---

36) ≪조선시보≫, 1924. 10. 24. 「사랑의 표적(愛の標的)은 예술(藝術)이나 여자배우(女優)나 조선키네(朝キネ)의 스타(スター)와 유학생(留學生)」.

37) 한국예술연구소, 총서 4권, 앞의 책, 221쪽.

38) ≪매일신보≫, 1925. 1. 1. 「조선영화의 인상」, 순 조선 활동사진 제작 발전된 4편의 활동사진이 작다고 할망정 참된 의미 하에 우리는 몹시도 기쁘다고 기록했다. (이하 생략).

연>(운영전)은 영화 관계자들의 기대 속에 제작에 돌입하였다.

다. 〈총희의 연(寵姬의戀)〉과 〈신의 장(神의 粧)〉의 흥행 부진

조선키네마(주)는 첫 번째 영화에서 흑자를 보게 됨에 따라 연이어 제2회(두 번째) 작품 <총희의 연>(일명 운영전) 제작을 준비했다. 제작 준비에 나선 조선키네마(주)는 "감독 선임을 회사의 중역 회의에서 조선인 감독과 시나리오 라이터를 전속시키기로 결정하고 무대예술연구회 출신들이 감독으로 윤백남을 회사에 추천했다. 안종화가 나서 150원의 월급을 지불하는 조건으로 성사되었다. 영화 제목은 윤백남의 관심인 안평대군궁(安平大君宮)의 이야기에 흥미를 느껴 시나리오와 연출을 결정"39)했다. 윤백남이 감독으로 선임된 이유는 1923년 조선 총독부가 제작한 저축에 관한 선전영화 <월하의 맹서(月下의 盟誓)>를 이미 감독한 경험이 있다는 사실 때문이었다.

영화제작진도 속속 결정이 되었는데, 전술했듯이 각본과 감독은 윤백남이, 조감독에는 이경손, 촬영은 <해의 비곡> 제작을 위해 초빙했던 일본인 미야시다宮下가 맡았다. 배역으로는 운영 역에 김우연, 안평대군에 유수선, 관복官僕에 윤헌, 김 진사의 충복忠僕에 이주경이 맡았다. 제작 시점은 1924년 11월 20일 경이었으며 배우와 감독 20여 명이 경성에 올라와 고궁과 북한산 일대, 시외 각처에서 매일같이 촬영하였다. 이후 지방에 내려와 밀양의 영남루嶺南樓에서 촬영했다. 하지만 영화제작 이전부터 갈등

---

39) 안종화, 앞의 책, 68쪽.

이 내재해 있었다. 윤백남이 주연 배우를 캐스팅하면서 "이월화를 배제하고 이전 신극좌 김도산 일행과 함께 지방으로 다니며 순업하던 신인 배우 '김우련金雨蓮'이란 처녀를 주역으로 내세우자 그것이 원인"40)이 되어 "이월화가 실망하고 퇴사"41)하기에 이른다.

이 사건은 단원들과의 갈등으로 번져 윤백남 감독은 영화제작에 차질을 빚게 되었다. 스텝들은 감독의 지휘능력에 미숙함을 지적했다. 안종화의 회고에 의하면 "촬영 현장에서도 감독이 '커트' 사인을 주지 않아 촬영기사 미야시다가 400피트의 필름을 돌리게 했고, 기생 역이 나이 어린 동기童妓로 보이기도 했다."42) 미스 캐스팅으로 빚어진 갈등은 결국 윤백남의 연출력을 도마 위에 올려놓았다.

[자료 77] ≪매일신보≫ 1924년 12월 13일 고대 비사 <운영전>

---

40) ≪매일신보≫, 1924. 11. 26. 「조선키네마 활동 배우, 촬영 중에 알력(軋轢)」.
41) 안종화, 앞의 책, 69쪽.
42) 안종화, 앞의 책, 77쪽.

기사 [사진은 왼편부터 소옥(小玉)으로 분장한 이채전(李彩田), 운영(雲英)으로 분장한 김우연(金雨燕), 김련(金蓮)으로 분장한 최덕선(崔德先) 양]이라 설명했다.[43]

영화는 우여곡절 끝에 완성되어 "1925년 1월 11일부터 단성사에서 상영을 예고豫告했다. 함께 광고한 프로그램은 탐정 희극 <배기의 경관(警官)> 전 2권, 탐정극 <국사탐정(國事探偵)> 전 5권, 연속 활극 <철로맹자(鐵路猛者)> 전 15편 30권이었다. 이후 근일近日 상영은 5대 명편으로 대 비곡 <총희의 연> 전권을 포함한 대 비곡 <동의 도(東道)>, 대 명화 <우처(愚妻)>, 문예극 <빗나간 여성(女性)>, 연속공중 활 모험극 <유령의 도(幽靈都)>가 상영을 알렸다."[44]

[자료 78] ≪매일신보≫ 1925년 1월 12일 연예안내 <총희의 연> 광고

특히 "고대소설을 각색한 운영전이라 관객들의 평판이 좋을 것이라 기대를 걸었다."[45] 개봉은 "1월 14일(수요일) 저녁부터

---

43) ≪매일신보≫, 1924. 12. 13. 고대 비사 <운영전>.

44) ≪매일신보≫, 1925. 1. 12. 13, 14일(수) <총희의 연>부터, 17, 18일, 「연예안내」.

45) ≪매일신보≫, 1925. 1. 14. 「운영전과 독일 명화 오늘 밤부터 단성사에서 상영」.

18일까지 5일간 조선키네마주식회사 특 작품 연예명 <총희의 연(一名 雲英傳)>을 상영했다. 함께 상영한 프로그램은 독일^{獨逸} 특선명화 대사극 <오리베라의 용장(勇將)> 전 7권과 <공작의 탄(孔雀의 歎)> 전 6권을 3대 명화라 소개하고 관객들에게 꼭 보라"[46]라며 자랑했다. 다음은 개봉을 알린 광고 내용이다.

   <총희의 연>의 흥행 결과는 신통치 않아 "2,000원의 적자를 내게 되었다. 그렇게 되자 애초 계획한 일본 수출은 어려워졌고 단성사 개봉에서도 <해의 비곡>의 절반에도 못 미치는 입장 수입을 올림으로써 조선키네마(주)는 경영상에 큰 손실을 보게 되었다."[47]

[자료 79] ≪매일신보≫ 1925년 1월 14일부터 <총희의 연> 개봉 광고

세 번째 "순 조선영화 <암광(闇光)> 전 10권"[48]은 "왕필열이 맡

---

46) ≪매일신보≫, 1925. 1. 17. 「연예안내」.

47) 안종화, 앞의 책, 77쪽.

48) ≪경성일보≫, 1925. 1. 29. 줄거리는 어느 날 길거리에서 마을 사람에게 맞고 있던 용주(溶珠)의 형 대득(臺得)을 백정 권의근(權義根)이 도움을 준다. 그때 대득의 누이동생 용주를 의근이 보게 된다. 그녀의 요염한 모습을 본 의근은 태어나면서 처음으로 사랑의 괴로움을 느꼈다. 그녀의 생활은 곤궁에 처했다. 대득은 여동생의 거지 모습을 보고 자기의 잘못을 후회하고 금주를 맹세했다, 어머니를 잃고 형을 잃은 용주는 의근의 사랑을 받아들여 그의 강한 팔에 몸을

아 영화 <총희의 연>의 흥행이 채 끝나기도 전에 문예 영화 "<암광> 전 14권을 1925년 1월 26일 즈음에 전 14권 중 전편 10권의 촬영을 끝마쳤다. 영화는 왕필열의 신묘한 감독술과 명배우인 주연 이채전, 유영로俞暎路와 조연 이이철李而哲, 서연화徐蓮華 양 외 일동의 화려한 연기로 관중을 이끌어 흥행에 입신을 이룰 것이라 미리부터 일반 동호자간에 기대가 많다."49) 1925년 1월 28일 "조선극장에서는 조선키네마의 제3회 대표적 초특작품 순조선영화극 <암광> 전편 7권의 선전을 각색과 감독에 왕필렬, 주연 안종화 씨, 이채전 양이라 내세우고 내주부터 상영을 예고했다."50)

[자료 80] ≪경성일보≫ 1925년 1월 29일 「순 조선영화 <암광>」

맡겼다는 내용을 담고 있다고 소개했다. 참고로 '경성일보'에서 정리한 경개(梗槪)의 [원문]은 부록 편 참조.

49) ≪매일신보≫, 1925. 1. 26. 「조선키네마의 대역작 <암광> 신묘한 감독술 완성」.

50) ≪매일신보≫, 1925. 1. 28. <암광> 상영 예고.

[자료 81] ≪매일신보≫ 1925년 1월 26일
조선키네마의 대역작 <암광>

영화는 "조선에서 열광적인 갈채를 받고 이어서 동양에서 특수한 지위를 얻은 조선키네마(주)의 문예 대 활동사진이라 널리 소개되어 관객들로부터 큰 성원을 받을 것이라고 예상했다.

하지만 영화 <암광>은 조선극장에서 상영 예고만 했을 뿐 실제 상영이 성사 되지는 않았다. 광고 이후 2개월이 조금 더 지난 1925년 4월 11일 ≪매일신보≫에서는 '조선키네마(주) 초 특작'이라는 타이틀로 "영화 <암광>을 개작改作한 현대극 <신의장(神의粧)> 전편"을 상영작으로 내놓았다. 다음 [자료 82] 광고에서도 위 내용을 확인할 수 있다.

[자료 82] ≪매일신보≫ 1925년 4월 11일 조선키네마(주) <암광> 개작품
<신의 장(神의 粧)>

"영화 <암광>은 <신의 장>으로 개작되어 조선의 명화이자 조선키네마(주) 초 특작, 왕필열 씨 각색 및 감독의 영화로 소개되어 1925년 4월 11일부터 17일까지 조선극장에서 <매제의 적(妹弟의敵)> 전 8권, 희극 <주정(酒酊)> 전 2권"[51]과 함께 상영되었다. <신의 장>의 흥행 성과에 대해서는 알려지지 않았다. 하지만 여러 가지 정황을 미루어 짐작하면 <신의 장>이 좋은 성과를 내지는 못한 것은 분명해 보인다. 두 차례의 흥행 부진은 조선키네마(주)의 재정적 손실로 이어졌고, 이는 또 다시 중역 간의 내분이 심화되는 계기가 되었으며 결국 소송까지 비화하였다.

3. 내분으로 해산과 영화사적 의의

가. 진용 재정비와 <동리의 호걸(洞里의 豪傑)> 제작

조선키네마(주)는 첫 번째 작품만 흑자를 냈다. 이후 두 번째

---

51) ≪매일신보≫, 1925. 4. 11. 「연예안내」.

와 세 번째 작품의 흥행 성과는 미미하여 경영손실로 이어졌다. 그런데도 왕필열은 의욕적으로 네 번째 작품 비희悲喜 활극 <동리의 호걸>의 감독을 맡아 제작에 나섰다. 참여 배우는 유수선 외 몇몇이었다. 촬영은 1925년 6월 중에 마치고 "왕필열이 일본으로 건너가 오사카 방면에 출장소를 설치하고 자본금 50만 원 증액을 상정想定하며 진용을 가다듬는"52) 계획을 세웠다. 그러나 계속되는 흥행 부진의 여파로 인하여 일본 현지의 출장소 설립과 자본금 증자는 이루지 못했다.

그런 와중에 "보수정(동) 2정목에 주소를 둔 회사의 이사 와타나베 다쓰사우(주 220주 소유)가 회사 법정대리인 겸 사장 나데온 이치 씨 상대로 6월 26일 주주총회 무효 소송을 부산지방법원에 제기"53)했다. 주요 내용은 다음과 같다.

1925년 5월 31일 주주총회를 소집하면서 1924년 7월 11일부터 당해 년 4월 4일까지의 영업상의 재산목록을 대차 대조 후에 손실금 741원 19전의 후기 이월을 결의했다. 그러나 피고가 각 주주들에게 총회 소집 통지를 발한 것은 5월 15일이며, 통지서에는 총회 개최의 목적을 기재하지 않았다. 주주총회의 목적이었던 손실금 이월 계산이 완결되지 못하였으므로, 통지서에는 간단히 제1회 결산보고 승인 건으로만 표시하였던 것이다.

---

52) ≪조선시보≫, 1925. 6. 4. 「진용이 갖추어진(陣容整つた)」.

53) ≪부산일보≫, 1925. 6. 30. 「조선키네마(朝鮮キネマ) 주주총회 무효(株主總會無效) 소송(訴訟) 부산 법원에 제기(釜山法院提起)」.

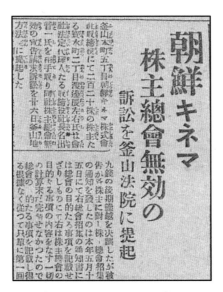

[자료 83] ≪부산일보≫ 1925년 6월 30일 「조선키네마 주주총회
무효 소송 부산법원에 제기」

피고는 당해 년 5월 29일에 이르러서야 결산을 완결하였다.
그러므로 주식총회 소집 통지를 한 날(5월 15일)은 총회에 부의
하여야 할 목적이 완결되지 않았음에도 불구하고 이를 완결된
것인 양 가장하여 위법총회를 소집한 것이다. 즉 손실금에 관한
세부 목록과 총회 소집의 시기가 절차상 위법임을 제기한 것이
소장의 내용이라 할 수 있다.

"본 사건은 조선키네마(주) 취체역인 와타나베 타츠사우 씨가
대표 겸 사장인 나데온 이치에게 총회 무효선고를 청구한 소송 사
건으로 그 변론은 애초 1925년 7월 10일에서 7월 15일로 공판 변
론 기일이 변경"54)되었다. 그러나 "취체역 와타나베 타츠사우가 7

---

54) ≪부산일보≫, 1925. 7. 7. 「조선키네(朝キ네), 소송 사건 공판(訴訟事件公判) 15일로 연기(延

월 13일 사임하고 부산지방법원에 소송을 취하함에 따라 사건이 각하되어 원만히 해결"[55])되었다. 그 결과에 따라 조선키네마(주) 는 <동리의 호걸>과 <신의 장>을 7월 16일, 17일 양일간 "국제관 극장에서 공개하고 향후에도 계속 특작 영화를 일반에 공개하여 부산 영화계의 대도약을 시도"[56])하겠다는 의지를 내보였다.

영화 <동리의 호걸>과 <신의 장>은 예고한 대로 7월 16일과 17일에 국제관에서 흥행이 성사되었는지 여부는 지금까지 알려지지 않았다. 1925년 7월 14일은 부산·경남 지방에 내린 호우豪雨로 인해 일부 철도가 마비되고 수재민이 발생함에 따라 그 영향으로 "국제관에서 7월 14일 오후 6시 공연 예정이던 <금심비파연주(錦心琵琶演奏)>"[57])가 하루 뒤 "7월 15일 오후 6시로 변경 개최하여 성황을 이루었다."[58]) 국제관의 공연 광고는 지정된 공연 일자 전후에 반드시 광고와 흥행 여부를 알렸다.[59]) 흥행에 관한 광고와 기사가 존재하지 않는다는 사실은 관행에 의거하면 상영 자체가 이뤄지지 않았다는 것을 의미한다. 또한 7월 18일

期)」.

55) ≪부산일보≫, 1925. 7. 20.「상업등기공고」, 부산지방법원, 7월 16일, 공고.

56) ≪조선시보≫, 1925. 7. 17.「진용을 갖춘 조선키네마 소송 사건도 원만하게 해결되고」. 16, 17 양일 간 국제관에서 인정 활극 <신의 장>과 비희 활극 <동리의 호걸> 등 영화를 개봉 공개했는데, 향후에도 계속 특작 영화를 일반에 공개하여 반도의 키네마로 대도약을 시도한다는 기사를 내놓았다.

57) ≪부산일보≫, 1925. 7. 12. 국제관, <금심비파연주(錦心琵琶演奏)> 7월 14일 오후 6시 개연. 7월 14일 기차 불통으로 연기 발표.

58) ≪부산일보≫, 1925. 7. 17. 국제관, <금심비파연주성황(錦心琵琶演奏盛況)> 7월 15일 오후 6시 30분.

59) 국제관의 공연 광고의 전례는 흥행에 따라 1주일에서 3~4일 전 또는 2일 전, 임박하게 하루 전에는 신문에 공연 광고를 빠짐없이 한 것으로 확인된다. 영화 상영 예정일 16일, 17일 기준으로 ·전후 공연 일정을 부산일보 자료를 검토하면 국제관은 1925년 7월 2일 <카와이 잇코오(河合一行)> 광고, 공연은 7월 11일에 추가 광고 후 7월 12일 대성황을 이루었다. <금심피파연주회> 공연은 7월 7일, 8일, 9일, 10일, 13일, 14일(연기 광고) 6일간 1면 단독 광고와 7월 15일 자에 공연하고 성황을 이루었다.

자 예정이던 <신대극(新大劇)> 공연은 1주일 전부터 계속 신문에 광고한 기록이 존재하고 실제로 흥행이 성사되었다는 점을 참고하면 조선키네마(주)의 영화 상영은 이뤄지지 않은 것이 확실하다. 그런데도 조선키네마(주)는 지속적으로 진용을 정비하였으며, "새로운 영화배우를 초빙하여 우수하고 특별한 영화를 일반인들에게 공개하여 조선반도의 영화계로 대도약 할 것"60) 이라는 목표를 내세우면서 재기 의욕을 불태웠다.

나. 교육영화 프로덕션 창립 재기 모색

1924년 7월 복병산 아래, 구 러시아영사관 자리에 설립된 조선키네마(주)는 경영 부진으로 인해 더 이상 작품을 내놓지 못했다. 다만 조선키네마(주)의 부흥을 위해 회사 주역과 영화감독으로 고군분투했던 다카사 간조(왕필열)는 혼신의 노력을 기울여 조선키네마(주)의 부활을 위해 교육영화제작 프로덕션 창립의 산파역을 맡아 회사 재기에 나섰다. 기존 연구에는 드러나지 않았던 이 사실은 ≪조선시보≫ 기사를 통해 확인된다.

다카사 간조는 인터뷰에서 "프로덕션 창립에 나선 사람은 요오지 다다요시養嗣子忠禮(34세)와 우인友人관계에 2~3명이 가칭 '일본국민교육영화회' 조직에 흥미를 가지고 이상적인 교육영화를 제작하여 아동들에게 보여주고 싶다는 생각에 참여하게 되었다고 포부를 설명했다. 앞으로의 계획은 유감스럽게도 가망이 없는 흥행용 극영화보다는 제 자신 스스로가 대중요리의 교재와 역사인물에 관해서 다루고자 한다. 스튜디오나 전속 배우에 대해서

---

60) ≪조선시보≫, 1925. 7. 17.「진용을 갖춘 조선키네마 소송 사건도 원만하게 해결되고」.

는 아직 구체적으로 되어 있지 않습니다만 1925년 11월 중순경 즈음에 윤곽이 드러날 것으로 보인다. 이에 동조하는 찬조 회원 을 정월 초부터 연고를 의지해 모집하고 있다."61)고 신문은 보 도하였다.

[자료 84] ≪조선시보≫ 1925년 10월 17일
「이상적 교육 영화 제작 조선키네마의 다카사」

조선키네마(주)의 주역인 왕필열의 재기 활동은 <신의 장>과 <동리의 호걸> 제작을 마친 9월, 이전부터 시작되었다. 상업영 화제작에 따른 자금 조달, 인적 자원, 기술적인 부분, 그리고 배 급과 흥행 측면에서 극복할 수 없는 한계에 직면한 왕필열은 교 육영화제작 프로덕션 설립을 통해 영화사 존속을 위한 활로를 모색했다. 왕필열의 사업 방향 전환의 계기는 다음 기사를 통해

---

61) ≪조선시보≫, 1925. 10. 17. 「이상적 교육영화(理想的 敎育映畵)를 제작(製作) 조선키네마(朝 鮮キネマ)의 '다카사(高左)' 씨가 산파역(産婆役)으로서 프로덕션 창립(プロダクション創立)-부 산 복병산 중턱(釜山伏兵山 腹)의 조선키네마(朝鮮キネマ) 전무(專務) 다카사 간조 씨(高左貫 長氏)는 동사의 부흥(同社復興) 나서다.

유추해볼 수 있다. "1925년 5월, 일본 문부성은 활동사진이 아동들에 유해하다는 인식하에 이에 대한 대안으로 교육영화제작에 힘을 쏟을 것이라 발표했다. 이 프로젝트에 참여할 영화사는 일본 현지의 일활, 송죽, 동아, 택전澤田 키네마 등이 될 것이며 추가 모집을 계속하고 있는데, 참여 영화사에 한하여 18만 원의 예산을 지원할 계획이라고 한다."62) 조선키네마(주) 처지에서 보면 교육영화제작 프로젝트 참여가 현재의 경영 위기를 극복할 수 있는 좋은 기회라고 판단했을 것이다. 또한 조선키네마(주) 설립의 첫 번째 목적이 내선융화 및 제 종의 '교육 자료 활동사진 제작' 판매에 있었다는 점을 상기해 본다면 재기의 활로를 찾고 있던 왕필열에게 문부성의 정책은 안성맞춤의 기회였던 셈이다. 이후 조선키네마(주)의 재기를 위해 왕필열이 세우려고 노력했던 교육영화제작 프로덕션의 설립 여부는 파악되지 않고 있기에 추가적인 탐구가 필요하다.

다. 해산과 영화사적 의의

소송 사건이 진행되는 동안 제작한 마지막 영화 <동리의 호걸> 역시 좋은 결과를 내놓지 못했다. 왕필열이 9월부터 계획했던 교육영화제작 프로젝트 창립은 불투명해졌고 조선키네마(주)는 마침내 법적 해산 절차를 밟게 되었다. 해산 결정은 "부산지방법원 상업 및 법인등기 제4027호에 의거하며, 법원은 1925년 11월 17일 조선키네마(주) 해산"63)을 공표했다. [자료 85]는 1925

---

62) ≪부산일보≫, 1925. 5. 19. 「유해(有害)한 영화(映畵)는 박멸(撲滅)하는 방침(方針)… 문부성(文部省)의 계획(計畵)」.

년 11월 17일 조선키네마(주)가 해산이 결정되었다는 소식을
1926년 1월 25일 조선 총독부 관보에 게재했다.

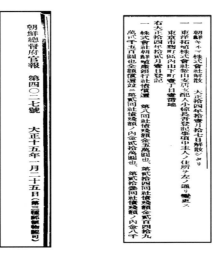

[자료 85] 『관보』 조선키네마(주) 해산

조선키네마(주)는 1924년 7월 11일 자본금 75,000원과 무대예
술연구회 소속이던 한국인 배우 안종화, 이채전, 이경손 등의 참
여로 본정 5정목 18번지에서 설립된 부산의 유일한 영화사이다.
1925년 6월까지 영화제작 편수는 총 4편에 그쳤다. 창립 첫 작
품 <해의 비곡>만이 흑자 흥행을 거뒀다. 나머지 3편의 흥행 실
패로 인해 회사는 해산하게 되었다. 흥행 성과 부진은 곧 회사
중역들 간의 내분으로 번져 1925년 6월 와타나베 타츠사우가

---

63) 朝鮮總督府, 『官報』, 「조선키네마주식회사 해산(朝鮮キネマ株式會社解散)」, 1925년(대정 14년)
　　11월 17일 해산(大正拾四年拾壹月拾七日解散シタリ) 제4027호 상업 및 법인등기 결정(부산지
　　방법원). 관보 게재는 1926년(대정 15년) 1월 25일 월요일(第四千二十七號 商業及法人登記 大
　　正十五年 一月二十五日月曜日)행해졌다. 205쪽.

700여 원의 회사경비 손실을 놓고 대표이사를 상대로 총회 무효 소송을 제기했다. 원고의 소송 취하로 사건은 원만히 해결되었지만 흥행 실패로 빚어진 경영 악화를 구제할 마땅한 방법은 보이지 않았다. 왕필열은 회사의 재기를 위해 방향 전환을 고민했지만 그마저도 용이하지 않아, 결국 해산에 이르게 되었다.

다음은 여러 자료를 바탕으로 회사 운영 과정(1924년 7월~1926년 1월)의 일람을 표로 정리한 것이다.

[표 23] 조선키네마(주) 설립에서 해산까지 주요 일람

년	주요 내용	특이사항	비 고
1924. 7. 11.	상호 : 조선키네마주식회사 본점 위치 : 본정 5정목 18번지 설립 목적 : 내선융화 및 제 종의 교육 자료 활동사진 제작판매 등	상업 및 법인등기 19번지 사용	18~19번지 8,500여 평
1924. 7. 24.	<해의 비곡> 제주도 촬영 마침	부산 도착	
1924. 10. 14.	제1회 작품 <해의 비곡>	키네마연구회 출품	왕필열
1924. 11. 12.~15.	단성사 상영 광고	단성사 상영	
1924. 11. 18.	일본 현지 상영	산유칸(三友舘) 등	
1925. 1. 11.~18.	제2회 작품 <총희의 연> 상영 예고	단성사 상영 14~18일	윤백남
1925. 1. 16.~28.	제3회 작품 <암광>	조선극장 상영 예고	왕필열
1925. 4. 11.~17.	<암광>을 <신의 장>으로 개칭	조선극장 상영	
1925. 6. 30.	주주총회 무효소송제기	와타나베 타츠사우	
1925. 7. 13.	와타나베 타츠사우 사임	부산지방법원 결정	
1925. 7. 15.	소송 취하 - 해결	조선시보 발표	
1925. 7. 16.~17.	제4회 작품 <동리의 호걸>	상영 확인 되지 않음	왕필열
1925. 10. 17.	왕필열 재기 활동	조선시보 발표	

년	주요 내용	특이사항	비 고
	교육영화제작 프로덕션 설립 예정		
1925. 11. 17.	조선키네마(주) 해산	부산지방법원 결정 (관보 게재일 1926년 1월 25일)	

본고에서는 조선키네마(주)의 설립 시점과 본점의 위치(18번지, 19번지)를 정확하게 확인했으며 운영상 어려움과 해산의 위기를 맞아 그 대안으로 교육영화제작 프로덕션 창립으로 재기를 모색했다는 사실을 규명했다. 조선키네마(주) 설립은 하야카와 고슈가 1923년 <춘향전>을 제작하여 흥행에 성공한 사실에 영향 받았으며, 부산의 활동사진 상설 3관의 흑자 흥행 역시 배경으로 작용했을 것이다. 이와 더불어 부산의 일본 거류 인구 증가로 인해 산업 인프라가 갖춰지면서 그 여파로 인해 영화 팬들의 기호를 반영할 수 있는 부산만의 독립적인 영화사 설립의 필요성이 제기된 상황 또한 조선키네마(주) 창설에 영향을 주었을 것이다.

그 당시 영화 필름 배급은 부산을 교두보로 삼아 이뤄졌는데, 부산과 일본의 직거래 방식이거나 부산을 거쳐 서울에서 전국 배급망을 타고 확대되는 방식으로 영화흥행이 이뤄졌다. 부산이 영화 배급업의 중심지로 거듭나게 되자, 부산 거주 일본인 실업가들이 모여 자본금을 대고 조선 영화인을 창립 요원으로 포섭하면서 부산 영화사 설립이 현실화 되었다. 이로써 부산에 조선키네마(주)가 탄생하면서 오늘날 국제적인 영화 도시로 성장하는 상징적 초석이 되었다.

조선키네마(주)가 2년 동안 제작한 영화는 총 4편이지만 성황을 이룬 영화는 <해의 비곡>뿐이었다. 이 영화는 국내에서 촬영된 후 일본 현지에서 후반 작업을 거쳤다. 또한 일본 현지에 필름을 배급하면서 활동사진이 해외에 진출할 수 있는 사례를 제시해 주었다. 일본 현지 상영의 성과를 등에 업고 단성사에서 개봉한 전략은 영화 팬들의 기대 심리를 자극하면서 흑자를 내는 동기가 되었다. 그러나 <해의 비곡>의 평가는 엇갈렸다. 이구영은 "제1회 시작품始作品이었기에 망정이지 특작품으로는 부족하다."라고 혹평했지만 일반 관객에게는 좋은 평가를 받아 흥행에서도 이익을 냈다. 이후 제2회, 3회, 4회작의 흥행은 지지부진하여 조선키네마(주)는 어려움에 봉착하게 되었다.

흥행 수익 악화로 인해 손실금 발생이 생기면서 임원 간의 갈등이 증폭되었고 소송에까지 이르렀다. 이 소송은 한편으로는 "영화제작을 체계적으로 관리할 수 있는 내부적 시스템 운영 역량이 불안정"[64]했다는 사실을 증명한 사건이라고 해석할 수 있다. 왕필열이 조선키네마(주)를 선두에서 이끌었지만 운영 능력과 연출력은 의지력에 비해 그다지 빛을 발휘하지 못했다. 조선키네마(주)가 실패한 가장 큰 이유는 조직의 구성상 회사 운영과 제작 부문이 제대로 구분되지 않았기 때문이다. 왕필열이 전무와 감독, 연출, 시나리오 창작까지 맡으면서 업무에 과부하가 걸렸을 것이며, 커진 권한으로 인해 스태프들과 알력이 발생하여 후속 영화제작에 차질을 빚기도 했다.

회사경영이 회복 불능의 상태에 놓이게 되자 1925년 9월부터

---

64) 조희문, 앞의 논문, 325쪽.

왕필열은 전면에 나서 위기에 빠진 조선키네마(주)를 구하려 했다. 그는 부산에 거주하는 일본인 참여자를 모집했으며, 교육영화제작 프로덕션을 창립하여 재기를 모색하기도 했다. 결과적으로 부산의 활동사진 상설관의 흥행과 <춘향전> 흥행 성공에 자극받으면서 출범한 조선키네마(주)는 경영 상태가 악화일로에 접어들자, 교육영화제작으로 방향을 선회하려고 했으나 그마저 여의치 않게 되면서 결국 영화계에서 퇴진하고 말았다. 그런데도 지방도시인 부산에서 주식회사의 형태로 설립된 조선키네마(주)는 한국영화사에 매우 큰 의미를 지닌다. 영화 속에서 주목받았던 배우 안종화, 이채전, 이경손, 유수선, 최덕선, 이주경, 나운규 등은 향후 활동사진 전성기를 이끌어간 주역들로 성장했다. 조선키네마(주)의 설립과 해산은 서울이 아닌 장소에서 영화산업의 새로운 축이 발돋움한 사건이며 한국 영화가 본격적인 제작시대로 들어서게 된 계기를 마련했다는 점에서도 매우 중요한 역사적 의의를 지닌다고 평가할 수 있을 것이다.

맺음말

본고는 초창기 부산 영화사 복원을 위하여 1876년 일본에 의해 부산이 개항되면서 용두산 일대에 형성된 일본 전관 조계지에 계획된 일본인 극장 건립의 역사, 1914년~1916년 활동사진관으로 전환한 4개 관의 흥행의 부침과 경쟁, 운영 방식, 주요 흥행 프로그램, 그리고 영화 배급 양상 등을 비중 있게 논의했다. 이와 더불어 활동사진의 유입 배경과 1917년~1920년 사이 활동사진 배급사의 상설관 지배력에 대해서도 학문적 관심을 두었다.

부산 일본영사관은 활동사진이 아동에게 큰 폐해를 끼친다는 여론과 미국의 배일 문제 제기에 대응하기 위해 활동사진 신 취체 규칙과 미국 영화 수입억제 정책을 추진하였다.

일본은 조선에 내선융화 정책을 내세우며 선전용 활동사진을 제작하여 부산·경남지역 일대 순회 상영을 실시했으며, 부산 내 활동사진 상설관에서도 일본 정부 시책에 호응하여 선전용 활동사진을 자주 상영하였다. 이즈음 부산을 배경으로 활동사진 촬영이 빈번했는데, 본고에서는 일본 식민지 정책 홍보용으로 제작된 <부산 경성의 전경>의 정확한 제작 주체와 상영 시기에 대해서도 관심을 가졌다. 또한 1924년 한국 영화제작 시대를 이끈 조선키네마주식회사 설립 동기, 흥행 활동, 경영 부진의 원인, 재기 움직임에 대한 논의도 실증적인 사료를 통해 추적하여 7가지 이상의 연구 성과를 낸 것으로 정리되었다.

첫 번째로 비중 있게 다룬 부분은 부산 일본 전관거류지 내 극장 건립에 관한 논의이다. 일본에 의해 건설된, 일본인을 위한 극장이라 하더라도 그것이 부산에 세워져 활동사진 상영관 시대를 열었다는 사실에는 변함이 없다. 또한 부산 영화산업의 중심 역할을 오랫동안 수행하면서 1970년대까지 영화상영관으로 기능을 다했기에 그 자체가 부산 영화사 논의의 첫 출발이 된다.

부산에서 일본식 극장의 출현은 1881년 거류인민영업규칙 제정 이후 7~8년이 지난 1889년 8월 '요술옥'이라는 곳이 최초극장으로 실증해 냈다.

두 번째, 중요한 성과는 1903년 행좌와 송정좌 건립은 1901년에 거류지의 도시개정계획에 포함되어 시작되었다는 점을 실증해 냈다. 1901년 4월 1일 일본 정부 보고용으로 제작된 '조선 부산 일본거류지' 도면과 1901년 4월 발간된 조선지실업 부산 일본영사관 편을 통해 확인할 수 있다. 위 계획에 의거하여 건립된 극장 2개소는 1903년 12월 작성된 부산항 시가 및 부근지도에서 찾아볼 수 있는 행좌와 송장좌로 이어졌음을 본고에서 확인해냈다.

그다음 성과는 1914년~1916년 동안 연극장에서 활동사진 상설관으로 개관한 영화상영관들의 경영 실태를 살폈다. 1914년 3월 12일 욱관을 시작으로 보래관(1915. 3. 5.), 행관(1915. 12. 12.), 상생관(1916. 10. 31. 변천좌에서 개칭) 순으로 활동사진 상설관이 개관했다.

욱관은 흥행부를 두고 보래관과 행관의 개관 이전 활동사진 흥행을 독점했다. 특히 용두산 공원 조성 기금마련을 위해 770 원을 기부금으로 내놓으면서 일본 정부의 시책에 호응하는 정치적 기민함을 보여주기도 했다. 보래관은 하야카와 연예부와의 경영권 충돌로 번져 폭력사태로 이어졌다. 그 해결로 천활 배급사로 갈아탔다. 욱관은 행관이 개관하면서 배급사 경쟁에 밀려나 폐관하는 불운을 맞았다. 행관은 수지선을 맞추지 못해 임대료 지불이 어려워 휴·폐장을 거듭했다. 보래관 역시 타관과 경쟁에서 우위를 점하기 위해 서양 영화 전담 상영으로 상설관 중 가장 많은 수익을 냈다. 행관은 구극에서 벗어나지 못했고 상생관은 신파 영화 상영에 고정 팬 확보와 조선어 변사를 초빙하여 조선인 영화 팬들의 관심을 받았다.

네 번째, 활동사진 취체 규칙에 대해 중점적으로 살펴보았다. 1881년 시행된 거류인민영업규칙은 1895년부터 극장취체 규칙과 제흥행취체 규칙으로 분리되었다. 그러다가 활동사진 상설관 개관 이후 1917년 6월, 다시 활동사진 신취체법으로 통합 개정되었다. 본 법의 제정 취지는 활동사진이 사회적 폐해를 조장한다는 여론에 호응하고 미국의 배일排日에 따라 시행된 미국 영화 수입억제 조치와 맞물려 있었다. 1923년 6월에는 시대의 흐름에 맞게 흥행취체 규칙개정의 필요성이 대두되었고 1924년 1월 부산부 경찰서는 흥행 및 취체 규칙에 의거해 미풍양속을 해치는 불건전한 장면과 성적 충동을 부추기는 장면에 대해 엄격한 검열에 나서 섰다. 1924년 6월에는 경찰서 신청사 건립으로 필름 검열 전담실을 설치하여 부산의 활동사진 상설관의 영화 상영에 필름 검열을 전담했다.

다섯 번째, 일본이 내선융화를 내세우며 선전영화제작에 나서 부산의 영화관과 연극장 등 여러 곳에 순회 상영을 실시했다는 내용은 신문사의 기사를 통해 확인했다. 1921년 4월 6일부터 5일 간 실사 <동궁 전하>가 행관과 상생관에서 동시에 상영되면서 부산에서의 선전영화 시대가 시작되었다. 1921년 4월 16일 조선 총독부는 경상북도 대구를 시작으로 경상남도의 각 군을 순회하며 활동사진을 상영했다. 일본은 강제 병합 후 10년이 경과한 시기라는 의미를 '1921년'에 부여해 '시정 제2기 시대'라고 불렀다. 이에 따라 내선융화를 통한 식민 통치를 원활하게 하기 위하여 산간벽지까지 선전영화를 상영하는 데 박차를 가하였다. 선전영화는 조선 총독부, 일본 내무성, 조선식산은행, 부산 우편·전신국 그리고 부산·경남 등 여러 기관에서 제작했다. 선전영화는 시정施政, 일본인 정신함양, 소방, 교육, 교통, 위생, 저금貯金, 취미에 관련된 내용이 주를 이뤘다. 이 영화들은 보래관, 행관, 상생관, 국제관, 태평관 등에서 상영되었고 부산, 경남 진주, 마산 일대를 순회하며 일본인과 조선인을 구분하여 상영했다. 부산의 활동사진 상설 3관은 정규 프로그램 일정과 무관하게 별도 일정을 마련하여 선전영화 상영에 적극 가담했다.

여섯 번째, 부산의 풍경과 관련된 기록 영화의 제작과정을 살펴보았다. 이 영화들은 식민지 건설의 정당성을 주장하기 위해 1916년과 1917년 두 차례에 걸쳐 제작되었다. 첫 번째 영화는 1916년, 미국인 밀레토츠와 일본인 타마무라의 촬영으로 완성되어 미국 뉴욕에서 상영했고 두 번째 영화는 1917년 봄에 버튼 홈스가 부산을 방문하여 촬영·제작한 후 미국 워싱턴에서 개봉했다. 이 영화는 애초에 <부산의 전경>이라는 제목으로 상영 예정이었지만, 경성의 풍경을 담은 부분이 추가되면서 제목이 <부산 경성의 전경>으로 바뀌었고, 1918년 2월 15일 행관에서 상영되었다. 본문에서는 <부산의 전경>과 <부산 경성의 전경>과 관련된 자료들을 추적하여 실제 상영 여부를 둘러싼 기존의 오류를 바로 잡았다.

마지막으로, 조선키네마(주)에 관련된 부분에서는 부산 활동상설관 흥행 산업의 연장선에서 회사의 경영 활동 사항을 재조명하고자 했다. 회사 설립에 관한 내용, 즉 1924년 7월 11일 본점을 '본정 5정목 18번지(오늘날 중구청사 아래 근처)'에 두고 75,000원을 자본금으로 하여 부산지방법원에 등기 신청한 내용의 진위는 미 발굴된 자료를 통해 사실관계를 확인했다. 흥행이 부진하여 영화사 내분의 원인이 되었으며 나중에는 소송 사태로 번지기까지 했다. 회사는 진용 재정비에 나섰지만 기대와는 달리 추가 영화제작은 이뤄지지 못했다. 왕필열과 요오지 다다요시와 우인관계의 2~3명이 해산의 위기를 타개하기 위해 교육영화제작 프로덕션 창립을 도모하면서 조선키네마(주)의 부활을 노렸다. 조선키네마(주)는 "부산지방법원 상업 및 법인등기 제 4027호에 의거 1925년 11월 17일 조선키네마주식회사 해산"이라는 증빙자료를 통해 확인 가능하다.

조선키네마(주)는 부산 거주 일본인과 무대예술연구회 소속이던 한국인 이채전, 안종화 등 여러 배우들이 연합하여 설립한 영화사이다. 지방도시인 부산에서 주식회사의 형태로 설립된 조선키네마(주)는 한국영화사에 매우 큰 의미를 지닌다. 조선키네마(주)의 설립과 해산은 서울이 아닌 장소에서 영화산업의 새로운 축이 발돋움한 사건이며 한국 영화가 본격적인 제작시대로 들어서게 된 계기를 마련했다는 점에서도 매우 중요한 역사적 의의를 지닌다고 평가할 수 있을 것이다.

본고는 극장 건립, 활동사진 상설관 전환, 흥행 경쟁 과정 그리고 일본 자본과 조선의 인적 자원이 결합해 설립된 조선키네마(주)의 흥망성쇠의 과정을 추적하여 복원하였다. 기존 오류를 정정하고 미 발굴된 자료를 확보하여 그 근거로 활용한 점은 특장점이 될 수 있다. 아울러 본고는 서울 우위의 영화사 기술에서 벗어나 로컬리티 영화사를 복원한 최초의 시도라는 점에서도 의의를 지닌다고 할 수 있을 것이다.

참고문헌

국내 단행본

김동호 외, 『한국영화정책사』, 나남, 2005.

김려실, 『투사하는 제국 투영하는 식민지: 1901~1945년의 한국영화사를 되짚다』, 삼인, 2006.

김승·양미숙 역, 『신편 부산대관』, 선인, 2010.

김종욱 역, 『실록 한국 영화 총서(상)』, 국학자료원, 2002.

김종원·정중헌, 『우리 영화 100년』, 현암사, 2001.

김충영, 『일본 전통극의 이해』, 지식을 만드는 지식, 2013.

고병운, 『근대조선 조계사의 연구』, 웅산각, 1987.

민건호, 『海隱日錄(해은일록)』 1~5권, 부산근대역사관 총서 3, 2008.

배경한 역, 『20세기 초 상해인의 생활과 근대성』, 지식산업사, 2006.

부산시사편찬위원회, 『釜山略史(부산약사)』, 1965.

_____, 『釜山略史(부산약사)』, 1968.

_____, 『釜山市史(부산시사)』 1권, 1988.

손정목, 『한국 개항기 도시사회경제 연구』, 일지사, 1977.

_____, 『한국 개항기 도시변화과정 연구』, 일지사, 1982.

안종화, 『한국영화측면비사』, 춘추각, 1962.

이영일, 『한국영화전사』, 소도, 2004.

유현목, 『한국영화발달사』, 책누리, 1997.

조영규, 『바로잡는 협률사와 원각사』, 민속원, 2008.

주영하, 『음식 인문학』, 휴머니스트, 2011.

편용우, 「식민지 조선의 일본 예능 공연」, 『일본어 교육』 제91호, 2020.

한국예술연구소, 『이영일의 한국영화사 강의록』, 소도, 2002.

_____, 『한국영화사를 위한 증언록 김성춘, 복혜숙, 이구영 편』 총서 4권, 소도, 2003.

한상언, 『조선영화의 탄생』, 박이정, 2018.

한영우 외, 『대한제국은 근대국가인가』, 푸른역사, 2006.

홍영철, 『부산 근대영화사』, 산지니, 부산대학교 한국민족문화연구소, 2009.

_____, 『부산 극장사』, 도서출판 부산포, 2014.

니시카즈오·오즈미카즈오(西和夫·穗積和夫), 이무희·진경돈 역, 『일본 건축사-4』, 세진사, 1995.

다카사키 소지, 이규수 역, 『식민지 조선의 일본인들』, 역사비평, 2006.

루홍스, 슈샤오밍, 김정욱 역, 『차이나 시네마 : 중국영화 100년의 역사』, 동인, 2002.

버튼 홈스, 『The Burton Holmes Lectures Seoul, Capital of Korea』, New York McCLURE, phillips & C0.

버튼 홈스, 이진석 역, 『1901년 서울을 걷다』, 푸른길, 2012.

비숍, 신용복 역, 『조선과 그 이웃 나라들』, 「조선의 첫인상」, 집문당, 1999.

사토오 다다오, 유현목 역, 『일본 영화 이야기』, 다보문화사, 1993.

알렌, 김원모 역, 『近代韓國外交史年表』, 단대출판부, 1984.

_____, 『알렌 일기』, 신양사, 1968.

앙마누엘 툴레, 김희균 역, 『영화의 탄생』, 시공사, 1996.

에드워드 사이덴스티커, 허호 역, 『도쿄 이야기』, 이산, 1997.

이치카와 아야, 『アジア映畵の創造及び建設(아시아영화의 창조 및 건설)』, 국제영화통신사출판부, 1941.

피에르 브르디외, 하태환 역, 『예술의 규칙 -문학 장의 기원과 구조』, 동문선, 1999.

헐버트, 『The Korea Review』, 「뉴스 칼렌더」, 1901년 4월호.

국외 단행본

木村建二, 『在朝日本人の社會史』, 未來社, 1989.

藤井惠介·玉井哲雄, 『建築の歷史』, 東京, 中央公論社, 1995.

日本建築学会, 『劇場空間への誘い』, 東京, 鹿島出版會, 2010.

田中純一郞. 『日本映畵發達史 I』, 東京, 中央公論社, 1980.

부산 일본영사관, 『경상도 사정』, 「제31, 부산 일본 거류지」 편.

_____, 『재조선국 부산항 영사관 제정 제규칙편람』.

_____, 『부산영사관제정제규칙』, 「거류인민영업규칙」, 「전염병예

방소독집행심득」.

_____, 『제정제규칙』, 「요리옥음식점영업규칙」.

부산 일본 이사청, 『부산이사청법규류집』, 「극장취체 규칙」, 「제흥행취체 규칙」, 1909.

부산부, 미야코 겡쿄(都甲玄卿), 『釜山府史原稿』 6권, 부산민족문화, 1986.

부산부, 아이자와 진스케(相澤仁助), 『韓國二大港實勢』, 영인본, 韓國地理風俗誌叢書』 219호(1905), 경인문화사. 1995.

부산부, 아이자와 진스케(相澤仁助), 『釜山港勢一斑, 釜山府勢一斑』, 영인본, 韓國地理風俗誌叢書, 297호 (1905), 경인문화사, 1995.

이노우에 세이마(井上淸磨), 『釜山を擔ぐ者』, 大朝鮮社, 1931, 영인본, 경인문화사, 1990.

일본외무성, 『일본외교문서』 제13권, 문서번호 156호.

_____, 『特殊調査文書』, 「在朝鮮國領事館訓令」 제6권.

일본외무성 기록국, 『通商彙編』, 1881.

_____, 『通商彙編』, 1885.

_____, 『通商彙纂』 한국 편, 1900.

_____, 『通商彙纂』 한국 편, 1901.

조선실업협회, 『朝鮮之實業』 1~2권, 1905(개화기 재한일본인 잡지자료집, 단국대부설동양학연구소, 2003년).

조선 총독부, 『관보』, 「상업 및 법인등기」, 제3598호, 1924. 8. 11.

_____, 『관보』, 「朝鮮キネマ株式會社解散(조선키네마주식회사해산)」. 제4027호, 1926. 1. 25.

국내 논문

곽수경, 「개항도시의 근대문화 유입과 형성-부산과 상하이의 영화 중심으로」, 『인문사회과학연구』 제20권 제2호, 2019.

김기란, 「대한제국기 극장 국가(theater state) 연구(1)」, 『어문 논총』 제51호, 2009.

김남석, 「극장을 짓은 항구의 상인들 -조선의 항구도시에서 극장을 건립·운영한 상인들의 내력과 상호 관련성을 중심으로-」, 『영남학』 제29호, 2016.

_____, 「부산의 극장 부산좌 연구 -1907년에서 1930년 1차 재건 시점까지-」,

『항도 부산』 제35호, 2018.

_____, 「영화 상설관 '행관'의 신축과 운영으로 살펴본 '부산 극장가'의 변전과 그 의미 연구」, 『항도 부산』 제38호, 2019.

김동철, 「十七～十八世紀の釜山倭館周邊地域民の生活相(17～18세기의 부산 왜관주변 지역민의 생활상)」, 『年報都市研究』 9호, 도시회연구회, 1998.

김승, 「개항 이후 부산의 일본 거류지 사회와 일본인 자치기구의 활동」, 『지방사와 지방문화』 15호, 역사문화학회, 2012.

김정하, 「근대 식민도시 부산의 성격에 관한 고찰」, 『동북아문화연구』 제9집, 동북아시아문화학회, 2005.

김희경, 「국립해양박물관 소장 <조선 부산 일본거류지> 지도 및 관련 일괄 자료 소개」, 『항도 부산』 제36호, 2018.

문관규, 「조선키네마 주식회사의 설립 배경과 몇 가지 논쟁점에 대한 고찰」, 『영화연구』 제58호, 한국영화학회, 2013.

송혜영, 「부산일본 전관거류지의 형성과 변화에서 나타난 건축적 특성」, 한국해양대학교 대학원, 공학 석사학위논문, 2002.

신근영, 「신문기사로 살펴본 개화기 조선의 공연예술 양상」, 『남도민속연구』 24호, 남도민속학회, 2012.

_____, 「일본 연희단의 유입과 공연양상」, 『한국민속학』, 2013.

_____, 「근세 일본의 유랑예인과 기예고찰」, 『동연』 2호, 2017.

아이 사키코, 「부산항 일본인 거류지의 설치와 형성 개항 초기 중심으로」, 『도시연구』 3호, 2010.

장순순, 「새로 발견된 왜관 지도」, 『한일관계연구사』 16호, 한일 관계사학회, 2002.

전성현, 「'조계'와 '거류지' 사이-개항장 부산의 일본인 거주지를 둘러싼 조선과 일본의 입장 차이의 의미」, 『한일관계사 연구』 62호, 한일관계자학회, 2018.

정재은, 「町人時代歌舞伎 文化研究」, 『학술대회 발표논문집』, 부경대학교, 대한일어일문학회, 2018.

조영환, 「近代の韓國・釜山における市街地の變遷に關する研究(근대의 한국・부산의 시가지의 변천에 관한 연구)」, 동경공학원대학, 2005.

조희문, 「초창기 한국영화사 연구 -영화의 전래와 수용(1896～1923)」, 중앙대학교 대학원, 박사학위 논문, 1992.

_____, 「일제강점기 시대 조선키네마(주)의 설립과 영화제작 활동에 관한 연

구」,『영화연구』제29호, 2006.

최보영, 「개항기(1880~1906) 부산주재 일본 영사의 파견과 활동」,『한국근현대사연구』18호, 2017.

한상언, 「활동사진 시기 조선영화산업연구」, 한양대학교 대학원, 박사학위 논문, 2010.

한우근, 「개국 후 일본인의 한국침투」,『동아문화』1호, 1963.

신문 자료

≪경성일보≫, 1925. 1. 29. 순 조선영화 <암광>.

≪경성일보≫, 1925. 2. 21. 「영화의 나라(映畵 國) -조선키네마(朝鮮キネマ)가 대두(擡頭)할 때까지」.

≪동아일보≫, 1925. 11. 20. 「부산에 조선키네마 조선 영화계의 과거와 현재-윤백남 리경손이 중심이 되어서 일본에 활동사진 수출까지 계획하여」.

≪만세보≫, 1907. 5. 30. 「동문내전기창(東門內電氣廠)에 부속(附屬)한 활동사진소(活動寫眞所)에 연극장(演劇場) 신설」.

≪매일신보≫, 1916. 8. 31. 「기생의 활동사진」.

≪매일신보≫, 1924. 11. 13. 「연예안내」.

≪매일신보≫, 1924. 11. 26. 「조선키네마 활동 배우, 촬영 중에 알력(軋轢)」.

≪매일신보≫, 1924. 12. 13. 고대 비사 <운영전>.

≪매일신보≫, 1925. 1. 1. 「조선영화의 인상」.

≪매일신보≫, 1925. 1. 12. 13일, 14, 17, 18일 「연예안내」.

≪매일신보≫, 1925. 1. 14. 「운영전과 독일 명화 오늘 밤부터 단성사에서 상영」.

≪매일신보≫, 1925. 1. 26. 「조선키네마의 대 역작 <암광(闇光)>」.

≪매일신보≫, 1925. 1. 28. <암광(闇光)> 상영 예고.

≪매일신보≫, 1925. 4. 11. 「연예안내」.

≪부산일보≫, 1915. 1. 1. 「연극과 기석(芝居と寄席)」.

≪부산일보≫, 1915. 2. 24. 「광고」.

≪부산일보≫, 1915. 3. 4. 「욱관의 1주년 축」.

≪부산일보≫, 1915. 3. 10. 「연예계」, 「욱관의 1주년 축연」, 「광고」.

≪부산일보≫, 1915. 3. 10. 「연예안내 -입장요금」.

≪부산일보≫, 1915. 4. 11. 「연예안내」.

≪부산일보≫, 1915. 4. 24. 「활동사진 <아무정(噫無情)>」.

≪부산일보≫, 1915. 4. 27. 연재소설, 「우브타 하야토의 활동(簿田隼人の活動)」.

≪부산일보≫, 1915. 4. 27. 「강담무용전(講談武勇傳)」.

≪부산일보≫, 1915. 4. 27. 「4월 27일 사진 전부 취체(교체) 프로그램」.

≪부산일보≫, 1915. 4. 30. <아무정(噫無情)> 활동 결산.

≪부산일보≫, 1915. 5. 30. 「임시 특별 대흥행」.

≪부산일보≫, 1915. 5. 30. 「명마와 만담의 연장(名馬と落語の日延)」.

≪부산일보≫, 1915. 6. 1. 「연예안내」.

≪부산일보≫, 1915. 6. 11. 「활동사진 기계 광고」.

≪부산일보≫, 1915. 7. 20. 「광고」.

≪부산일보≫, 1915. 7. 22. 「광고」.

≪부산일보≫, 1915. 7. 28. 「욱관의 사진 교체」.

≪부산일보≫, 1915. 8. 7. 「상설 4개 과다, 행좌 순극장 개축」.

≪부산일보≫, 1915. 8. 26. 「연예소식」, 「연예 -욱관 목하 독점 <독탐>」.

≪부산일보≫, 1915. 9. 2. 「연예소식(演藝だより) -보래관 내부 분요…」.

≪부산일보≫, 1915. 9. 3. 「경성 대정관(大正舘) 특약 일활 만선(滿鮮)의 1등 사진」.

≪부산일보≫, 1915. 9. 4. 「연예소식」.

≪부산일보≫, 1915. 9. 7. 「연예안내」.

≪부산일보≫, 1915. 9. 18. 「18일부터 사진 전부 교체」.

≪부산일보≫, 1915. 9. 18. 「강연과 활동사진」.

≪부산일보≫, 1915. 9. 27. 「보래관 <아다치가하라(安達ケ原)> 큰 사진 인기」.

≪부산일보≫, 1915. 9. 30. 「부산의 연예계는 요즘 사이가 좋아 경쟁적」.

≪부산일보≫, 1915. 10. 3. 「활동과 변사」, 「욱관과 보래관은 12인」.

≪부산일보≫, 1915. 10. 13. 「부산좌의 개량(改良)」.

≪부산일보≫, 1915. 10. 15. 「광고- 활동사진 연쇄극」, 연쇄(連鎖) 응용(應用).

≪부산일보≫, 1915. 10. 15. 「행좌 개축공사」= 모범적 활동 사진 상설관.

≪부산일보≫, 1915. 10. 16. 「보래관 관근 달발(關根達發)」.

≪부산일보≫, 1915. 10. 16. 「신파 괴담 <에노키다이묘징(榎大明神)> 작품」.

≪부산일보≫, 1915. 10. 17. 「부산좌의 연쇄 연극」.

≪부산일보≫, 1915. 10. 20. 「연예소식」.

≪부산일보≫, 1915. 10. 21. 23. 25. 28. 11. 2(부산좌 마술과 연극 공연 광고).

≪부산일보≫, 1915. 10. 24. 「활동 상설 행관의 설계도」.

≪부산일보≫, 1915. 11. 10. 「욱관의 기념 흥행」, 「연예안내」.

≪부산일보≫, 1915. 11. 18. 「활동사진 기계 광고」.

≪부산일보≫, 1915. 12. 22. 3면 「1915년 12월 12일 원극장 행좌 상설관(…).」.

≪부산일보≫, 1915. 12. 22. 「신축…낙성…개관 행관」.

≪부산일보≫, 1915. 12. 24. 「만원의 성황」.

≪부산일보≫, 1915. 12. 24. 「변사의 대 차륜(辯士の大車輪)」.

≪부산일보≫, 1915. 12. 24. 「재미있는 사진(面白い寫眞)」.

≪부산일보≫, 1915. 12. 24~25. 「부산일보, 주최 독자 욱관 입장 무료」.

≪부산일보≫, 1915. 12. 26. 「욱관 26일 마침내」, 「연예소식」.

≪부산일보≫, 1915. 12. 26. 「교체(着換)한 것은 다름이 아니라 겹치는 사진」.

≪부산일보≫, 1916. 1. 3. 「광고」, 「원단(元旦, 1916년)의 연예계」.

≪부산일보≫, 1916. 1. 3. 「행관(1915年) 12월 12일 개관 이래 매야(每夜) 대
　　　　인기」.

≪부산일보≫, 1916. 1. 7. 「광고」.

≪부산일보≫, 1916. 1. 13. 「광고」, 「연예소식」.

≪부산일보≫, 1916. 1. 16. 「제1차 특별흥행」.

≪부산일보≫, 1916. 1. 18. 「연예소식」, 영화 교체.

≪부산일보≫, 1916. 1. 21. 「1월 21일, 제2차 특별 대흥행 착체(着替, 교체)」.

≪부산일보≫, 1916. 1. 25. 「흥행 할합(割合, 비율)」, 「전성(全盛)의 활동사진」.

≪부산일보≫, 1916. 1. 28. 「연예안내」.

≪부산일보≫, 1916. 1. 29. 「보래관 구독자 사진」.

≪부산일보≫, 1916. 1. 31. 「연예소식」, 「신간 안내」.

≪부산일보≫, 1916. 2. 1. 「아마추어 조루리회(素人淨瑠璃會), 1~2일 욱관
　　　　공연」.

≪부산일보≫, 1916. 2. 2. 「단독 광고 -초일 이래 만원」.

≪부산일보≫, 1916. 2. 2. 「연예소식 -보래관에 있던 하나우라 군이 최근 행
　　　　관의 무대…」.

≪부산일보≫, 1916. 2. 3. 「루리회(상)(瑠璃會 上)」.

≪부산일보≫, 1916. 2. 4. 「연예안내」.

≪부산일보≫, 1916. 2. 15. 「연중(連中) 출연(出演) 과일(過日) 욱관(旭舘)」.

≪부산일보≫, 1916. 2. 15. 「야토리 다유렌(彌鳥太夫連) 연중(連中) 15일 밤
　　　　공연」.

≪부산일보≫, 1916. 2. 20. 「연예소식 -아지마 아사히스씨(兒島旭州氏) 비파

탄주(彈奏) 대갈채」.

≪부산일보≫, 1916. 2. 25.「천활회사 일수대리점 하야카와 연예부(早川演藝
部)」.

≪부산일보≫, 1916. 2. 28.「연예소식」.

≪부산일보≫, 1916. 2. 29.「생각에 잠김(思ひ 思ひ)」.

≪부산일보≫, 1916. 4. 5.「연예안내」.

≪부산일보≫, 1916. 4. 9.「첫날 이후로 계속 매일 야간 7시 만원」.

≪부산일보≫, 1916. 4. 11.「계속 특별 대흥행」.

≪부산일보≫, 1916. 4. 16.「釜山座 模樣替(부산좌 모양 바꿈), 1907년 7월
15일 개관식」.

≪부산일보≫, 1916. 4. 26.「연예안내」.

≪부산일보≫, 1916. 4. 28.「욱관의 재건축」, 「행관」.

≪부산일보≫, 1916. 4. 28.「연예소식」.

≪부산일보≫, 1916. 4. 30.「연예안내 -행관, 보래관」, 「행관의 특별 대사진」.

≪부산일보≫, 1916. 7. 25.「연예 풍문록(演藝風聞ろく)」.

≪부산일보≫, 1916. 9. 9.「행관 -본 흥행 중에 입장료」.

≪부산일보≫, 1916. 9. 11.「연예안내」.

≪부산일보≫, 1916. 9. 18.「보래관 임시 특별 대흥행」, 「대호평 대 갈채(喝
采) -행관」, 「연예안내 -행관」.

≪부산일보≫, 1916. 10. 6.「연예 풍문록(演藝風聞ろく)」.

≪부산일보≫, 1916. 10. 25.「상생관 개관식」.

≪부산일보≫, 1916. 10. 31.「상생관의 준공」.

≪부산일보≫, 1916. 12. 1.「사계(斯界)를 풍미(風靡)한 서양극(西洋劇) 상생
관」.

≪부산일보≫, 1916. 12. 15.「가공(恐)할 만한…」.

≪부산일보≫, 1916. 12. 26.「신춘의 연예계」, 「연예안내」.

≪부산일보≫, 1916. 12. 29. 단독 광고 -「개관 피로」, 「보래관의 준공」.

≪부산일보≫, 1916. 12. 30.「연예안내 -개관 낙성 30일 개관」, 「일활(日活)
물약(物約) 상생관(相生舘)」.

≪부산일보≫, 1917. 2. 5.「행관, 매일 상생관과 경쟁」.

≪부산일보≫, 1917. 2. 5.「상생관 영화도 선명(鮮明)」.

≪부산일보≫, 1917. 2. 18.「활동입장료 2만 5천 원」, 「24만 인의 활동 관객」.

≪부산일보≫, 1917. 4. 13.「갈수록 더 심한 개연(雲愈愈 開演)」.

≪부산일보≫, 1917. 4. 21.「부활(復活)하는 보래관, 개관피로」, 「개관」, 「연

예안내」.

≪부산일보≫, 1917. 4. 22.「부활이 있을 보래관(復活せる寶來舘), 경성 대정
  관」.

≪부산일보≫, 1917. 4. 29.「연예안내」,「상생관…」.

≪부산일보≫, 1917. 7. 8.「행관의 <맥베스(マクベス)>」.

≪부산일보≫, 1917. 7. 9.「광고」.

≪부산일보≫, 1917. 7. 10.「연예안내」.

≪부산일보≫, 1917. 7. 27.「혁신으로 다시 일으킬 수 있는 행관」.

≪부산일보≫, 1917. 9. 27.「상설 행관 부활(復活)」.

≪부산일보≫, 1917. 9. 27.「크게 보라! 혁신(革新)… 행관을!…」.

≪부산일보≫, 1917. 9. 28.「행관 부활 피로」.

≪부산일보≫, 1917. 9. 28.「보래관 -추계 특별 대흥행」,「광고-행관」.

≪부산일보≫, 1917. 9. 29.「연예안내」,「연예안내-상생관」,「광고-행관」.

≪부산일보≫, 1917. 9. 30.「연예계 -행관 부활(幸舘復活)」,「추석(秋夕)과 상
  생관」.

≪부산일보≫, 1917. 10. 5.「연예 풍문록(演藝風聞ろく)」.

≪부산일보≫, 1917. 10. 12.「광고」.

≪부산일보≫, 1917. 10. 13.「연예 풍문록(演藝風聞ろく)」.

≪부산일보≫, 1918. 1. 8.「국난에 순 각오(國難殉覺悟)」.

≪부산일보≫, 1918. 1. 13.「광고」, <일출의 나라(日出つる國)>,「연예」.

≪부산일보≫, 1918. 1. 24.「어린이 매식과 활동사진(子供の 買食と活動寫
  眞)」.

≪부산일보≫, 1918. 1. 25. (2)「종교의 눈(宗教眼) 활동사진 세력(活動寫眞
  勢力)」.

≪부산일보≫, 1918. 1. 26. (3)「활동사진과 풍기(活動寫眞と風紀)」.

≪부산일보≫, 1918. 1. 27. (4)「활동사진의 세력(活動寫眞 の勢力)」.

≪부산일보≫, 1918. 1. 28. (5)「활동사진과 교육(活動寫眞 と教育)」.

≪부산일보≫, 1918. 1. 29. (6)「활동과 교육(活動と教育)」.

≪부산일보≫, 1918. 1. 30. (7)「활동과 인생(活動と人生)」.

≪부산일보≫, 1918. 2. 9.「미국에서 부산 활동사진(美國で釜山の活動寫眞)」.

≪부산일보≫, 1918. 2. 13,「화려한 조선 정월(華やかをる 朝鮮正月)」.

≪부산일보≫, 1918. 2. 15.「광고」, -행관 2월 15일 4대 사진 행관 <부산의
  전경(釜山の全景)>.

≪부산일보≫, 1918. 2. 17.「부산의 실경(釜山の實景)」.

≪부산일보≫, 1918. 2. 17.「광고」-신파 <남편의 복수> 외 미일 친선 <부산 경성의 전경> 대호평.

≪부산일보≫, 1918. 4. 5.「반액 권 인쇄(半額卷刷込み)」.

≪부산일보≫, 1918. 4. 13.「곡마(曲馬) 흥행」.

≪부산일보≫, 1918. 4. 16.「서정(西町) 욱관 터에서 흥행 중인 곡마단」.

≪부산일보≫, 1925. 5. 19.「유해(有害) 영화(映畫)는 박멸(撲滅)할 방침(方針)」.

≪부산일보≫, 1925. 6. 30.「조선키네마주식회사 총회 무효의 소송 부산법원에 제기」.

≪부산일보≫, 1925. 7. 7.「조선키네, 소송 사건 공판(公判) 15일로 연기(延期)」.

≪부산일보≫, 1925. 7. 12. 국제관, <금심비파연주(錦心琵琶演奏)> 7월 14일 오후 6시 개연. 7월 14일 기차 불통(不通)연기.

≪부산일보≫, 1925. 7. 17. 국제관, <금심비파연주성황(錦心琵琶演奏盛況)> 7월 15일 오후 6시 30분.

≪부산일보≫, 1925. 7. 20.「상업등기공고」, -부산지방법원, 7월 16일, 공고.

≪부산일보≫, 1925. 9. 4.「행관 신 영사기 2대를 2,000여 원 들여 구입」.

≪부산일보≫, 1928. 1. 1.「광고 -마키노 영화 만선배급소 사쿠라바 상회 직영 행관(マキノ映畫滿鮮配給所 櫻庭商會直營 幸舘)」.

≪조선시보≫, 1915. 2. 2.「1월 31일 재개연(一月三十一日 再開演)」.

≪조선시보≫, 1915. 2. 9.「연예의 소문이야(演藝の噂さ)」.

≪조선시보≫, 1915. 2. 11.「아마추어 이다 대회(素人義太大會)」.

≪조선시보≫, 1915. 2. 12.「2월 7일부터 동경 라쿠고 삼유파(東京落語 三遊派)」.

≪조선시보≫, 1915. 2. 27.「광고」.

≪조선시보≫, 1915. 3. 7.「활동사진 상설 보래관」.

≪조선시보≫, 1915. 3. 11.「연예계 -보래관의 활동사진」,「보래관의 휴관」.

≪조선시보≫, 1915. 8. 5.~25일까지 상영 기일.

≪조선시보≫, 1915. 8. 5.~8. 25.「8월 4일부터 사진 전부 착체(교체)」.

≪조선시보≫, 1915. 8. 7.「상설 4개는 과다(常設四つは過多)」.

≪조선시보≫, 1915. 8. 7.「광고」, 특별사은품 진정 1포함.

≪조선시보≫, 1915. 8. 11.「목하 휴관 중(は目下休館中)」.

≪조선시보≫, 1915. 8. 13.「인사왕래(人事往來)-松井幸次郎(마츠이 코오지로)」.

≪조선시보≫, 1915. 8. 16. 「연예수어(演藝粹語)」, 보래관 휴관 해(寶來舘休舘して).

≪조선시보≫, 1915. 8. 16. 「흥행부진(盆の興行不振)」.

≪조선시보≫, 1915. 8. 16. 「욱관의 경영진 2~3명 경질을 병행할 것이라」.

≪조선시보≫, 1915. 8. 28. 「보래관의 활극(活劇, 사건)」.

≪조선시보≫, 1915. 8. 29. 「보래관 점차(漸) 개관」.

≪조선시보≫, 1915. 8. 30. 「<독탐> 대호평」.

≪조선시보≫, 1915. 8. 30. 「연예계」, 보래관은 내부정리(整理) 종료(終).

≪조선시보≫, 1915. 9. 2. 「광고 -9월 1일부터 신 사진 제공」.

≪조선시보≫, 1915. 9. 2. 「연예계」, 「연예소식」.

≪조선시보≫, 1915. 9. 3. 「연예계」.

≪조선시보≫, 1915. 9. 4. 「연예 -욱관의 <최후의 승리> 외, 대성공(大成功)」.

≪조선시보≫, 1915. 9. 6. 「연예만어(演藝漫語)」.

≪조선시보≫, 1915. 9. 9. 「연예계」.

≪조선시보≫, 1915. 9. 12. 「연예계」.

≪조선시보≫, 1915. 9. 14. 「신변사(新辯士)의 출연(出演)으로 더 인기(人氣)」.

≪조선시보≫, 1915. 9. 18. 「광고」-당관(當舘)은 경영자 교대(般經營者交代)와 함께 대대혁적진(大大革的進).

≪조선시보≫, 1915. 9. 18. 「광고」, 「연예계」, 「독자란」.

≪조선시보≫, 1915. 9. 21. 「연예계」 -보래관을 보다, 18일 사진 교체(寫眞替).

≪조선시보≫, 1915. 9. 21. 「욱관은 천활 경영의 제일보(天活經營の第一步)」.

≪조선시보≫, 1915. 9. 22. 「연예(演藝)」 -욱관(旭舘)은 어제 21일(昨二十一日)이 꼭 개관(開舘) 만 3주년(滿三週年), 특별흥행에 (연쇄극 -광고).

≪조선시보≫, 1915. 9. 22. 「보래관은 매일 밤 대인기 만원(滿員)」, 「연예」.

≪조선시보≫, 1915. 9. 23. 「9월 21일부터 개설 제3주년 특별 흥행 기념」.

≪조선시보≫, 1915. 9. 24. 「연예」, 「욱관을 보다(旭舘を觀る)」, 「광고」.

≪조선시보≫, 1915. 9. 26. 「연예 -욱관 연쇄극 기사」.

≪조선시보≫, 1915. 9. 26. 「욱관은 3주년의 특별흥행」.

≪조선시보≫, 1915. 9. 27. 「광고 -기념으로 1, 2등 할인회수권 발매 주도」.

≪조선시보≫, 1916. 7. 8. 「광고 -보래관-특별 대흥행 하트의 3!!」.

≪조선시보≫, 1916. 7. 9. 「광고 -행관 <명금(名金)>」.

≪조선시보≫, 1916. 7. 8. 「기사 -보래관의 하트(寶來舘ハート)」.

≪조선시보≫, 1916. 7. 8. 「기사 -행관(幸舘)의 걸작(傑作) <명금(名金)>」.

≪조선시보≫, 1916. 7. 10. 「포스트(ポスト)」.

≪조선시보≫, 1916. 7. 22. 「활극(活劇) <명금(名金)> 행관의 상장(개봉)」.

≪조선시보≫, 1916. 8. 17. 「미국의 활동사진 입장료 총액(入場料總額) 6억
　　　　불(億弗)」.

≪조선시보≫, 1916. 8. 27. 「부산의 풍경을 영화(釜山の風景を映畫)」.

≪조선시보≫, 1917. 7. 5. 「광고」.

≪조선시보≫, 1917. 7. 8. 「대사진이 온다!(大寫眞來る!), 대사극(大史劇), 광
　　　　고」.

≪조선시보≫, 1917. 7. 8. 「상생관의 호평」, 「전대미문(破天荒)의 대사진」.

≪조선시보≫, 1917. 8. 14. 「13일부터 행관 드디어 폐장(幸舘遂 閉場)」.

≪조선시보≫, 1917. 10. 5. 「광고」.

≪조선시보≫, 1917. 10. 13. 「(…) 행관(幸舘)의 실연연쇄극(實演連鎖劇)」.

≪조선시보≫, 1917. 10. 19. 「광고 -행관」, 「행관(幸舘)의 교체(替)한 연쇄(連
　　　　鎖)」.

≪조선시보≫, 1917. 10. 26. 「연쇄극(連鎖劇)으로 발매(賣出)한, 행관(幸舘)의
　　　　교체 사진(取替寫眞)」.

≪조선시보≫, 1917. 10. 31. 「천장절(天長節) 광고」.

≪조선시보≫, 1918. 3. 10. 「활동사진 신 단속법, 선용(善用)할 방침(方針)」.
　　　　「활동사진의 신취체법(活動寫眞の新取締法)」.

≪조선시보≫, 1918. 3. 23. 「광고 -보래관」, 「군신노기다이쇼오(軍神乃木大
　　　　將)」.

≪조선시보≫, 1918. 3. 28. 「활동사진의 대폐해(大弊害)」.

≪조선시보≫, 1918. 3. 31. 「사대람(賜台覽) -보래관」.

≪조선시보≫, 1921. 4. 6. 「미증유의 성대한 의식(未曾有の御盛儀)」.

≪조선시보≫, 1921. 4. 15. 「시정선전개시(施政宣傳開始)」.

≪조선시보≫, 1921. 5. 7. 「문화통치의 모순(文化統治の矛盾)」.

≪조선시보≫, 1921. 10. 13. 「활동(活動) 내선(內鮮) 융화선전(融和宣傳) 대
　　　　동동지회(大東同志會)가 시사회(試寫會)를 개최(開催)」.

≪조선시보≫, 1921. 10. 20. 「조선 총독부(朝鮮總督府) 현상부(懸賞附) 내지
　　　　(內地)의 노래(歌)를 모집(募集), 내 선용화(內鮮融和)의 수단(手段)」.

≪조선시보≫, 1921. 10. 23. 「키네마 계의 경이(キネマ界の驚異)」.

≪조선시보≫, 1921. 10. 25. 「활동사진 <국난(國難)> 시사회」.

≪조선시보≫, 1923. 1. 17. 「순회 활동사진회」.

≪조선시보≫, 1923. 1. 27. 「가토(加藤) 병원장(病院長)」.

≪조선시보≫, 1923. 2. 23. 「사회개선의 활동(社會改善の活動)」.

≪조선시보≫, 1923. 4. 15. 「대매(大每) 활동사진」.

≪조선시보≫, 1923. 5. 3. 「위생 활동사진 개최(衛生活動寫眞開催)」.

≪조선시보≫, 1923. 5. 6. 「부산 동래 방면을 배경(背景)으로 촬영」.

≪조선시보≫, 1923. 5. 11. 「민중예술(民衆藝術) 명타(銘打) 부산키네마(釜山のキネマ)」.

≪조선시보≫, 1923. 5. 11. 「서양물(西洋物) 위에서도(上からも)」.

≪조선시보≫, 1923. 5. 12. 「민중예술(民衆藝術)이라는 명목(名目)을 내세웠다」.

≪조선시보≫, 1923. 5. 12. 「일활(日活)의 직영(直營) 지배인(支配人)은 사쿠라바 후지오 군(櫻庭藤夫君)」.

≪조선시보≫, 1923. 5. 12. 「예술적(藝術的) 기질(筋)을 발견(見出)」.

≪조선시보≫, 1923. 5. 12. 「조금(少) 인간미(人間味) 있는 즉(即)」.

≪조선시보≫, 1923. 5. 12. 「연예안내」.

≪조선시보≫, 1923. 5. 12. 「진검미 활약상을 나타냄(眞劍味活躍振りを示)」.

≪조선시보≫, 1923. 5. 17. 「아리시 리토쿠 일파(嵐璃德一派)의 주연(主演)」.

≪조선시보≫, 1923. 5. 17. 「민중예술(民衆藝術)이라 부산의 키네마 3관(三舘) 보래관은 활극(活劇) 특색(特色) 서광(曙光)은 확(確)」.

≪조선시보≫, 1923. 5. 17. 「오카모토 마츠조 군(岡本松造君)의 선전 방식(宣傳振)」, 「심각(深刻)한 표정(表情) 및(及) 예술(藝術)은」.

≪조선시보≫, 1923. 5. 18. 「민중예술(民衆藝術) 명명(銘打)한 부산의 키네마 3관-상생관(相生舘) 신파」, 「부산(釜山)으로서 자진(進)」.

≪조선시보≫, 1923. 5. 18. 「민중예술 부산 키네마 3관, 고심한 흔적도 보여(苦心の跡も見えて)」, 「상생관, 쇼치쿠와 제휴(携)」.

≪조선시보≫, 1923. 5. 18. 「상연은 매우 새롭다(上演して大いに新ら)」.

≪조선시보≫, 1923. 5. 18. 「변사 제군들 모두(辯士諸郡た何れも)」.

≪조선시보≫, 1923. 5. 27. 「광고」.

≪조선시보≫, 1923. 6. 23. 「흥행규칙개정」.

≪조선시보≫, 1923. 7. 20. 「저금선전 활동사진」, 식산은행(殖産銀行) 저금선전 활동사진반.

≪조선시보≫, 1923. 7. 29. 「저금선전 활동사진」, 조선식산은행 저금선전.

≪조선시보≫, 1923. 10. 19. 「저금선전의 활동사진 -부산 우편국」.

≪조선시보≫, 1924. 1. 30. 「<성혼> 활동사진 보는 학생 행관(御成婚映畵を仰ぎ觀る學生<幸舘>)」.

≪조선시보≫, 1924. 2. 16. 「활동관 내의 풍기(風紀)와 필름의 검열(檢閱)을 독려(勵行)해 불건전(不健全)한 것 제거(除去)」.

≪조선시보≫, 1924. 5. 2. 「배일안 통과와 키네마 계(排日案通過とキネマ界)」.

≪조선시보≫, 1924. 5. 2. 「미국 상하 양원에서 통과 배일 이민 법안(排日移民法案)」.

≪조선시보≫, 1924. 5. 17. 「문화 문제 강연(文化問題講演)」.

≪조선시보≫, 1924. 6. 6. 「일반회사 측에서 민중 오락」.

≪조선시보≫, 1924. 6. 6. 「배일(排日)과 키네마 -민중 오락 전환기(轉換機)」.

≪조선시보≫, 1924. 6. 6. 「일본은 미국영화회사의 큰 관객(大觀客)」.

≪조선시보≫, 1924. 6. 6. 「그 중 파테, 파라마운트가 상품」 기사 내용 외.

≪조선시보≫, 1924. 6. 8. 「신청사(新廳舍)의 신설비(新設備) 각층(各階)의 완성(完成)된 설비(設備)」.

≪조선시보≫, 1924. 9. 13. 「조선키네마 촬영 최근 성공, 제주도 성공」.

≪조선시보≫, 1924. 9. 27. 「24일 야간 전부의 촬영을 마치고 귀 부산(二十四日夜全部の撮影を終つて歸釜山)」.

≪조선시보≫, 1924. 9. 27. 「조선키네마 주역(主役) 부상 <해의 비곡> 곧 개봉」.

≪조선시보≫, 1924. 10. 12. 「<해의 비곡> 장면(場面) 조키네(朝キネ)」.

≪조선시보≫, 1924. 10. 17. 「조선키네마 처녀(處女) 영화 근일 공개(近日公開)」.

≪조선시보≫, 1924. 10. 24. 「(…) 조선키네마의 출품(鮮キネ 出品) 키네마 연구회(キネマ研究會)에서 호평(好評)」.

≪조선시보≫, 1924. 10. 24. 「(…) 조선키네마의 스타 유학생(留學生)」.

≪조선시보≫, 1925. 6. 4. 「진용(陣容)을 가다듬은 조선키네마 곧(近) 활동(活動)의 불을 지르리라(火蓋)」.

≪조선시보≫, 1925. 6. 4. 「진용이 갖추어진(陣容整)」.

≪조선시보≫, 1925. 7. 17. 「진용을 갖춘 조선키네마 소송사(訴訟事件)도 원만(圓近滿)하게 해결(解決)」.

≪조선시보≫, 1925. 10. 17. 「이상적(理想的) 교육영화(教育映畵)를 제작 조선-키네마의 '다카사(高左)'씨가 산파역(産婆役)을 맡아 프로덕션 창립(ブロダクション創立)」.

≪조선시보≫, 1930. 11. 12. 「부산(釜山) 남빈대화(南濱大火) -활동상설관 행관 10일 저녁에 전소하다(十日夕 遂に全燒す)」.

≪조선일보≫, 1929. 1. 1. 「朝鮮映畵總觀 1, -최초 수입 당시부터 최근에 제

작된 작품까지의 총결산」.

≪조선일보≫, 1933. 5. 28.「손위빈 -조선영화사 -10년간의 변천」.

≪키네마순보(キネマ旬報)≫, 1924. 12. 1.

≪황성신문≫, 1903. 6. 23.「동대문내(東大門內) 전기회사기계창(電氣會社機械廠)시술(施術) 활동사진(活動寫眞)」.

≪황성신문≫, 1903. 7. 10.「유완조위(遊玩遭危)」.

지도 자료

1881년, 사다카즈(定一),「포산항견취도(浦山港見取圖)」.

1901년, 쇼헤이(關根正平),「조선 부산 일본 거류지(朝鮮釜山 日本居留地)」도면(국립해양박물관 소장 자료).

1903년,「부산항 시가 및 부근지도」.

1907년,「한국 부산항 시가 명세도(韓國釜山港市街明細圖)」 제도.

1911년,「부산시가 전도(초량 부속)」, 지질조사국.

1916년, 자이토 우카츠조우(財藤勝藏),「강계입 부산시가전도(疆界入釜山市街全圖)」.

1918년,「부산시가 전도」.

1924년,「부산 지형도(釜山地形圖)」.

1933년,「부산부 시가도-진해만 요새 사령부 검열제(鎭海灣要塞司令部檢閱濟)」.

2020~2021년,「부산 중구 광복동 주민 센터 주변도」(2020. 11. 12.),「부산 중구 복병산 주변 구역도」(2021. 3.) -부산 중구청 홈페이지, 생활지도 자료.

부록

1. 『海隱日錄(해은일록)』(1889년 妖術屋, 요술옥)
 저자 (민건호)

[原文] 1889年 十九日 壬辰 晴 視務 ○ 吳主事[號海觀]李主事
[號席帆]來話 ○ 未刻與兩寮往電局敍話仍與耕南漢植 海觀率下
隷 轉往日本妖術屋 屋內廣設左右三層架上層謂之 上座 錢六十
錢 中層下層 隨有差等之別 四人幷坐上層架 申正設戲法 別無
可 觀 日人假着女服 如我國산지도갓之遊 言語不通 甚無味也
戌刻各歸

2. 「居留人民營業規則(거류인민영업규칙)」(1881년)
釜山市史編纂委員會,『釜山略史』, 1968.
日本務省記錄局,『通商彙編』, 明治十四年度 釜山港之部.
『釜山領事館制定諸規則』

[原文] 布第 四十八號(明治十四年 十二月十五日)
 ○ 居留人民營業規則

第一章 總則

第一條 本港居留人民ノ營業ヲ區別シヲ左ノ十五種ト爲ス

    一. 貿易商(第七條ニ揭ゲタルモノ)

    二. 銀行(國立及 私立銀行)

    三. 海運營(船載海運ヲ業ト爲スモノ)

    四. 船舶間屋(第十二條ニ揭ゲタルモノ)

    五. 仲買商(第十第ニ揭ゲタルモノ)

    六. 小賣雜商(諸品雜貨ヲ小賣スルモノ)

    七. 質屋

    八. 旅籠屋

    九. 料理屋(西洋料理屋仕出料理屋共)

    十. 諸飲食店(鰻, 鮓, 蕎麥, 鳥獸肉, 汁粉, 天麩羅, 煮賣, 茶漬ノ類)

    十一. 雜店雜業(湯屋, 理髮床, 時計師, 寫眞師ノ類)

    十二. 諸興行諸游技場(芝居, 寄席, 玉突, 大弓, 揚弓, 室內銃ノ類)

    十三. 諸工(大工, 左官, 鍛治, 石工ノ類)

    十四. 日雇家

    十五. 貸車馬

第二條 前條ノ名ヲ稱スルコトヲ得ル者ハ獨立營業者ノ本主又ハ會社支社支店ノ主任者ニ限ル

第三條 居留人民新ニ營業セントスル者ハ第一條ノ區別ニ從ヒ開業當日迄ニ其旨屆出ベシ但シ第一條中第九 第十二ニ係ル營業ハ願出許可ヲ受クベシ

第四條　居留人民ノ營業調査ハ一箇年兩度ト定メ六月十二月ヲ以
　　　　テ調査スルモノトス尤モ其間ニ於テ廢業休業又ハ轉業ス
　　　　ル者ハ其都度屆出ヅベシ(以下第五條～十四條省略)

3.「劇場取締規則(극장취체 규칙)」(1895년)
　釜山理事廳,『釜山理事廳法規類集』, 1909.

[原文] ○劇場取締規則 -達第十五號 [釜山居留地]劇場取締規則
別紙ノ通相定メ來ル八月一日ヨリ施行ス，明治二八年七月二四
日　一等領事　加藤增雄
第一條　本則ニ於 劇場ト稱スルハ俳優ノ演技ヲ衆庶ノ觀覽ニ供
　　　　スル公開ノ場所ヲ云フ，
第二條　劇場ヲ建設セムトスル者ハ左ノ事項ヲ詳細ニ記載シ[総代
　　　　ノ奧書ヲ受ケ]　警察署ヘ願出テ許可ヲ受クヘシ其ノ改造
　　　　變更ヲ 要スルトキ亦同
　　　　一.　場所 建物ノ圖面構造ノ仕樣書及洛成ノ時日
　　　　二.　四隣ノ距離
　　　　三.　觀客ノ定員
　　　　四.　近隣ノ承諾書
第三條　 劇場ノ構造洛成タルトキハ警察署ヘ屆出テ檢査ヲ受ク
　　　　ルニアラサレハ之 ヲ使用スルコトヲ得ス
第四條　劇場ノ構造ハ左ノ制限ニ從フヘシ
　　　　一.　建物ノ前後左右ニハ二間以上[道路河川下水等其ノ

間數ヲ算入ス]ノ空地ヲ存スヘシ

二. 建物ノ前面又側面ニ外開キノ扉若ハ横引ノ戸ヲ附
シタル非常口二個以上ヲ設クヘシ

三. 空氣ヲ流通セシムル爲場內ニ適宜ノ窓牖ヲクヘシ

四. 觀客ノ座席ニハ一人每ニ曲尺方一尺五寸以上ノ割合
ヲ設クヘシ

五. 棧敷ニハ幅二尺以上ノ廊下ヲ附, 天井ハ床ヨリ六尺
以上ノ高サニ設クヘシ

六. 棧敷ニハ扶欄ヲ附幅三尺以上ノ階段二個以上ヲ設ク
ヘシ

七. 土間ノ客席ニハ二桝每ニ竪若ハ橫ニ通路ヲ設クヘシ

第五條　劇場ヲ廢又ハ持主ノ旅籍住所氏名ニ異動ヲ生シタルト
キハ　警察署ヘ屆出

第六條　劇場ニハ警察官吏ヲ派遣ツ臨時檢查ヲ爲シ危險ノ虞アリ
ト認ムルトキハ改修ヲ命令シ又ハ興行ヲ停止セシムル
コトアルヘシ

第七條　演劇ノ興行ヲ　爲サムトスルトキハ　藝人ノ族籍氏名 年
齡, 藝名, 興行ノ日數時間ヲ詳記シ藝人ノ旅券ヲ添ヘ開
場二日以前ニ[總代ノ奧書ヲ受ケ]　警察署ヘ願出ラ許可
ヲ受クヘシ但シ日延興行願ハ前日迄ニ出願スルヲ得

第八條　前條 願出ノ際警察官吏ニ於ラ演劇仕組帳必要ト認ムト
スルトキハ　其ノ命ニ依リ之ヲ差出スヘシ

第九條　興行中一時 休業スルトキハ其ノ都度警察署ニ屆出ツヘシ

第十條　劇場內ハ火災其ノ他危險ノ虞ナカラシムヘシ

第十一條　客席ヲ暗黒ニシ又觀客ヲ藝人ノ休息所ニ入ラシ若ハ藝
　　　　　人ヲ客席ニ入ラシムヘカラス

第六類　警察

第十二條　觀客ヘ鬮ヲ出シ景物ヲ與ヘ其ノ他種タノ名義ヲ出錢ヲ
　　　　　促スヘカラス

第十三條　劇場內ハ淸潔ニシ興行中便所ハ每日掃除スヘシ

第十四條　興行時間ハ日出ヨリ午后十一時迄トス

第十五條　定員外ヘ客ヲ容ルヘカラス

第十六條　木戶錢席料下足錢等ノ額ハ見易キ場所ニ掲示スヘシ

第十七條　警察署ハ興行中警察官吏ヲ臨檢セシメ演劇ノ所作ニシ
　　　　　ラ風俗ヲ壞乱シ若ハ安寧秩序ニ害アルモノト認ムルト
　　　　　キハ之ヲ停止スルコトアルヘシ

第十八條　演劇中　觀客ハ左ノ事項ヲ　遵守スヘシ
　　　　　一．放談高話其ノ他喧噪ニ涉リ他ノ妨ヲ爲スヘカラス
　　　　　二．濫リニ舞臺ニ上リ又ハ花道ヲ徘徊スヘカラス
　　　　　三．帽子ヲ冠リ他ノ妨ヲ爲スヘカラス
　　　　　四．袒褐裸体被頰其ノ他之ニ類セル不体裁ノ所爲アル
　　　　　　　ヘカラス

第十九條　前條ノ所爲ヲ制スルモ尙肯セサル者アルトキハ退場セ
　　　　　シムルコトアルヘシ

第二十條　本則ハ臨時ニ場所ヲ設ケ興行スル演劇ニモ適用ス

第廿一條　本則　第二條　第三條ニ背キ開場シタル者第十七條ノ

許可ヲ受ケスシテ興行シタル者第八條第十二條第十五條ニ背キ督促ニ應セサル者第十條第十一條第十三條第十四條ヲ犯シタル者ハ壹日以上十日以下ノ拘留又ハ五錢以上壹圓九十五錢以下ノ科料ニ處ス附則

第廿二條 從來ノ劇場ニシテ本則 第四條ノ規定ニ抵觸スルモノハ大修繕ヲ要スルトキハ改造スヘシ但シ危險ノ虞アリト認ムルトキハ特ニ改造ヲ命スルコトアルヘシ

第廿三條 從來ノ劇場ト雖觀客ノ定員ハ本則第四條ニ依リ之ヲ定メ來ル月日迄ニ警察署ヘ屆出ツヘシ

4. 「諸興行取締規則(제흥행취체 규칙)」(1895년)
『釜山理事廳法規類集』, 釜山理事廳, 1909.

[原文] 第一條 諸興行 相撲, 擊劍, 輕業, 曲馬, 手踊, 手品, 足藝, 操人形, 寫繪, 茶番, 八人芸, 講談, 落語, 祭文 讀, 淨瑠璃, 獨樂回, 鳥獸使, 觀物類.

第二條 凡フ興行ヲ爲サムトスル者ハ其ノ藝人ノ族籍氏名藝名(藝名ナキ者ハ此ノ限ニ在ラス)年齡及興行ノ日數,場所, 木戶錢, 中錢, 下足錢ノ額ヲ詳記シ[総代ノ奧印ヲ受ケ] 藝人ノ旅券鑑札ヲ添(鑑札ナキ者ハ此ノ限ニ在ラス) 警察署ヘ願出テ許可ヲ受クヘシ

第三條 興行中日時休業スルトキハ其ノ旨警察署ヘ屆出ツヘシ

第四條 木戶錢, 中錢, 下足錢ノ額ハ見易キ場所ニ揭ケ置クヘシ

第五條　興行場ハ空氣ヲ流通シ棧敷ノ構造ヲ堅固ニシ便所其ノ他
　　　　総テ場中ハ掃除スヘシ

第六條　猛獸鷲鳥等ヲ觀物ト爲ストキハ危險ノ虞ナキ樣堅固ニ柵
　　　　欄ラ設クヘシ

第六類　警察

第七條　客席ヲ暗黑ニシ及來客ヲ藝人ノ休息所ニ入ラシムヘカラ
　　　　ス

第八條　來客ヘ鬮ヲ出シ景物ヲ與ヘ其ノ他種　他種ノ名目ヲ付シ
　　　　テ出錢ヲ促スヘカラス

第九條　夜間ハ十一時ヲ限リ閉塲スヘシ

第十條　安寧ヲ害正邪ヲ誤リ倫理ヲ乱リ其ノ他醜猥ナル所爲及講
　　　　談觀物等ヲ爲スヘカラス

第十一條　無稅ノ興行ト雖総テ本則ヲ適用ス

第十二條　本則ニ違反シタル者ハ一日以上十日以下ノ拘留又ハ五
　　　　　錢以上壹圓九拾五錢以下ノ科料ニ處ス

5. 「釜山の風景を映畫(부산의 풍경 영화)」
≪朝鮮時報≫ 1916년 8월 27일

[原文]　　●本日米國活動寫眞會社技師ミレット氏は朝鮮の風俗
景色等活動寫眞フイルムとして映寫紹介すべく一昨夜來釜山
ホテルに一泊し二十六日朝京城に向ひたるが直ちに引返し二
十六日夜入港の連絡にて技師二名の來釜山を待ち二十七日龍

頭山及び附近一帶朝鮮銀行支店附近を撮影し更に鮮童を棧橋
に集めて朝鮮風俗を寫し更に釜山の要所並に重な形勝風景を
も蒐集する苦なるが橫濱の風景專門寫眞技師玉村氏も來釜山
幹旋する苦なれば定めて見事なるフイルム出來上る事ならん.

6. 「妓生의 活動寫眞(기생의 활동사진)」
≪每日新報≫ 1916년 8월 31일

[원문] 미국에 가리다가 소기, 미국 보스톤에 본사를 두고 세
계 각국에 대소 이십여 만의 지점이 있다. (…중략…) 그 회사
의 총지배인과 지배인과 유명한 기사와 통역하는 일본 사람
기타 오륙인이 부산에서 오백 척가량이나 사진을 박이고 경성
에 드러온 바 당일 오후 한 시부터 다동 조합의 리란 양과 주
학선 윤롱월과 춤 잘 추는 새 기생과 고대의 유명한 건축들을
명선루를 배경 삼아 악공은 층계 안에서 주악과 승무 검무들
을 추었더라.

7. 「美國で釜山の活動寫眞(미국에서 부산의 활동사진)」(1918
년) ≪釜山日報≫ 1918년 2월 9일

[原文] △昨年春釜山で寫した, △朝鮮風俗活動寫眞, 米國の旅
行寫眞技師として有名なバートン, ホームス氏が昨年春內地の
名勝舊蹟の活動寫眞を寫して朝鮮を經て滿洲に行つた時釜山

鐵道ホテルに泊したが其の時釜山で大廳町．◎龍尾山の朝の景色を撮つたそれには牛車を挽いて行く朝人勞働者や米選りに行く朝鮮女が白い着物を着て行く道に金線の官吏や袷被の仲仕等が混つて一日の仕事や事務に向つてゾロぐ出て行く所と牧の島を前に控えた釜山港內の景色とが寫つてゐたのが一卷の初めになつて．◎朝鮮各地の風景やら風俗がフイルムに收まつてゐる，これが昨年十月十五日から其の撮影者ホームス氏監督の下に米國の華盛頓で公覽されてゐることが米國の活動寫眞世界といふ雜誌の十二月號に載つてゐるそして尙は此の外に首府果京，雪の日光，お蝶夫人の國，富士の周園．ルよ?(藝妓)と彼の國の紳士淑女の口から嘆美と憧憬の感動の聲が發せられてゐる殊に其の．◎朝鮮寫眞は我が日本の新版圖經營が短時日の間に斯くまで同化の實を擧げたものかと驚異の眼を以て彼等米國人の間に迎えられつありといふ

8.「活動寫眞の新取締法(활동사진의 신취체법)」
≪朝鮮時報≫ 1918년 3월 10일

[原文] ▲善用せしむる方針．內務省では曩に警視廳令で施行した活動寫眞の新取締方法が一般風教は勿論兒童教育に效果の多いのを認めた結果之を各府縣に施行してはと內議がある然らば該令施行後の成績は怎うしてあるか該令の發案者たる小幡豊治氏は之につき左の如く語つた．▲現行法施行後，未だ半

歳を經たのに過だないが故に其效果如何を確實に知ることは出來ないけれども今日まで各方面に亘つて其成績を調査した處に()ると大體に於て余の期待に背かないだけの成果を收め得たと信ずるのである但未だ之れを以て充分なる成績を見たといふを()ないのであから更に今後半歳の經過を見た上其成績にして風敎上及び兒童敎育上に貢獻する()大なるものあるに於ては之れを統計表に示して叅考のため全國府縣の當局者に頒與してみたいと思ふ(犬)れは()に角新廳令施行後に於て現れた著しい效果の點を一言にして言へば卽ち活動寫眞の感化より犯罪を行ふた.

▲兒童が未た一，人もないといふことである展に赤坂警察署內に發生した不良少年の犯罪行爲の如きは明かに活動寫眞の惡影響を受けたもので其映畫は例の<鐵の爪>であつたが而し之は新廳令施行と共に甲種に編入して兒童の觀覽を禁じたのであるから隨つて新廳令施行前の感化であるとは明かな話である斯くの如く新廳令の效果は着着として現れつゝあるが更に此の事實を具體的に知るため曩に東京市內各小學校長に對して新廳令の兒童敎育上に於ける百七十一校實施後尙日淺きため何れとも意見を有せざる者五校と云ふ結果を得て夫れから更に實施後に於ける.

▲兒童の衛生狀態の如何んを照會した處良好とする者六十一敎將來良好なり認むる者十八校不明九十七校の結果であつたが一方保護者に就て新廳令の兒童敎育上に於ける可否の意見を問合せた處可とするもの四十四名不可とする者三十一人で

あつた尙新廳令施行後學校に於ける兒童勤怠模樣としては良好とする者六十八校將來良好ならんといふ者十八校不明九十校で之に伴ふ變づた現象としては觀覽費を節約して貯金の風を來したもの九校浪費を減じたる者十七教探偵遊戲等惡戲を改めたるもの十五校缺席早引遲刻を減じた者十二校座睡及び疲勞の體を減じた者二十二校學務を勤勵するに至りし者九校()園其他敎育的娛樂場に於て遊戲を欲するに至りし傾向ある者十九校といふ有樣であるが之等の狀態を綜合して考ふれは大體に於て新廳令が兒童の敎育及衞生狀態並に風紀の點に於て貢獻する事の大なるは明かであらうと思ふ要するに活動寫眞は之を善用すれば.

▲國民敎育上多，大の效果あるもので假令ば今日の如く戀愛を骨子とせる劇的映畫を廢して之に代ふるに幾多の敎育材料を沒趣味に流れざる範圍に於て種種脚色をなし兒童に觀覽せしむるなれば兒童は少しも之倦怠を覺()ずして知らずぐ難解なる理化學的の智識をも汲取するに至るあらう此處に於てか余は第二の國民を敎育するには映畫を以て適當に敎育す事の急務なるを認めざるを得ないのである.

9.「華やかをる　朝鮮正月(화려한 조선 정월)」
≪釜山日報≫ 1918년 2월 13일

[原文]　長手通りは錦の波一昨の紀元佳節は恰も陰曆の元旦に

相當せしことて朝鮮人部落にては銅鑼太鼓を叩いて盛んに躍り廻り新春の喜びを謳歌するのであつた而して各部落より市街地に流れ込む朝鮮人の群れはいづれも赤靑白綠等の極彩色の晴衣を()い見るからに心地よげに長手通りは錦の波のうねり長く各活動寫眞館より漏る，悠長なる樂隊よ音に吸をひ込まれて行くものも多く晝夜各常設館とも滿員の盛況を呈してゐた斯くて陰曆の第一日は暮れたのであつた.

10. 「興行規則改正(흥행규칙개정)」
   ≪朝鮮時報≫ 1923년 6월 23일

[原文]　近く發布か興業場及び興行取締規則は理事廳時代卽ち明治四十三年頃發布されたるものなるが(讀)規則は餘りに單純で實際に適用し難きより慶南警察部保安課に於ては之れが改正の必要を認め相當數續きを近く改正發布の運びとなるであらう.

11. 純朝鮮映畵 <闇光(암광)>(十卷) [梗槪]
   ≪경성일보≫ 1925년 1월 29일

[原文]　屠牛夫權義根は或日路上で村人に打擲されてゐた溶の兄臺錞を助けた，溶珠の家は酒店で彼女の艷姿を見た義根は生

來始めて戀の悩みを覺えた，溶珠の酒店に足繁く通ふ呉允田は
彼女を妾にしやうとして濹て反感を求めた，彼女は允田への面
當に義根を愛して居るかの如く見せかけた義根は家庭に盲目
の妹が兄の不品行に嘆いて居ることを忘れて溶珠の店に收入
の凡てを消費した盲妹は飢餓に堪え兼ねて巷に食を乞ふやう
になつた，義根は妹の乞食姿を見て自己の非を後悔し禁酒を誓
つた，彼は良心の苛責に堪え兼ねて斷崖から身を投じて死を求
める，母を失ひ兄を失くした溶珠は義根の愛を容れ彼の強い腕
に身を任せた．

활동사진 작품 목록

배열(ㄱ~ㅎ)

찾아보기

배열(ㄱ ~ ㅎ)

인명(한국인, 서양인, 일본인)

극장, 활동사진관

배급 및 제작사

기관, 단체

기타

최철오 ─────

부산대학교 대학원 석사과정에 이어 박사과정에서도 한국영화사를 다루고 부산의 로
컬리티 영화사를 학문적으로 복원한다는 차원에서 1876년 부산 개항을 기점으로 한
'초창기 부산 영화사(1889년~1925년 극장과 영화흥행 산업 중심)' 연구로 2021년 동 대
학원 예술·문화와 영상매체 협동과정에서 박사학위를 받았다.
후속 연구로 부산 영화사 2편(1925년부터 1945년까지)은 조선총독부가 주관하여 부
산·경성·신의주에서 각각 시행한 필름 검열규칙을 단일화(單一化)하게 된 경위를
살 펴본다. 그리고 3관(보래관, 행관, 상생관)이 협의 조정한 입장요금과 영도의 수좌
(壽座)를 제2 행관으로 운영한 사실 등 무성·유성영화 시대의 각 영화관 흥행 양상
을 다 룰 것이다.

초창기 부산 영화사

초판인쇄 2022년 6월 10일
초판발행 2022년 6월 10일

지은이 최철오
펴낸이 채종준
펴낸곳 한국학술정보㈜
주 소 경기도 파주시 회동길 230(문발동)
전 화 031) 908-3181(대표)
팩 스 031) 908-3189
홈페이지 http://ebook.kstudy.com
E-mail 출판사업부 publish@kstudy.com
출판신고 2003년 9월25일 제406-2003-000012호

ISBN 979-11-6801-489-3 93680